高等学校教师专业发展系列教材

高等教育
法规概论

主编　戴中祥　郑全新

中国教育出版传媒集团
高等教育出版社·北京

内容提要

本教材以高等教育法规和相关政策为基本依据,重点突出与高校教师教育教学活动有关的、我国现行的高等教育法律法规的基本知识,突出新教师在教育教学活动中亟须熟悉和掌握的理论知识与实践问题。本教材共十章,具体包括教育法制与依法治教,教育法基本原理,高等教育法律制度,高校教师的资格、职务和聘任,高校教师的权利与义务,高校教师与学校的法律关系,高校教师与学生的法律关系,高校教师与社会的法律关系,高校教师与教育法律责任,高校教师、学生与法律救济。本教材在每一章最后都精心编选了一个典型案例及其分析,使本书更具有实用性和可读性,促进高校教师学习和思考,有利于高校教师树立依法治教的意识,正确行使权利,切实履行义务,并运用法律武器维护合法权益。

本教材既适合作为高等学校新入职教师的岗前培训教材,也适合从事高等教育管理和研究的工作人员阅读参考。

图书在版编目(CIP)数据

高等教育法规概论 / 戴中祥,郑全新主编. -- 北京:高等教育出版社,2023.6

ISBN 978-7-04-058853-8

Ⅰ. ①高… Ⅱ. ①戴… ②郑… Ⅲ. ①高等教育法 - 中国 - 高等学校 - 教材 Ⅳ. ①D922.16

中国版本图书馆CIP数据核字(2022)第105591号

Gaodeng Jiaoyu Fagui Gailun

策划编辑	魏延娜 贾玉玲	责任编辑	魏延娜	特约编辑	韩奕帆	封面设计	张 志
责任绘图	邓 超	版式设计	王艳红	责任校对	陈 杨	责任印制	田 甜

出版发行	高等教育出版社	网 址	http://www.hep.edu.cn
社 址	北京市西城区德外大街4号		http://www.hep.com.cn
邮政编码	100120	网上订购	http://www.hepmall.com.cn
印 刷	人卫印务(北京)有限公司		http://www.hepmall.com
开 本	787mm×1092mm 1/16		http://www.hepmall.cn
印 张	16.75		
字 数	360千字	版 次	2023年6月第1版
购书热线	010-58581118	印 次	2023年7月第2次印刷
咨询电话	400-810-0598	定 价	46.00元

目　　录

第一章 教育法制与依法治教

【知识导图】

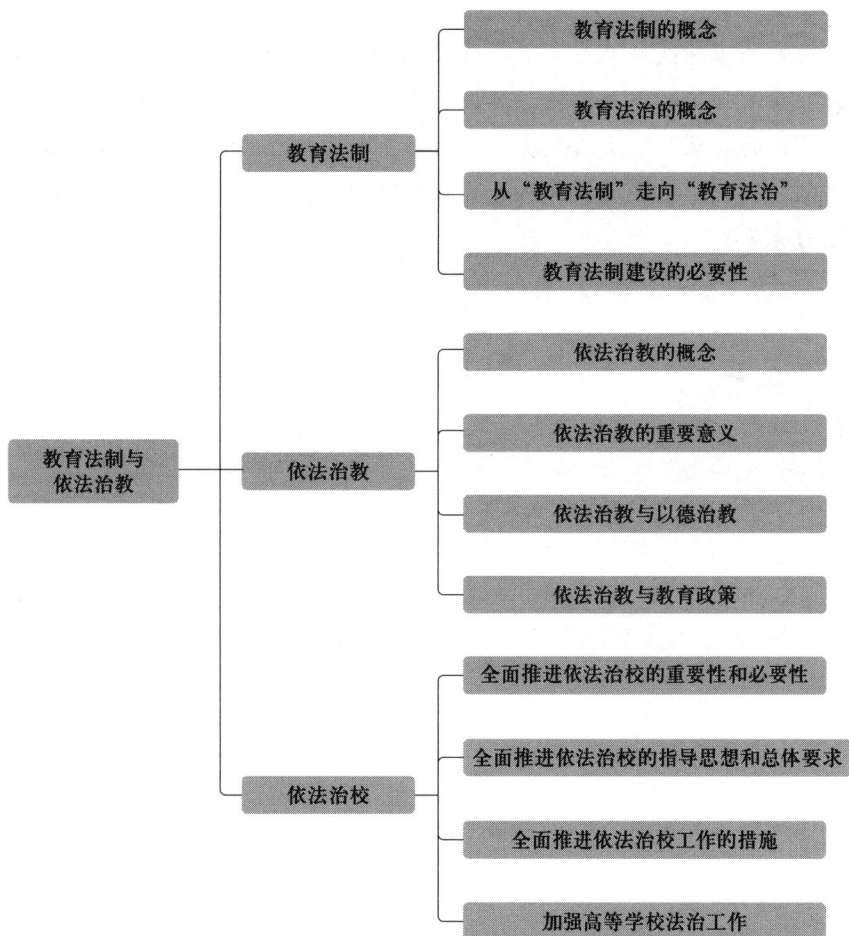

法治是治国理政的基本方式，教育治理应当嵌入国家治理的话语体系中，并将教育法治作为其重要依托。加强教育法制旨在依法引导、规范、促进和保障教育事业的发展。依法治教是依法治国基本方略在教育领域的具体体现，是教育法制的目标。依法治教和以德治教相辅相成，共同保障我国教育事业快速健康地向前发展。

第一节　教育法制

在现代法治社会，教育理所当然地被纳入法律调整的界域，国家必须依法管理教育，教育管理活动必须在法治的轨道上规范运行，这是现代教育发展与法治国家建设的内在要求。教育法制是现代教育文明与法制文明具有历史必然性的理性结合，它本质上要求教育事业遵循一定的规则，并在规则中生成秩序，以秩序保证现代教育的和谐发展。

一、教育法制的概念

由于人们对法制的解释和用法不同，对教育法制的理解也是不一致的。大致有三种理解：① 教育法制是指国家制定的有关教育的法律和制度，是一个国家有关教育的法律制度的总和。这是从法的表现形式层面上认识教育法制的，是静态意义上的教育法制。② 教育法制是指有关教育的立法、执法、司法、守法和法律监督等一系列的活动和过程。这是从法的运行层面上理解教育法制，是动态意义上的教育法制，即"教育法治"。③ 教育法制是"依法治教"，是与民主政治制度相联系的，按依法治理的原则和严格依法办事的方式来管理和规范各种教育活动，将教育事务法律化、制度化，并严格依法办事。这是从本质上来认识教育法制，从更深层次挖掘并揭示教育法制的内涵。我国的教育法制是与社会主义民主法治建设相联系的，按照依法治理的原则和严格依法办事的方式，来管理和规范各种教育活动的法律制度及其运行。

综上，教育法制不仅包括教育法律制度，还包括教育法律制度的运行，即教育立法、教育法律的普及、教育行政执法、教育司法、教育法制监督、教育法律的遵守，以及与之相联系的教育法律意识等。因此，教育法制应当是以现行的教育法律法规为核心，包括相应的法律意识和法律实践等一些相互联系、相互补充、相互作用的构成要素组成的庞大系统。它不仅包括教育法律制度，还包括一系列教育法律制度的运行，是一个静态与动态相结合的法制系统。

中国教育法制是有中国特色的社会主义法制的有机组成部分，其主要内容和直接目的在于维护公民的受教育权，保障学校及其他教育机构正常运行，促进行政机关在教育活动中依法执政，保证国家教育质量。

二、教育法治的概念

关于教育法治的含义也有三种不同的理解：① 教育法治是现代社会对教育的一种新型的调控组织形式，是伴随着教育的普及发展而形成和发展起来的一个法律调节领域。是以教育法律为核心，包括相应的法律实践和法律文化在内的法律系统，是一个以行政法为主体，与民法相配合，辅之以必要的刑法手段，并以其他法律手段为适当保障的多维的、协调一致的教育法律调控机制。② 教育法治是为了达成教育目的的一个实践过程。这个过程对多种错综复杂的教育关系、教育行为和教育发展方向进行协调、规范和引导，使教育目的能够顺利达成。③ 教育法治是指依法治教，即依照法律规范与法律制度，充分调动教育组织和教育人员的积极性，推动教育发展，各方平等参与教育法治的全过程。

教育法治就是教育治理的法治化，是教育治理体系和治理能力现代化的一种延伸表达。它凭借教育法律制度来实现国家对教育的计划、指挥、协调和控制，是教育走向现代化的一个标志。教育法治是从法的运行层面上理解具有动态意义的教育法制。教育法制包含了严格依据教育法律办事，也就是说，它包含了教育法治。即，教育法治是教育法制的组成部分，是狭义的教育法制，是通过对教育关系、教育行为和教育发展方向的协调、规范和引导，以保障教育秩序、达成教育目的的一个实践过程。

现代教育的发展使教育法律的地位大大提升，调整范围也日渐扩大，可以说，教育法治是现代教育发展的必然选择。而教育法制建设是教育事业改革与发展的根本保证，是教育法治局面最终形成的逻辑前提；教育法治是教育事业改革与发展的必然趋势，是教育法制建设的终极价值诉求。教育治理体系和治理能力现代化与教育法治是紧密联系的。法治，既是教育治理制度的基本载体，也是教育治理方式的重要内容，更是教育治理理念的外在表达。

三、从"教育法制"走向"教育法治"

中国共产党成立以来，特别是改革开放以来，中国教育法治建设在立法、执法和普法上取得重大成就，中国特色社会主义教育法律法规体系基本形成，依法治教、依法治校的能力和水平显著提升，法治宣传教育成效显著。

新民主主义革命时期，革命根据地从民族的、科学的、大众的新民主主义教育理论出发，颁布和实施了一系列教育法令法规，在中国现代教育法制建设史上写下了极其珍贵的篇章。中华人民共和国成立以来，国务院和教育行政部门颁布了管理各级各类教育的规章和办法，使我国的教育事业在开展全面建设的过程中有章可循。随着改革开放的深入推进和社会主义市场经济体制的确立，教育立法取得了重大进展。截至目前，我国已经形成了以 8 部教育法律为统领、包括 16 部教育法规和一批部门规章、地方性教育法规规章在内的比较完备的中国特色社会主义教育法律法规体系，实现了从"有章可循"到"有法可依"，使得教育优先发展的战略地位进一步落实，教育的基本方针政策和若干重要制度更加明确，广大人民群众的受教育权得到更好的保障，有力地引领、推动和保障了教育事业改革发展。

改革开放以来，特别是党的十八大以来，我国逐步从以立法为主导的"教育法制"走向立法、执法并重的"教育法治"新阶段，教育依法治理的能力和水平不断提升。在依法行政方面，我国的教育行政执法体系正在不断优化。2019年，教育部发布《关于加强教育行政执法工作的意见》，明确了各地教育部门加快建立健全权责清晰、权威高效的教育管理体制和政府统筹、部门合作、上下联动的执法工作机制；深化"放管服"改革，累计取消15项教育行政审批，加强省级政府教育统筹，扩大高校在学科专业设置、编制及岗位管理、职称评审等方面的自主权；督导体系建设不断加强。2012年，国务院颁布《教育督导条例》，这标志着教育督导走上法治化的轨道。经过多年发展，我国基本建成了国家、省、市、县四级教育督导机构，基本形成了上下贯通的教育督导体制，基本建立了比较完善的教育督导评估监测制度体系以及面向各级各类教育的"督政、督学、评估监测"三位一体的职能体系。

同时，我国不断完善教育风险防范与化解机制，推动以法治方式保障权益、化解纠纷。根据《教育部关于2021年法治政府建设年度工作情况的报告》，教育部共办理行政复议案件64件，行政应诉案件31件。完善公职律师参与机制，充分运用第三方专业力量，有效提升行政应诉能力。完善教育舆情监测与应对机制，指导各地各校健全突发事件应对体系，加强协调配合。教育纠纷的解决朝着规范化、法治化的方向不断发展，教师、学生等群体的合法权益得到了更加切实的保障。

在依法治校方面，我国也取得了显著成效。2012年，教育部发布关于依法治校的里程碑式文件《全面推进依法治校实施纲要》，对依法治校进行了全面部署，推动了依法治校全面展开。2020年7月，教育部出台《关于进一步加强高等学校法治工作的意见》，明确提出要完善学校法人治理结构，完善学校法律风险防控体系，建立健全师生权益保护救济机制，完善教师、学生申诉的规则与程序。

2018年11月，全国教育法治工作会议在北京召开。这是新时代教育系统召开的第一次全国性教育法治工作会议。会议的主要任务是以习近平新时代中国特色社会主义思想为指导，深入贯彻党的十九大和十九届二中、三中全会精神，深入学习贯彻习近平总书记关于教育的重要论述和全国教育大会精神，贯彻落实中央全面依法治国委员会第一次会议精神，研究部署新时代教育法治建设任务，为加快推进教育现代化、建设教育强国、办好人民满意的教育提供坚实的法治保障。依法治教的直接目标是实现教育法治，是推进教育现代化尤其是教育治理体系和治理能力现代化的有力保障。2019年2月，中共中央、国务院印发了《中国教育现代化2035》，明确了推进教育现代化的七项基本原则，即七个"坚持"：坚持党的领导、坚持中国特色、坚持优先发展、坚持服务人民、坚持改革创新、坚持依法治教、坚持统筹推进。坚持依法治教是七项基本原则之一。在教育领域，必须实现教育治理体系和治理能力现代化，而教育治理体系和治理能力现代化的关键是通过依法治教实现教育法治。

四、教育法制建设的必要性

教育法制建设是加快推进教育现代化、建设教育强国、办好人民满意教育的重要保障。

随着教育事业的迅猛发展，教育领域的各种治理难题也层出不穷，教育立法、执法和司法在调整不同治理主体间权利（权力）和义务（职责）时面临着不少的困难，制约了法治在推进教育治理体系和治理能力现代化中的功用发挥。因此，大力加强教育法制建设非常必要。

（一）是党在教育领域领导的必然要求

我国是社会主义国家，人民当家作主，受教育权是宪法赋予我国人民的基本权利，教育的发展与社会的发展共始终，与整个国家的利益息息相关。党代表人民的切身利益，主张依法治教，发展社会主义教育事业。依法治教是依法治国的重要组成部分，是实现教育治理体系和治理能力现代化的必然途径。

（二）是教育改革和发展的客观要求

社会主义市场经济体制的确立和发展，使教育领域的社会关系、法律关系和管理模式发生了重大变化，赋予地方政府和学校更大的自主权；在教育改革和发展中，学校与教育行政部门之间、学校与学校之间、学校与教师、学生以及其他社会组织之间的关系不再是过去简单的权利与义务的民事关系，而是不断产生了大量新型的权利与义务关系，这些产生的新问题不能单靠教育行政手段来解决，而需要综合运用行政和法律手段共同解决。

（三）有利于提高教育行政管理的效率和水平

教育的发展使教育行政管理日趋复杂。教育法制建设能够促进各级教育行政部门转变职能，提高行政效率，健全教育法律，严格履行法定职责，依法维护和保障公民依据宪法享有的受教育权，切实保证国家教育方针和教育法律法规的贯彻落实，实现教育法治，推进教育的进一步改革与发展。

第二节　依法治教

依法治教是依法治国的重要组成部分，是依法治国基本方略在教育领域的具体体现，是教育法制的目标。实行依法治教，把教育管理和办学活动纳入法治轨道，是深化教育改革，推动教育和谐发展的重要内容，也是完成新时代教育工作历史使命的重要保证。

一、依法治教的概念

所谓依法治教，是指所有教育活动都应当符合教育法律法规的有关规定，所有的教育法律关系主体在从事各类教育活动时都应当遵守教育法律的规定和精神。依法治教的本质就是要依据法律来管理和发展教育，把法治精神、法治理念贯穿教育管理的始终，推动和保障教育改革与发展健康有序地进行，从而实现教育发展和管理的法治化。依法治教的范围既包括国家机关的教育管理活动，也包括教育行政管理机关和学校以及其他教育法律关系主体的管理、办学、教育教学等活动，同时也包括公民、有关部门和社会组织应承担的教育义务和责任。

依法治教的内涵包括依法治教的主体、范围、依据、内容和基本原则。

（一）依法治教的主体

依法治教的主体就是参与教育法律关系的主体。凡是从事或者参与教育活动或与教育有关的活动的主体，都是依法治教的主体。在我国，依法治教的主体应包括各级权力机关即各级人民代表大会及其常务委员会；各级行政机关即各级人民政府及其职能部门；各级审判机关和检察机关即各级人民法院和人民检察院；各级各类学校及其他教育机构；企事业单位、社会团体、公民个人等。他们均以不同的方式和途径参与和推进依法治教。

各级人民代表大会及其常务委员会在其权限范围内制定有关教育的法律，听取政府有关教育方面的工作报告，审议教育经费的预决算，对政府的教育工作提出质询，监督和检查教育法律法规的实施。各级人民政府及其职能部门以及有关机构在各自的权限范围内依法履行教育管理职责。人民法院依法审理有关教育的案件，人民检察院依法进行检察监督。各级各类学校及其他教育机构依法进行学校管理，企事业单位、社会团体以及公民个人，都可依据宪法和教育法律法规的规定，参与管理、举办和监督教育事业。

（二）依法治教的范围

随着教育事业的不断发展，国家在不断调整对教育的管理和控制，社会在从不同层面、不同方位渗入教育领域；与此同时，教育自身也在经历着一场深刻的体制变革。种种因素最终导致教育关系正走向纷繁复杂的局面。在这种现实形势下，依法治教的范围也不断拓展。就目前来看，依法治教的范围主要包括：国家机关的教育管理活动；各种社会组织和个人举办学校及其他教育机构的活动；学校及其他教育机构的办学活动；教师及其他教育工作者实施教书育人、科研创新的活动；学生及其他受教育者接受教育、参与教育教学的活动；公民个人、各种法人及其他社会组织从事或参与教育的活动。伴随教育事业的日新月异，依法治教的范围必然会不断扩大。

（三）依法治教的依据

依法治教的"法"应当是广义上的法，囊括一切调整因教育活动而产生的社会关系的具有法律效力的规范性文件，不仅包括宪法中有关教育的基本原则规定，还包括专门的教育法律法规和规章，同时也包括其他与教育有关的法律法规和规范性文件，例如《中华人民共和国未成年人保护法》（以下简称《未成年人保护法》）《中华人民共和国行政诉讼法》（以下简称《行政诉讼法》）《中华人民共和国行政复议法》（以下简称《行政复议法》）《中华人民共和国学位条例》(以下简称《学位条例》)《普通高等学校学生管理规定》等。

（四）依法治教的内容

依法治教的内容主要包括教育立法、教育普法、教育执法、教育司法、教育守法、教育法制监督、教育法律救济等方面，其中，教育立法、教育行政执法、依法治校、教育法制监督等是依法治教的重要部分。我们认为，要按照法制统一原则和法定立法权限，进一步推动中国特色社会主义教育法律法规体系的完善，加快教育法律配套性法规、规章的制定。各级政府要按照建设法治政府的要求，依法履行教育管理职责，探索教育行政执法体制机制改革，加大教育行政执法力度。学校要依法治校、依法办学，认真履行教育教学和管理职责。完善教育督导制度和监督问责机制。

（五）依法治教的基本原则

依法治教的基本原则是指我国教育立法、执法、司法活动所应遵循的一般原则，主要包括以下 5 项原则。

1. 坚持社会主义办学方向的原则

2018 年 9 月 10 日，习近平总书记在全国教育大会重要讲话中强调，加快推进教育现代化、建设教育强国、办好人民满意的教育，必须坚持社会主义办学方向。这一重要论断指出了新时代教育事业必须坚持的政治方向，为我国教育事业发展指明了前进方向。坚持社会主义办学方向，就必须坚持马克思主义指导地位，加强党对教育工作的全面领导，就要准确把握立德树人这一根本任务。

2. 受教育机会平等的原则

受教育机会平等的原则指公民在受教育方面享有的权利和履行的义务具有平等的法律地位。公民不分种族、民族、性别、职业、社会地位、财产状况、宗教信仰等，在受教育方面享有平等的权利，每个人有平等的入学机会，在教育过程中受到平等对待，以及有平等的成就机会。

3. 教育活动符合国家和社会公共利益的原则

《中华人民共和国教育法》(以下简称《教育法》)第 8 条关于"教育活动必须符合国家和社会公共利益"的规定，确立了我国教育的公共性原则。教育活动必须符合国家和社会的公共利益，是现代教育的重要特征，也是国家对教育活动的基本要求。应当做到：① 在中国境内实施教育活动必须对国家和人民负责，而不是对个人或者小团体负责。② 我国的教育事业属于公益事业。办学应该坚持公益性，不得以营利为目的办学。③ 教育活动必须接受国家和社会依法进行的管理和监督。④ 教育的公共性原则还体现在教育与宗教相分离，任何组织和个人不得利用宗教进行妨碍国家教育制度的活动。

4. 权利和义务相一致的原则

权利和义务相一致的原则要求教育法律关系的主体既要依法行使其教育权或者受教育

权，又要依法履行相应的义务，不能把权利和义务对立起来，不能片面地强调权利的享有或者义务的履行。教育领域中权利和义务的一致性体现在：首先，受教育的权利和义务在法律规定的条件下是统一的。接受义务教育既是适龄儿童的权利，也是他们的义务。其次，权利和义务的相互依存。权利人权利的享受依赖义务人履行其义务，义务人如果不履行义务，权利人就不可能享受权利。最后，行使权利的同时，应当履行相应的义务。

5. 教育法制统一的原则

教育法制统一是指有关教育的法律法规由国家机关统一制定、统一实施，对全体公民和法人组织具有普遍约束力。教育法制统一的原则，体现为教育法律法规的制定权只能由国家机关在各自的职责权限范围内行使；教育法律法规的执行权只能由国家机关或有关机构依法行使，其他任何组织和个人均无权行使；教育法律法规的效力按发布机关、调整对象及适用范围，形成层次有序、协调统一的整体，以维护教育法制的统一和权威。

二、依法治教的重要意义

依法治国反映了党在新的历史条件下领导和执政方式的基本特征。作为依法治国基本方略的重要组成部分，依法治教就是要紧紧围绕社会主义现代化建设的全局，通过教育法制建设，保证教育工作按照党和人民的意志全面依法进行，推动和保障教育改革与发展的健康有序进行，保障教育优先发展战略地位的落实、保证教育的社会主义办学方向和国家教育方针的贯彻实施。

（一）依法治教是发扬社会主义民主，加强党的领导在教育领域的直接体现和必然要求

中国共产党的领导是中国特色社会主义最本质的特征，是中国特色社会主义制度的最大优势。历史与实践证明，只有坚持党对教育事业的全面领导，坚持社会主义办学方向，坚定中国特色社会主义教育之路，才能实现教育强国、民族复兴。在我国，教育事业是整个国家、全体人民的事业，教育是国之大计、党之大计。受教育权是宪法赋予我国公民的基本权利，教育同广大人民群众的切身利益息息相关，是实现社会主义民主的广阔的、重要的领域。广大人民群众密切关注教育的发展，对接受高质量、多层次的教育，有着越来越强烈的需求。因此，依法保障人民群众在党的领导下，通过各种途径和形式参与管理教育事业，既是贯彻依法治国基本方略的必然要求，也是在教育领域发扬社会主义民主的具体体现。

（二）依法治教是实现全面依法治国的需要

全面推进依法治国，总目标是建设中国特色社会主义法治体系，建设社会主义法治国家。全面依法治国是一项从中央到地方，从地区到行业，从立法到执法、司法、护法、守

法、学法的系统工程，是国家治理领域一场广泛而深刻的革命。依法治教是实现全面依法治国的重要构成部分，在全面推进依法治国战略的进程中，依法治教是不可忽略的重要环节。依法治教对教育改革发展和实现教育现代化具有统领和保障作用。教育领域治理体系和治理能力现代化有助于推动国家治理体系和治理能力现代化的实现。

（三）依法治教是市场经济条件下我国教育深化改革的客观需要

我国社会主义市场经济体制的逐步确立与完善，使教育领域的社会关系与管理范畴发生了重大变化。过去与计划经济体制相适应的、权力高度集中的教育行政管理体制，向分级管理、中央与地方共同负责的管理体制转变；学校与教育行政部门，由单纯的隶属关系，转变为自主权与行政权相互协调、相互制约的关系；学校之间，学校与教师、学生以及其他社会组织之间，不断产生大量的民事关系和新型的权利与义务关系。此外，社会力量办学的迅速发展、现代远程教育的发展和终身学习观念的形成、教育国际交流与合作的日益广泛等教育领域的新变化，带来的新情况、新问题，已经不是单纯靠传统的行政手段可以解决的，只能在法治的基础上，综合运用法律的、行政的、经济的手段，予以调整和解决。

（四）依法治教是教育行政部门依法行政，提高行政管理效能的必然选择

在教育关系日趋复杂，教育管理对象日趋多元的情况下，只有按照法律的规定，严格执法，规范行政，并建立完善的监督与制约机制，才能从根本上促进和保证行政机关的廉洁自律，切实提高行政效率和管理水平。对教育行政部门来讲，依法治教根本在于依法行政。教育行政部门既要尊重和维护学校的办学自主权，又要保证国家对教育的组织、协调和宏观管理，因此，必须紧紧依靠法治来变革和创新教育行政管理模式、方式和手段。即通过健全法制来确立教育活动的基本规则，通过规范化的执法、监督手段来规范各方面的教育关系，从而切实减少教育行政部门对学校及其他教育机构直接的、微观的干预，有效保障教育事业健康、有序的发展。

（五）依法治教是实施科教兴国、人才强国战略的有力保证

实施科教兴国、人才强国战略，培养适应 21 世纪现代化建设需要的社会主义新人，全面推进素质教育，是一个庞大的系统工程，它涉及教育思想、教育观念、教育体制、教育内容、教育方法、教育手段等多方面的改革。因此，必须厉行法治，逐步推进改革的进程，以法律制度创新巩固改革的成果，从而形成依法治教的宏观环境。良好的法治环境有利于广大青少年学生在日常学习、生活的潜移默化中，逐步培养法律意识，树立法治观念，养成守法习惯，提高依法保护自身权利、参与国家和社会事务的能力。而这正是实施素质教育的重要内容，它必将对提高国民素质、推进我国的民主法制进程，产生重大而深远的影响。

三、依法治教与以德治教

法律与道德同属为经济基础服务的上层建筑，本质是相同的，但产生方式、实施方式、表现形式、调整范围和功能作用是不同的。习近平总书记指出，"法律是成文的道德，道德是内心的法律，法律和道德都具有规范社会行为、维护社会秩序的作用"[①]。法治，就是发挥法律的规范作用，以其权威性和强制性，用法律准绳规范社会行为、社会生活、国家治理。德治，就是发挥道德的教化作用，以其说服力和劝导力提高社会成员的思想道德觉悟，用道德引导、规范社会成员的行为，调节社会关系。法治与德治，如车之两轮、鸟之双翼。法治和德治不可分离、不可偏废，国家治理需要法律和道德协同发力。2016 年 12 月 9 日，习近平总书记在主持中共中央政治局第三十七次集体学习时强调："法律是准绳，任何时候都必须遵循；道德是基石，任何时候都不可忽视。在新的历史条件下，我们要把依法治国基本方略、依法执政基本方式落实好，把法治中国建设好，必须坚持依法治国和以德治国相结合，使法治和德治在国家治理中相互补充、相互促进、相得益彰，推进国家治理体系和治理能力现代化。"

以德治教是"以德治国"思想在教育领域的贯彻和具体体现。这一德法并重的思想对促进我国教育体制改革、发展教育事业具有重要的现实指导意义。它要求我们必须做到两手抓，两手都要硬，真正使依法治教和以德治教相辅相成，共同保障我国的教育事业高质量地向前发展。

（一）以德治教的概念

以德治教的概念有广义和狭义之分。广义上的以德治教，是指在全社会对公民进行普遍的、深入的道德教育，包括社会公德教育、职业道德教育与家庭美德教育，提高广大人民群众的道德素质，提高整个社会的道德文明水平。狭义上的以德治教主要在教育领域内部进行，具体是指把社会的道德行为规范，通过教师系统的言传身教，特别是通过各级各类的学校教育，转换成人们的内心信念和道德良心，使广大教育者与受教育者能够按照社会的道德标准来规范自身的行为，促使形成良好的教育教学秩序。以德治教，从根本上说，就是要充分重视和有效发挥道德在教育中的作用，使道德在规范教育者与受教育者的行为、调整各种教育关系以及形成良善的教育秩序等方面发挥其应有的作用。

教育道德能调整教育法律所不及的"死角"。法律并不是万能的，社会关系的纷繁复杂，社会生活的日新月异，导致法律所能调整的范围只能是有限的，加之教育工作具有自身的特点，因而，教育领域的许多问题并非仅凭教育法律就能完全或有效解决，这就需要依靠教育道德来约束和规范人们的行为。以德治教的根本落脚点在于教育内部关系，重点

[①]　习近平 . 习近平谈治国理政：第 2 卷［M］. 北京：外文出版社，2017：116.

在于加强广大教育工作者的师德建设和广大青少年学生的公民道德教育。

（二）依法治教与以德治教的关系

依法治教属于政治建设，是政治文明；以德治教属于思想建设，是精神文明，两者虽属于不同的范畴，但都是保证教育事业健康发展的重要手段。依法治教重在依托完善的法律制度，按照依法治理的原则和方式，运用外部的强制力量来管理和规范各种教育活动；而以德治教则注重塑造社会成员的品德、个性与人格，以其说服力、感召力和劝导力提高社会成员的思想认识和道德觉悟，从人的思想观念层面来导向和约束人们在教育领域中的各种行为。对教育活动而言，如果说依法治教是一种着力于外在制约的治理方略，那么，以德治教则是一种着眼于内在驱动的治理方式，唯有将两者有机结合，使其各展所长，才能保障我国教育事业实现高质量发展。因此，依法治教与以德治教的紧密结合，是依法治教与以德治教辩证关系的内在要求。

依法治教与以德治教的辩证统一，又是以教育法律和教育道德的辩证关系为基础的。教育法律和教育道德两者既相互联系又相互区别。

1. 教育法律与教育道德相互联系

（1）本质相同

教育法律和教育道德都反映了广大人民群众在教育方面的利益和意志；两者同属于上层建筑，由社会主义经济基础所决定，并反过来为社会主义经济基础服务，都是调整和控制教育关系的有效手段。

（2）内容互相渗透

在我国的教育法律中本身就贯穿着共产主义教育道德的精神，使某些教育道德具有教育法律的性质。而与此同时，某些教育法律规范又会成为新的教育道德。教育法律所禁止的行为，都是教育道德所谴责的行为，违反了教育法律也就违反了教育道德；教育法律所鼓励的行为，也正是教育道德号召人们去做的行为。

（3）功能相互补充

当某些行为不能或不便于进行法律制裁时，便可采用道德手段加以调整；某些行为不能靠道德手段予以调节时，就可以采用法律进行规范。教育道德倡导人们应当遵守，教育法律则要求人们必须遵守。教育道德是教育法律的基础，教育法律是教育道德的保障。教育道德引导人们尊重和信守教育法律，教育法律则作为维护教育道德的威慑力量。教育道德可以用来防范尚未发生的违法行为，而教育法律则可用来制止已经发生的违法、甚至严重不道德的行为。

2. 教育法律与教育道德相互区别

（1）具体表现形式不同

教育法律是国家制定或认可的具有规范的表现形式，通常表达方式是成文的。教育道德则体现在人们的内心信念或传统习惯中，是一种日积月累、约定俗成的思想观念，一般没有特定的表现形式。

（2）作用范围和调整对象不同

教育道德的作用范围和调整对象比教育法律要广泛得多，它几乎涉及人们在教育工作的一切行为和活动，而教育法律所调整的只能是人们在教育领域中比较重要的社会关系和特定行为。一般来说，教育法律所调整的范围，也是教育道德所调整的范围，但是，教育道德所调整的范围则不全属于教育法律所调整的范围。

（3）实现方式和约束力不同

教育法律和教育道德虽然都是规范教育活动的行为规范，但两者的实现方式却往往不同。教育法律是依靠国家强制力保障实施的，具有权威性和强制性，具有较强的约束力；而教育道德则是依靠社会舆论、内心信念、传统习惯和教育力量来实现的，其约束力较之教育法律要弱得多。当然，由于教育道德往往依靠人们的内心信念、习俗、惯例、传统等方式来控制和约束人们的行为，有时会产生教育法律所无可比拟的作用和效果。

（4）社会要求不同

教育法律是最低层次的教育道德，教育道德对人们行为的要求比教育法律高，符合教育道德的行为一定是遵守教育法律的，遵守教育法律的行为并不一定合乎教育道德。

（5）发展前途不同

教育法律是一切阶级社会所特有的现象，是一定人类社会发展阶段的产物，它将随着阶级的灭亡而自行消灭；而教育道德则贯穿人类社会发展的始终，是任何社会都不可缺少的意识形态与行为准则。

四、依法治教与教育政策

依法治教作为我国教育事业发展的基本方略，要求必须重视和加强教育法制建设，依法规范各种教育活动。但是，法律具有天生的稳定性和滞后性，生动的社会实践总是会产生法律所"意想不到"的新问题，社会需要和社会意见常常走在法律的前面。因此，必须正确地认识和对待教育政策，正确地处理依法治教与教育政策的关系。

（一）教育政策的概念

教育政策是国家或政党为完成一定时期的任务，以一定的理论原则和价值观念为指导，对社会上不同阶级、阶层和群体的利益进行分析、综合、选择和确认，加以科学策划，统筹兼顾，适当安排，并转化为一定的行为规范。在我国，教育政策主要包括国家教育政策和执政党教育政策。国家教育政策是指导我国教育事业发展的基本准则，往往成为法律的指导原则或法律本身；执政党教育政策则直接影响甚至指导法律的制定，乃至成为某一具体法律的基本内容。在我国，中国共产党作为最广大人民根本利益的忠实代表，肩负着领导国家政治、经济、社会、文化等诸多事务发展的历史重任。党对教育事业的领导就是通过制定和贯彻一定的教育路线、方针、政策来实现的。因此，党的教育政策构成我国教育政策的重要组成部分。

党的十八大以来，以习近平同志为核心的党中央高度重视教育工作，围绕培养什么人、怎样培养人、为谁培养人这一根本问题提出了一系列富有创见的新理念新思想新战略，系统回答了一系列方向性、全局性、战略性重大问题，为教育事业的发展提供了根本遵循。在 2018 年 9 月召开的全国教育大会上，习近平总书记发表重要讲话，从党和国家事业发展全局的战略高度，系统总结了我国教育事业发展的成就与经验，深刻分析了教育工作面临的新形势新任务，对加快推进教育现代化、建设教育强国、办好人民满意的教育作出全面部署，并提出"教育是国之大计、党之大计"的重要论断。我们要以习近平新时代中国特色社会主义思想为指导，深入学习贯彻习近平总书记关于教育的重要论述，增强"四个意识"，坚定"四个自信"，做到"两个维护"，全面加强党对教育工作的领导，全面贯彻党的教育方针，将教育优先发展落到实处，加快教育现代化步伐，落实立德树人根本任务，培养德智体美劳全面发展的社会主义建设者和接班人，全面完善政策体系，努力造就党和人民满意的高素质专业化创新型教师队伍，推进教育改革创新，努力形成充满活力、富有效率、更加开放、有利于科学发展的体制机制，加快推进教育现代化、建设教育强国、办好人民满意的教育。

（二）教育政策的特点

1. 教育政策具有灵活性和探索性

教育政策主要针对新事物、新情况，往往是为解决教育领域中出现的新问题，为调整新兴的教育关系而制定的。因此，教育政策在实践中具有较强的灵活性和应对性。特别是在社会转型的特殊历史时期，教育政策的变化和调整比较频繁，一般呈现出针对性、时效性、实效性和可操作性的特点。并且，往往在实践中根据具体情况的变化而不断作出相应的调适，不断充实完善。经过实践检验后比较成熟的教育政策，可以通过一定的法律程序上升为国家的教育法律法规。

2. 教育政策具有指导性和协调性

教育政策的指导性是指教育政策对教育事业的发展和教育关系主体的行为具有指引和导向作用。指引作用体现在对教育体制改革与教育发展提出明确的目标和具体的任务要求，包括直接指引和间接指引。例如，有关提高教师待遇的政策，既会直接激励和调动广大教师积极投身于教学科研工作中，又会对广大学生报考大学、择业产生间接影响作用。导向作用则是为实现教育政策目标而规定明晰的行为准则和行为规范，包括直接导向和间接导向。

教育政策作为党和国家管理教育事业的重要手段，作为人们的行为规范与行动准则，具有典型的协调性。随着社会主体的多元化及其利益的多样化，法律由于自身的滞后性并不能及时作出规范和调整，而教育政策却因为灵活机动，往往能够对这些复杂的利益关系进行适时的协调。因此，除法律、道德之外，教育政策也是利益关系的调节器。

3. 教育政策具有特殊的实现方式

教育政策的实施主要依靠宣传教育，使政策为广大人民群众所知悉和掌握，并转化为他们的实际行动。在教育政策的贯彻执行过程中要依靠纪律措施作为保障，例如，党员如果违反政策，党组织应及时给予批评教育，必要时按照党章的规定给予党纪政纪处分。

（三）教育法律与教育政策的关系

正如一般意义上法律与政策的关系，教育法律与教育政策的关系是既相互联系又相互区别的。

1. 教育法律与教育政策相互联系

从本质上讲，教育法律与教育政策都根源并服务于我国社会的经济基础，是广大人民的根本利益和意志的集中体现，同属于上层建筑的范畴。基于此，两者之间具有一致性。教育政策指导教育立法及其实施，教育法律是根据教育政策制定的，是教育政策的具体化。因此，在发展教育事业的过程中，必须将教育法律与教育政策紧密结合起来，充分发挥两者相互补充的作用。

2. 教育法律与教育政策相互区别

教育法律与教育政策作为两种不同的社会现象，又是相互区别的。具体表现在以下五方面。

（1）制定机关和程序不同

教育法律是有权国家机关通过法定程序制定或者认可的，具有国家意志性。它将体现人民意愿和党的意志的教育政策上升为具体的国家意志。而教育政策是党的领导机关按照党章的规定和程序制定的，不具有国家意志性。

（2）调整范围和对人的效力不同

一般来说，教育政策调整社会关系的范围要比教育法律广，它可以通过各个渠道渗透到各个领域；而教育法律所调整的主要是教育领域内比较重要的社会关系。但是，在对人的效力方面却截然相反，教育法律对全体公民（包括居住在我国的外国人）具有普遍的约束力；而教育政策，有针对党内的，有针对党内机关的，还有针对每个公民的。

（3）表现形式不同

教育法律具有特定的表现形式，包括宪法中有关教育的条款、教育基本法律、教育行政法规、教育行政规章、地方性教育法规、有关教育的自治条例和单行条例、地方性教育规章等。它们都是明确具体地规定人们的权利与义务，用以调整各种教育关系的行为规范。而教育政策具有特殊的表现形式，通常以党的决议、决定、纲领、命令、宣言、声明，乃至通知、口号、纪要等形式表现出来。在内容上注重原则上的阐述，具有抽象性、指导性和号召性。

（4）稳定性不同

一般来说，教育法律与教育政策都具有稳定性，但是，由于各自的目的、任务、作用等方面的不同，导致两者在稳定性上有所不同。教育法律是比较成熟和定型的，具有较强的稳定性，其修改程序比较复杂。而教育政策则具有一定的适时性和灵活性，常常随教育发展现状的变化而不断调适，其稳定性较教育法律要小。

（5）实施方式和手段不同

教育法律在实施过程中，除依靠宣传、教育手段外，还要依靠国家的强制力，对违反教育法律规定的，将由国家专门机关依法给予以行政制裁为主的法律制裁；而教育政策除了依靠宣传教育，主要靠党的纪律保证实施，对于违反教育政策的，一般给予批评教育，严重的将会受到党纪政纪处分，但是与法律制裁相比，其性质、程度与方式有较大的区别。

（四）正确处理依法治教与教育政策的关系

一方面，必须认识到教育政策的重要性。应在教育政策的指导下，完善教育立法，加强教育法制建设，严格依法治教。要通过教育立法、执法、司法、守法、法制监督等一系列环节来认真贯彻党的教育政策，使其真正落到实处。另一方面，必须防止实践中以教育政策代替教育法律的做法。当前，我国教育法律还不够健全和完善，在一定情况下，还必须依靠教育政策来调整一定的社会关系。但是，这并不意味着教育政策可以完全替代教育法律，以言代法、以权压法、唯政策是从的做法是绝对不允许的。为此，必须厉行依法治教，始终坚持以制度建设规范和调控教育的发展。

第三节　依法治校

依法治校是学校遵循法制原则和法制精神，在职权范围内，依据宪法、法律、规章等规定，管理学校事务，开展办学活动和教育教学活动，维护师生合法权益等。依法治校是推进依法治国基本方略的必然要求，是依法治教的重要组成部分，是教育事业深化改革、加快发展、推进教育法制建设的重要内容。推进依法治校有利于推动教育行政部门进一步转变职能，严格依法办事；有利于全面推进素质教育，提高国民素质；有利于保障各方的合法权益；有利于运用法律手段调整、规范和解决教育改革与发展中出现的新情况和新问题，化解矛盾，维护稳定。

2003 年 7 月 17 日，教育部发布《关于加强依法治校工作的若干意见》。2012 年 11 月 22 日，为贯彻落实党的十八大精神，进一步推动《国家中长期教育改革和发展规划纲要（2010—2020 年）》实施，全面推动教育行政管理体制以及学校内部管理体制的改革、创新，在依法行政、依法治校的基础上，构建政府、学校、社会之间新型关系，加快建设现代学校制度，教育部制定并发布《全面推进依法治校实施纲要》。

一、全面推进依法治校的重要性和必要性

党的十八大以来，以习近平同志为核心的党中央从关系党和国家长治久安的战略高度定位法治、布局法治、厉行法治，开启了法治中国建设的新征程，形成了习近平总书记全面依法治国新理念新思想新战略。推进依法治校是学校适应加快建设社会主义法治国家要求，发挥法治在学校管理中的重要作用，提高学校治理法治化、科学化水平的客观需要；是深化教育体制改革，推进政校分开、管办分离，构建政府、学校、社会之间的新型关系，建设现代学校制度的内在要求；是适应教育发展新形势，提高管理水平与效益，维护学校、教师、学生各方合法权益，全面提高人才培养质量，实现教育现代化的重要保障。

实行依法治校，就是要全面贯彻党和国家的教育方针，坚持教育为社会主义现代化建设服务，为人民服务，与生产劳动和社会实践相结合，落实立德树人根本任务，培养德智体美劳全面发展的社会主义建设者和接班人。实行依法治校，就是要严格按照教育法律的原则与规定，开展教育教学活动，尊重学生人格，维护学生合法权益，形成符合法治精神的育人环境，不断提高学校管理者、教师的法律素质，提高学校依法处理各种关系的能力。实行依法治校，就是要在依法理顺政府与学校的关系、落实学校办学自主权的基础上，完善学校各项民主管理制度，实现学校管理与运行的制度化、规范化、程序化，依法保障学校、举办者、教师、学生的合法权益，形成教育行政部门依法行政，学校依法自主办学、依法接受监督的格局。

随着社会主义民主法治建设进程的加快，教育法律法规体系逐步得到完善，学校的法律地位发生了变化，学校与教育行政部门、举办者、教师、受教育者之间的法律关系出现了新的特点。理顺各主体之间的关系，解决教育活动中出现的新问题，实现教育为人民服务的宗旨，需要依法推进教育改革与发展，依法保障公民受教育权利。依法治校既是教育改革与发展的必然要求，也是实现教育为人民服务宗旨的重要保障。

二、全面推进依法治校的指导思想和总体要求

（一）全面推进依法治校的指导思想

全面推进依法治校，必须以习近平新时代中国特色社会主义思想为指导，坚持社会主义办学方向，弘扬和践行社会主义核心价值体系，将坚持和改善学校党的领导与学校的依法治理紧密结合起来；必须全面贯彻国家教育方针，把立德树人、培养德智体美劳全面发展的社会主义建设者和接班人作为学校教育的根本任务，全面提高校长、教职工和学生的法律素质，加强公民意识教育，培养社会主义合格公民；必须坚持以人为本，依法办学，积极落实教师、学生的主体地位，依法保障师生的合法权益；必须切实转变管理理念与方

式，提高管理效率和效益，为全面推进依法治国和全面实现教育现代化打下坚实的基础。

（二）全面推进依法治校的总体要求

学校要牢固树立依法办事、尊重章程、法律规则面前人人平等的理念，建立公正合法、系统完善的制度与程序，保证学校的办学宗旨、教育活动与制度规范符合民主法治、自由平等、公平正义的社会主义法治理念要求；要以建设现代学校制度为目标，落实和规范学校办学自主权，形成政府依法管理学校，学校依法办学、自主管理，教师依法执教，社会依法支持和参与学校管理的格局；要以提高学校章程及制度建设质量、规范和制约管理权力运行、推动基层民主建设、健全权利保障和救济机制为着力点，增强运用法治思维和法律手段解决学校改革发展中突出矛盾和问题的能力，全面提高学校依法管理的能力和水平；要切实落实师生主体地位，大力提高自律意识、服务意识，依法落实和保障师生的知情权、参与权、表达权和监督权，积极建设民主校园、和谐校园、平安校园。

三、全面推进依法治校工作的措施

（一）转变行政管理职能，切实做到依法行政

依法行政是依法治校的前提和保障。各级教育行政部门要按照依法治教和依法治校的要求，切实转变不适应形势需要的行政管理方式、方法，依据法律规定的职责、权限与程序对学校进行管理，切实维护学校的办学自主权；要按照行政审批制度改革的要求，精简审批项目，公开审批程序，提高办事效率；要探索综合执法机制和监督机制，依法监督办学活动，维护教育活动的正常秩序；要依法健全和规范申诉渠道，及时办理教师和学生申诉案件，建立面向社会的举报制度，及时发现和纠正学校的违法行为，特别是学校、教师侵犯学生合法权益的违法行为；积极配合有关部门开展校园及其周边环境的治理工作，依法保护学校的合法权益，为学校教育教学活动创造良好的环境。

（二）加强制度建设，依法加强管理

学校要依据法律法规制定和完善学校章程，经主管教育行政部门审核后，作为学校办学活动的重要依据。要根据法律和国家的有关规定，建立健全学校教育教学制度，保障国家教育方针的贯彻落实。要依法健全校内管理体制，国家举办的高等学校要依法实行党委领导下的校长负责制，明确学校党委、校长、校务委员会、学术委员会等各种机构的职责权限和议事规则，做到相互配合，权责统一，依法办事；中等及中等以下学校要依法健全校长负责制，完善校长决策程序，并发挥学校党组织的政治保障作用。民办学校和中外合作举办的教育机构要按照《中华人民共和国民办教育促进法》（以下简称《民办教育促进法》）、《中外合作办学条例》和国家有关规定规范办学行为，建立健全校董会、理事会或

者其他决策机构的议事规则,规范决策程序。要保证学校的发展规划、章程和各项管理制度、对外签订的民事合同等符合法律的规定;完善学校内部财务、会计和资产管理制度,严格执行国家有关收费的规定,健全监督机制,依法管理好学校法人财产。对违反法律、法规规定的学校管理制度和规定,要及时修改或者废止。

(三)推进民主建设,完善民主监督

要进一步完善教职工代表大会制度,切实保障教职工参与学校民主管理和民主监督的权利,保证教职工对学校重大事项决策的知情权和民主参与权。全面实行校务公开制度,学校改革与发展的重大决策、学校的财务收支情况、福利待遇以及涉及教职工权益的其他事项,要及时向教职工公布;学校的招生规定、收费项目与标准等事项,要向学生、家长和社会公开。要积极探索扩大社会参与学校办学与管理的渠道与方式。中小学要积极推动社区参与学校管理与监督,推进家长委员会的建立,明确家长委员会的职责,学校决策涉及学生权益的重要事项,要充分听取家长委员会的意见,接受家长委员会的监督,为家长、社区支持、参与学校管理提供制度保障。

(四)加强法制教育,提高法律素质

依法治校的关键在于转变观念,以良好的法律意识、法治观念指导学校管理和教育教学活动。教育行政部门和学校要坚持育人为本的思想,按照全国和教育系统普法规划的要求,以及教育部、司法部等部门发布的《关于进一步加强青少年学生法制教育的若干意见》的要求,加强对青少年学生的法制教育。青少年学生的法制教育要以弘扬社会主义法治精神,树立社会主义法治理念,培养知法尊法守法用法的合格公民为根本目标;要自觉遵循青少年学生成长规律和法制教育规律,坚持规则教育、习惯养成与法治实践相结合,坚持课堂教学主渠道,积极开拓第二课堂,深入开展"法律进学校"活动,统筹发挥学校、家庭、社会各方作用。学校领导要带头学习法律知识,增强法治观念,依法履行管理职责;要把法律知识作为各级各类学校校长培训、教师培训的重要内容,把具备较高的法律素质和落实教育法律法规的情况,作为校长、教师考核和学校评价的重要内容。

(五)严格教师管理,维护教师权益

教育行政部门要严格依照《中华人民共和国教师法》(以下简称《教师法》)、《教师资格条例》的规定认定教师资格。学校要依法聘任具有相应资格的教师,依法与教师签订聘任合同,明确双方的权利、义务与责任,尊重教师权利,落实和保障教师待遇。建立校内教师申诉渠道,依法公正、公平解决教师与学校的争议,维护教师合法权益。

教育行政部门和学校要加强对教师的思想政治教育、道德教育和法制教育,不断提高教师的道德水准和法律素质。加强教师管理,依法追究品质恶劣、严重侵犯学生合法权益的教师的法律责任,坚决杜绝教师侵犯学生人身权的违法犯罪行为。对教师严重侵犯学生

人身权的案件，学校必须及时移送司法机关查处，并向主管教育行政部门报告，依法追究责任人、校长和主管教育行政部门负责人的责任。

（六）完善学校保护机制，依法保护学生权益

学校在日常教育教学活动中要树立以人为本的理念，自觉尊重并维护学生的人格权和其他人身权益。教育行政部门和学校要牢固树立"安全第一"的意识，认真贯彻落实有关校园安全的法律及规定。要建立完善的安全管理制度，明确职责，加强对学校教学、生活、活动设施的安全检查，落实各项安全防范措施，积极维护校园的安全与秩序；要加强对教师、学生的安全教育，实现安全教育制度化、规范化，预防和减少学生伤害事故，保护学生、教师的人身和财产安全；建立应对各类突发事件的工作预案，增强预防和妥善处理事故的能力；健全学生安全和伤害事故的应急处理机制和报告制度，不得瞒报或者漏报。

学校要健全学籍管理制度，按照有关法律的规定，严格保护学生的受教育权，中小学校一般不得开除未成年学生；对学生的处分应当做到事实清楚、证据充分、依据合法，符合规定程序；建立校内学生申诉制度，保障学生申诉的法定权利。高等学校依法对学生做出处分决定应当经校长办公会议讨论通过，保障学生的知情权、申辩权，并报教育主管部门备案。

依法治校涉及学校工作的各个方面，是一项系统工程，是教育改革与发展的一项重要任务，需要进行长期的实践和探索。各级教育行政部门要切实加强领导，把推进依法治校作为促进教育行政部门转变职能，改进工作作风，提高依法行政水平，推进依法治教进程的一项基础性工作，予以高度重视。教育行政部门要充分发挥法制工作机构在推进依法治校工作中的作用，由法制工作机构会同其他部门建立本地区依法治校工作的政策指导、组织协商、检查评估的协调机制，保证教育行政部门各职能机构自觉按照依法行政的要求，履行对学校的管理职责，规范管理行为，形成推进依法治校工作的合力。

各级各类学校要转变管理理念，明确依法治校的基本原则，制定推进依法治校的工作规划和目标；明确校内职能机构、工作岗位的职责与任务，形成各司其职、各负其责、全方位推进依法治校的工作格局，不断提高学校管理水平，促进学校发展。学校要通过聘请法律顾问或建立法制工作机构等形式，加强学校法制教育和法律服务。学校要积极配合、接受教育行政部门和其他有关部门的检查、监督，认真落实行政申诉、行政复议决定及司法判决等法律文书中的义务，维护当事人的合法权益。

推进依法治校要根据不同层次、不同类型学校的特点，结合本地的实际情况，分步实施、分类指导，不断总结经验，逐步推进，成为深化教育管理体制改革、推进素质教育的推动力。教育行政部门应当积极推广依法治校典型，宣传依法治校的先进经验，推动依法治校水平的不断提高，保障教育改革和发展。

四、加强高等学校法治工作

加强法治工作、推进依法治校，是高校落实全面依法治国基本方略的重要任务。一方面，高校要作出表率，把依法治国的新理念新思想新战略落实到学校办学治校实践当中，为法治中国建设和社会主义法治文化建设作出贡献。另一方面，依法治国实践的深入，也让高校面对越来越多的法治要求、法治监督，亟须高校健全法治工作机制来承担新任务、应对新挑战。

高等教育领域全面推进依法治校、加强法治工作，是学习贯彻习近平总书记全面依法治国新理念新思想新战略的一项重大政治任务，也是破解当前高校改革发展面临的突出问题、推进治理体系和治理能力现代化的必然要求。2012年《全面推进依法治校实施纲要》颁布以来，高校法治工作取得了很大进展，为高校改革发展提供了有力的支撑和保障。同时，实践中一些学校法治意识不强、法治能力不足，违法决策、任性管理、侵权塞责等现象仍然存在。随着高等教育改革的深入推进，高校办学自主权逐步落实，高校内外部环境愈加复杂、治理难度越来越大。特别是近年来高校办学、管理活动越来越多纳入司法审查范畴，涉及高校的各类复议、诉讼案件逐年增加，如何有效规避法律风险、依法维护学校权益成为高校面临的重要课题，迫切需要进一步加强高校法治工作。

为深入贯彻落实党的十九大和十九届二中、三中、四中全会精神，坚持和完善中国特色社会主义教育制度体系，推进高校治理体系和治理能力现代化，进一步加强高校法治工作，全面推进依法治教、依法办学、依法治校，为解决高校法治工作中面临的突出问题，经深入调研论证和修改完善，2020年教育部出台了《教育部关于进一步加强高等学校法治工作的意见》。明确高校法治工作的十项重点内容：

一是深化对高校法治工作重要性的认识。学校要以习近平新时代中国特色社会主义思想为指导，深入学习贯彻习近平总书记全面依法治国新理念新思想新战略和关于教育的重要论述，深刻认识新形势新变化提出的新任务新要求，切实把依法治理作为学校治理的基本理念和基本方式，融入、贯穿学校工作全过程和各方面。

二是明确党政主要负责人推进法治工作第一责任人的职责。学校党政主要负责人应当切实履行依法治校组织者、推动者和实践者的职责。

三是构建系统完备的学校规章制度体系。推动形成以章程为核心，规范统一、分类科学、层次清晰、运行高效的学校规章制度体系。

四是完善学校法人治理结构。坚持和完善以党委领导下的校长负责制为核心的学校领导体制和治理体系，推进决策、管理的科学化、民主化、法治化。

五是健全师生权益保护救济机制。建立健全校内权益救济制度，完善教师、学生申诉的规则与程序。

六是完善学校法律风险防控体系。健全合同管理制度，积极推进各类涉法事务管理，维护学校合法权益。

七是开展以宪法教育为核心的法治教育。学校把学习宣传宪法摆在普法工作的首要位置，将宪法教育寓于学生培养全过程。

八是加强法治工作机构和队伍建设。学校应当有专门机构负责法治工作。

九是建立评价监督机制和工作报告制度。加强对学校各部门的法治工作考核。

十是营造高等学校法治工作良好的外部环境。切实转变职能，减少行政干预，尊重保障学校独立法人地位和办学自主权。

法治工作是融入性、贯穿性、经常性的工作，学校办学治校各环节、全过程都要体现法治的要求。高校要把法治作为学校治理的基本理念和基本方式，把法治工作融入学校工作全过程和各环节；要切实健全领导机制、加大工作力度，以法治思维和法治方式引领、推动、保障学校改革与发展，努力在法治中国建设中发挥示范作用。

【案例评析】

请扫描二维码并阅读案例，思考以下问题：

（1）本案是否适用《行政诉讼法》？

（2）高校对学生的处分行为属于内部行政行为还是外部行政行为？

（3）学生不服高校作出的处分决定的，可以采取哪些法律救济措施？

（4）如何看待高校校规的效力？

【案例简介】
田永诉北京
科技大学案

评析：

对于上述第一个问题，在我国目前情况下，某些事业单位、社会团体，虽然不具有行政机关的资格，但是法律赋予其行使一定的行政管理职权。这些单位、团体与管理相对人之间不存在平等的民事关系，而是特殊的行政管理关系。他们之间因管理行为而发生的争议，不是民事诉讼，而是行政诉讼。尽管《行政诉讼法》第26条所指的被告是行政机关，但是为了维护管理相对人的合法权益，监督事业单位、社会团体依法行使国家赋予的行政管理职权，将其列为行政诉讼的被告，适用《行政诉讼法》来解决它们与管理相对人之间的行政争议，有利于化解社会矛盾，维护社会稳定。《教育法》第22条规定："国家实行学业证书制度。""经国家批准设立或者认可的学校及其他教育机构按照国家规定，颁发学历证书或者其他学业证书。"第23条规定："国家实行学位制度。""学位授予单位依法对达到一定学术水平或者专业技术水平的人员授予相应的学位，颁发学位证书。"《学位条例》第8条规定："学士学位，由国务院授权的高等学校授予。"本案被告北京科技大学是从事高等教育事业的法人，原告田永诉请其颁发毕业证、学位证，正是由于其代表国家行使对受教育者颁发学业证书、学位证书的行政权力时引起的行政争议，可以适用《行政诉讼法》予以解决。

关于第二个问题，其核心在于高校与学生的关系。对于这一问题，法律至今尚无明文规定，学者们的认识也各有差异。我们认为，在一般意义上，高等学校为维持良好的教学秩序，在教学及其相关活动中，与学生之间形成了管理与被管理的关系，类似于内部行政管理关系；但当涉及学生学位授予等事项时，高等学校是法律法规授权的行政主体，与学生之间形成了外部行政法律关系。高校拒绝向学生颁发毕业证和学位证的行为，显然属于外部行政行为，且这一行为直接关涉学生的合法权益，因此，学生依法有权就此向法院提起行政诉讼。高校基于内部管理而对学生作出的行政处分如开除学籍，是属于内部行政行为。目前依照《行政诉讼法》的规定不能就此向法院提起行政诉讼。当然，有人认为这些处分行为不属于内部行政行为，实践中有的法院将类似的案件予以受理并作出了处理。另外，将所有的行政行为纳入司法审查的范围一直是学界的呼声。

关于第三个问题，我们认为，学生对高校作出的涉及其重大权益的处分决定不服的，可以依据《普通高等学校学生管理规定》依次向高等学校学生申诉处理委员会、省级教育行政部门提起书面申诉。对申诉后的结果仍不服的，学生有权向法院提起行政诉讼。

关于第四个问题，我们认为，高校校规作为一种规范性文件，具有预先设定性、一定的权威性与强制性，但其毕竟不属于法的范畴，不具有法的全部特征，只是在合法的前提下，可被认为是对法律规范的一种补充或者完善。即只要高校校规不违背上位阶的法律法规和规章就有法律效力。由于本案是在1999年审理的，法院参照国家教育委员会1990年1月20日发布的《普通高等学校学生管理规定》，法院的判决结果无可厚非。但2005年9月1日正式生效的《普通高等学校学生管理规定》（2017年2月4日又一次修改颁布）加重了对考试作弊的处罚力度，考试作弊情节严重的，可给予开除学籍处分。本案如发生和处理在2005年9月1日以后，北京科技大学的"068号通知"就不一定与《普通高等学校学生管理规定》相抵触，就不一定没有法律效力，法院的判决结果也就不一定是学生胜诉了。当然，相关处理还应该按照法定程序，遵循程序正当的原则进行。

【实践·反思·探究】

1. 如何理解教育法制与教育法治的关系？
2. 为什么说依法治教是教育管理的必然趋势？
3. 高校教师应当怎样践行依法治教？

【推荐阅读】

1.《习近平法治思想概论》编写组.习近平法治思想概论［M］.北京：高等教育出版社，2021.

2. 习近平. 论坚持全面依法治国［M］. 北京：中央文献出版社，2020.

3. 中共中央关于全面推进依法治国若干重大问题的决定［M］. 北京：人民出版社，2014.

4. 中共中央关于坚持和完善中国特色社会主义制度 推进国家治理体系和治理能力现代化若干重大问题的决定［M］. 北京：人民出版社，2019.

第二章 　教育法基本原理

【知 识 导 图】

教育法是全面依法治教的法律基础，对全面推进依法治教、在法治轨道上推进教育治理体系和治理能力现代化具有重要意义。了解教育法的性质与地位、内容与结构、渊源与体系等基本知识和原理，是深入学习和研究教育法学的必要准备和前提。

第一节　教育法的含义

法律有广义和狭义之分，教育法也有广义和狭义之分，无论是在广义上还是狭义上使用教育法这一概念，都要从教育的性质出发。

一、教育法的概念

一般意义上的法，是由国家制定或认可并由国家强制力保证实施的行为规范的总称，是由一定物质生活条件决定的统治阶级意志的体现。

教育法属于法的一种，主要是国家对教育进行管理方面的法律规范的总称，它体现了国家对教育的干预和协调。在我国，国家对教育的管理，在通常情况下是通过教育行政机关和法律法规授权的组织的行政行为来实现的。因此，教育法就其基本性质而言的，属于公法范畴，是行政法的一个分支，是规范教育活动、调整教育行政管理关系（事实上也包括部分教育民事关系）的法律规范的总称。或者说，教育法是调整国家在行使教育行政权力和公民在行使受教育权利过程中所发生的各种社会关系的法律规范的总称。它以国家教育行政机关所实施的教育管理活动、学校及其他教育机构所进行的教育活动、公民的学习活动以及社会组织和公民所从事的与教育相关的活动中发生的社会关系为主要规范内容。

教育法作为国家法律体系中一个相对独立的部分，其任务是规范教育活动中产生的教育内部关系和与教育有关的外部关系。教育内部关系主要包括教育行政机关与学校、学校与学生、教师与学生、教师与学校之间的关系等；教育外部关系主要包括教育行政机关、学校、学生、教师与其他国家机关、社会组织和公民在举办、管理、实施以及参与教育的各种活动中所产生的社会关系。

根据制定主体性质的不同，教育法具有广义和狭义之分。广义的教育法是指国家制定或者认可的由国家强制力保证实施的调整教育行政关系的法律规范的总称。其制定主体呈现出多元化与层级性。多元化是从横向方面而言的，包括权力机关立法和行政立法；而层级性则是就纵向方面而言的，分为中央立法和地方立法两大层级。根据我国现行的行政立法体系，全国人民代表大会及其常务委员会作为最高立法机关和最高立法机关的常设机构，有权制定教育法律；国务院作为最高行政机关，有权制定教育行政法规；省、自治区、直辖市以及省、自治区的人民政府所在地的市和经国务院批准的较大的市的人民代表大会及其常委会作为地方立法机关，有权制定地方性教育法规；国务院各部、委员会，有权制定教育行政规章；省、自治区、直辖市人民政府及省、自治区人民政府所在地的市和经国务院批准的较大的市的人民政府，有权制定地方政府教育规章；民族自治地方的人民代表大会，有权制定有关教育的自治条例和单行条例。狭义的教育法仅指由国家权力机关依据法定权限和程序制定的教育法律。在我国，只有全国人民代表大会及其常务委员会有权制定教育基本法律。

理解教育法的定义，我们应该把握以下几层意思。

（一）教育法首先和主要体现统治阶级的意志，并最终决定于物质生活条件

从法的本质上说，教育法所确定的行为规则首先和主要体现统治阶级的意志，是统治阶级通过国家制定、认可并以国家强制力保证实施的。它是由统治阶级的物质生活条件所决定（包括物质生产方式、地理环境、人口状况等）的，并根据统治阶级的利益标准和价值观念来调整相应的社会关系。中华人民共和国是工人阶级领导的、以工农联盟为基础的人民民主专政的社会主义国家，与之相应的我国教育法也必然是以工人阶级为领导的、以工农联盟为基础的广大人民在教育方面共同意志的体现。

（二）教育法是人们在教育活动中应遵循的行为规则

人们在社会生活的各方面和各种社会关系中都有许多规范需要遵循。这些规范为人们的行为提供标准和指明方向，并在一定的范围内发生效力。教育法为所有参加教育教学活动的人们的行为提供标准和指明方向。其在教育活动中所产生的由教育法来调整的教育关系，既包括调整教育内部关系，也包括调整教育外部关系。随着教育教学活动范围的不断扩展，将会有更多的教育关系需要相关的教育法来调整和规范。

（三）教育法是由国家制定认可，并以国家强制力保证实施的行为规则

从法的产生方面看，教育法是由有立法权或立法性职权的国家权力机关通过法定程序采取制定、认可、行政、补充和废止等方式确定的与教育相关的行为规则，体现了教育法与国家的必然联系，而其他社会规范一般都没有这个特征。

从法的实施方式上看，教育法是以国家政权的强制力为后盾来保证其实施的。这是教育法与教育政策、职业道德以及各种政治规范等社会规范的重要区别。虽然任何一种社会规范都有一定的强制力，但法的强制力与其他社会规范的强制力不同，它是以国家政权的名义所表现出来的强制力，以法院、监狱、警察乃至军队为强制力的后盾。如果违反教育法，损害教育法所确定的学校、教师、学生等方面的权利，或是不履行相关的法定义务，就要受到政权的强制。例如，按照《教育法》的规定，结伙斗殴、寻衅滋事，扰乱学校及其他教育机构教育教学秩序或者破坏校舍、场地及其他财产的，由公安机关给予治安管理处罚；构成犯罪的，依法追究刑事责任。侵占学校及其他教育机构的校舍、场地及其他财产的，依法承担民事责任。而其他社会规范则不具有国家强制这一特征。

（四）教育法以教育方面的权利与义务为重要内容，具有普遍性、明确性

从教育法的内容构成方面看，主要由规范性内容和非规范性内容构成，而规范性内容

中，权利与义务是主要内容。如:《教育法》第29条和第30条规定了学校享有的9项权利及应履行的6项义务,《教师法》第7条规定了教师享有的6项权利,第8条规定了教师应履行的6项义务,以及《未成年人保护法》、《中华人民共和国义务教育法》(以下简称《义务教育法》)等有关法律中规定的教育行政机关、学校、教师、学生及其监护人等方面的权利与义务。这些权利与义务是具有普遍性、明确性的行为标准。普遍性,即教育法适用对象和适用范围具有普遍性,它不是为某一具体特定的人提供行为标准,通常是一般的人、抽象的人,只要法尚未失效,就能反复运用,而不是只适用一次或者若干次。例如,党、团、工会的章程、纪律都规定了权利与义务,但不是为一般的人、抽象的人,而是为具体的人、特定的人,即为党员、团员、职工提供行为准则。明确性,即教育法都以具体的条文等形式,明确地为人们提供行为标准,而不是模糊的、伸缩度很大的社会规范。例如,《义务教育法》规定凡年满六周岁的儿童都应当入学,接受规定年限的义务教育。《教育法》规定在招收学生工作中徇私舞弊的,由教育行政部门责令退回招收的人员,对直接负责的主管人员和其他直接责任人员,依法给予行政处分,构成犯罪的,依法追究刑事责任。教育法中有的法条是用来说明其指导思想、基本准则、适用范围和生效日期等,但这些条文的存在并不妨碍法作为明确的社会规范而存在,恰恰说明这些规定是为更明确地表明法的性质、任务、效力和要求。

二、教育法的特征

教育法的特征,首先应当是教育法作为一种社会规范不同于其他社会规范的特性,其次,应当是教育法作为一种法律而有别于其他法律的特点。据此,教育法的特征可归纳为以下三个方面。

(一)国家意志性与教育特殊性的统一

教育法作为法的一种形式,同其他社会规范相比,具有典型的国家意志性。国家的统治阶级将其调控教育的理念和意志,借以法律的形式从而上升为国家意志,并通过警察、法院、军队等强大的国家机器予以保障实施。因而,教育法是一种具有国家强制性的社会规范,一般具有普适性,除非法律法规作出特别规定。作为一种法律,教育法又具有不同于其他法律的特点,这主要是因为教育具有特殊性。教育是以人为对象、以提高人的身心素质为目的的社会实践活动,因而,教育具有专业性和学术性的特点,学术创新和学术自由必然成为教育的内在规律。教育法是在充分尊重、确认和保障教育活动这一基本规律的前提下,来规范和调控各种教育关系的。

(二)内容稳定性和发展性的统一

教育法所规范的内容,主要涉及以权利与义务为核心的教育行政活动、学校管理活动、教师教学活动、学生学习活动以及由此而引起的各种教育关系。这些关系通常包括政府及其教育行政部门与学校的关系、学校与教师的关系、学校与学生的关系、教师与学生的关系、学校与社会的关系等。这些关系在一定时期往往具有稳定性，正是基于此，才使得教育法的制定和实施拥有可行性。随着时代的发展，社会主体日益多元化，社会关系呈现多样性，教育法所调整的内容必然要依据现实情况的变化而不断发展。

（三）形式集中性与分散性的统一

一般来讲，教育法的表现形式有集中式和分散式两种。集中式，又称法典式，即以法典的形式相对集中了教育法律规范并对其作出系统性安排。这种方式是对教育关系进行一般性、原则性的法律规定。例如，我国的《教育法》就采用了典型的集中式表现形式。同时，由于教育关系的复杂性和变化性，往往仅凭一部法典并不足以规范所有的教育活动，并且一部法典不可能囊括调整各种教育关系的法律法规，因此，就必须采取分散式表现形式来构建教育法律法规体系。我国的教育法律法规体系是采取集中式与分散式相结合的表现方式。首先，宪法规定了我国最基本的教育法律规范，其次，《教育法》作为我国教育领域的基本法，对规范教育关系作出一般的、原则的、概括的规定；最后，各种单行法、教育法规、规章以及规范性文件作出具体的规定。

三、教育法的作用

教育法是依法治教的依据，教育法的贯彻实施对于促进社会主义教育事业的发展、提高全民族的素质、培养社会主义现代化建设的合格人才，具有重要的意义。具体而言，教育法的作用主要体现在以下四个方面。

（一）保障教育的社会主义性质和战略地位

国运兴衰，系于教育。而教育的发展离不开法律的保障，所以，教育法的作用首先体现在以立法的形式确立了我国教育的社会主义性质和优先发展的战略地位。如《教育法》第3条规定："国家坚持中国共产党的领导，坚持以马克思列宁主义、毛泽东思想、邓小平理论、'三个代表'重要思想、科学发展观、习近平新时代中国特色社会主义思想为指导，遵循宪法确定的基本原则，发展社会主义的教育事业。"《教育法》第4条规定："教育是社会主义现代化建设的基础，对提高人民综合素质、促进人的全面发展、增强中华民族创新创造活力、实现中华民族伟大复兴具有决定性意义，国家保障教育事业优先发展。全社会应当关心和支持教育事业的发展。全社会应当尊重教师。"

（二）保障和促进依法治教

教育振兴，全民有责。教育法的目的在于依法治教。依法治教不仅要求行政机关必须依照法定的职权和程序管理教育，依法办事，同时还要求其他主体的教育活动要符合法律，任何人和组织的违法行为都要受到法律的追究。我国教育法对各类教育法律关系主体的法律地位、权利与义务等作出了明确规定，并对违反教育法的法律责任、处罚形式也作出了具体规定。这些规定为依法治教提供了基本的法律依据，从而有利于保障和促进依法治教目的的实现。

（三）确认并保障公民的受教育权利和义务

教育法确认每个公民具有平等的受教育的权利与义务，并为全体公民提供平等的受教育机会。我国《宪法》第46条规定受教育的权利与义务是公民的基本权利与义务之一。要使这一基本权利与义务具有现实性和可行性，必须通过教育法来得以落实和保障。

（四）保障和促进教育事业发展，提高教育工作效率

教育法对教育的地位、基本制度、管理体制、师资、教育投入与条件保障等都作出了明确的规定，并通过自身的强制作用为教育事业的发展创造了良好的外部环境，因而对教育事业的发展有着巨大的保障和促进作用。同时，教育法对教育活动的组织和实施都有明确的规定，学校和各级教育行政部门按照教育法进行管理，可以避免工作中的随意性和盲目性，有利于提高教育工作的效率。

第二节　教育法的性质与地位

在法理学上，对法律部门的划分主要依据两个标准：调整对象和调整方法。前者是主要标准，后者是辅助标准。部门法是指调整对象和调整方法类似的一些法律的分类，单一的法律只是部门法的组成部分。由于教育法调整对象的复杂性，人们对教育法的性质及其在法律体系中的地位有不同的看法，这在一定程度上影响了教育法的准确适用。

一、教育法的性质

在我国，人们通常把国家的法律划分为宪法、行政法、民法、商法、刑法、经济法、环保法、劳动与社会保障法、诉讼法和军事法等十大法律部门。每个法律部门都是以法律的调整对象和调整方法的不同为标准加以划分的。例如，行政法调整国家行政机关在行使其行政职权过程中发生的各种社会关系，即行政关系；民法则调整平等主体之间的财产关系和人身关系。教育法是国家管理教育的法律，而教育管理权只是国家行政权的一个组成部分，教育法所调整的正是国家教育行政机关在行使教育管理权过程中所发生的各种社会关系，即教育行政关系。

伴随近代以来教育国家化的历史发展趋势，教育逐渐成为国家行政干预与调控的重要领域。相应地，教育法充分体现了国家对教育进行规范化有效管理的理念，从而通过法律的形式确立了国家调控教育的基本原则。在我国，大多数情况下这种调控是依据宪法和法律的明确授权，通过行政主体实施的行政行为实现的。因此，从这个意义上讲，教育法就其基本性质而言，是具有行政法性质的、重在调整教育行政关系的法律规范。

与此同时，教育法主要在于规范、促进和保障教育的发展，充分尊重教育民主、学术创新和学术自由，这必然决定教育行政关系不同于一般的行政关系，教育法与行政法的关系不是简单的母法与子法的关系。从这个意义上讲，教育法是具有行政法性质的特别行政法。

随着我国教育体制改革的不断推进，教育内部关系与教育外部关系正在经历一场深刻的变革，社会正在向教育领域进行全方位、多层次的渗透，从而衍生出了多种多样、纵横交错、纷繁复杂的教育社会关系。这些新兴的教育关系已经突破单纯的行政法的调整范围，而兼具民事关系的性质。例如，由于扩大了学校的办学自主权，学校在执行国家政策、计划的前提下，有权招收自费生和捐资生，学校相互之间或者学校和其他主体可以联合办学。这类关系的调整仅有民法是不够的，必须由教育法和民法来共同完成。也就是说，从发展的眼光看，随着教育体制改革的深入和教育行政机关职能的转变，一些新的社会关系会产生，或者教育领域原先的社会关系会发生分化和改组，相当大的一部分行政关系将发生性质上的变化，成为具有民事性质的关系，从而使教育法的调整对象呈现出复杂性、特殊性的特点。①

在新的形势下，仅仅依靠传统的行政管理模式、手段和方法，依赖单一的行政法的调节与控制，对于现存关系的理顺、良好教育秩序的建立都是乏力而有限的。这必然要求变革传统的行政理念、行政方式，并相应地进行教育法律制度的创新，有效借助民法等相关的部门法对这些新兴的教育关系进行协调性的共同调整。在这一过程中，我国教育法在立足于行政法这一基本性质的同时，必然附含有民法等其他部门法的性质。

二、教育法的地位

（一）教育法地位问题的不同界说

教育法在法律体系中的地位，是教育法学界极为关注的问题之一。然而至今学界尚未形成一致的看法和观点。目前，主要存在三种不同的主张。

第一种主张的代表人物是北京大学的湛中乐，他认为，教育法调整方法表现为多元性，即从单一的教育行政调整方法逐步扩展为包含教育民事法律调整方法、教育刑事法律

---

① 顾基平.高等教育法规概论［M］.长沙：湖南人民出版社，2010：6.

调整方法、教育国际法律调整方法等多种方法并存。既然教育法同时利用行政法、民法、刑法和国际法的方法调整教育关系，那么教育法律规范可以根据其调整方法分别归入行政法、民法、刑法或国际法。换言之，教育法并不足以成为一个与民法、行政法、刑法和国际法并列的法。但从主要规范的角度来看，教育法隶属于行政法。或者说，教育法是行政法的子法。

第二种主张的代表人物是中国社会科学院政治学研究所吴大英，他认为，我国的法律体系应由宪法、行政法、民法、经济法、劳动法和社会福利法、自然资源法和环境保护法、文教科技法、刑法、司法程序法、军事法等十个部门法组成，其中文教科技法主要涉及文化、教育、科学技术方面的法律，教育法是这一部门法的一个分支。

第三种主张认为，教育法应作为一个独立的部门法。较早提出这一主张的是日本东京大学教授兼子仁。他认为，教育与教育行政不能完全等同，教育制度特有的法理构成了教育法特有的体系和领域，因此，教育法规是固有法规，在现行法制中教育与教育行政应具有法的公离性。20世纪80年代中期以后，我国国内也有人持这一观点。其中，辽宁大学何瑞琨认为，教育法以其特有的教育关系作为调整对象，有特有的法律关系主体和法律原则，并有相应的处理方式，因此，它应是现代国家法律体系中不可缺少的一个独立的部门法。[①]

（二）教育法在我国法律体系中的地位

一国的法律体系是以本国全部现行法为基础的，而任何一个国家的法律总是随着社会关系的变化而变化的，因此，部门法的划分并非一成不变的。但是无论怎么变化，这种划分都必须严格依据一定的标准和原则。通常来讲，划分部门法的标准主要是法律的调整对象和调整方法。据此，为深入认识教育法在我国法律体系中的地位，我们将从教育法的调整对象和调整方法的分析着手。

1. 教育法的调整对象

法律是以人们之间形成的一定的社会关系作为调整对象的，同一社会性质的社会关系，由于涉及不同的社会领域而划分为不同的种类。这样，社会关系的不同领域（或者说不同种类）便成为划分法律部门首要的、最基本的标准。凡是调整同一种类社会关系的法律规范，就被划分为同一法律部门。例如，调整民事关系的法律规范构成民法部门，调整行政关系的法律规范构成行政法部门。由此可见，衡量一个法律部门能否独立，关键是看其所调整的社会关系在整个社会关系体系中是否具有独立的内涵和地位。

基于此，在判定教育法的法律地位时，我们必须对其调整的社会关系进行分析。教育法所调整的社会关系，主要涉及下述几个方面：政府及其教育行政部门与学校的关系、学校与教师的关系、学校与学生的关系、教师与学生的关系、学校与社会的关系等。这些关系尽管纷繁复杂，但是根据其各自的特征基本可以分为两大类：具有纵向隶属性特征的教

---

① 何瑞琨.中外教育法知识［M］.沈阳：辽宁大学出版社，1987：8.

育行政关系和具有横向平等性特征的教育民事关系。

具有纵向隶属性特征的教育行政关系是指行政主体（包括行政机关和依据宪法、法律授权的教育机构）在实施其教育行政过程中发生的社会关系，这一关系反映了国家调控教育的原则，其实质是国家如何领导、组织和管理教育的活动。与一般的行政关系相比，教育行政关系虽有共同的特征，但也存在特殊性。其特殊性就在于，教育活动是教师、科研人员和学生从事精神领域内的学术创新性活动，要具有民主性和科学性，尊重主体的才智、创新精神、实践与成果，这一特点在高校表现得尤为突出。因此，教育行政关系与传统的"命令—服从"型的一般行政关系不同，它必须同时反映和体现教学民主与学术自由。对此，现代教育行政观往往强调"服务行政"的导入，重视和加强行政指导、行政合同、行政咨询对教育活动的软调控。

具有横向平等性特征的教育民事关系是不具有行政隶属性关系的学校与行政机关、企事业单位、社会团体、个人之间，在教育活动过程中发生的社会关系。在我国，这一关系伴随着教育体制改革的深入而日益凸显出来。例如，随着高等学校办学自主权的不断扩大，学校有权与外单位合作建立教学、科研、生产联合体，各主体之间一般不存在行政隶属性质的关系，它们之间的关系构成了一类具有民事性质的社会关系。然而，这种关系多是因教育活动而产生或者与教育活动关系密切，因此，又是一类明显具有教育特殊性的民事关系。为体现国家对教育活动的保障，对学校、教师和学生等主体合法权益的保护，对这一社会关系的调整，仅有民法是不够的，必须依靠教育法和民法来共同调整。

由此可见，目前我国教育法调整的社会关系主要是教育行政关系，即使是一些具有民事性质的教育外部关系，也往往因其具有典型的教育特殊性而需要教育法参与调整。

2. 教育法的调整方法

法律的调整方法，一般解释为国家在以法律调整这些社会关系时所确立的用以影响这些关系的法律手段和方式。虽然它的具体含义不够明确，但多数人认为法律责任、法律制裁方法属于法律调整方法的范畴。除此之外，确定法律调整的社会关系的不同主体以及确定主体间权利与义务关系的不同形式也属于法律调整方法的范畴。[①]

法律调整的社会关系的主体，即法律关系主体，是指在某一法律关系中的权利享有者和义务承担者。由于教育法调整的社会关系有两大类，因此，教育法律关系的主体因情况而不同。在教育行政法律关系中，其主体通常包括国家行政机关、学校、教师、学生，其中，国家行政机关是恒定的一方主体。同时，在特定情况下，学校可依据法律的授权而成为行政主体，在教育管理活动中承担一定的行政职能。例如《学位条例》第8条规定，学士学位由国务院授权的高校授予；硕士学位、博士学位由国务院授权的高校和科研机构授予。学位授予权本应由法定的国家行政机关行使，但在法律授权的情况下，高校和科研机构便成为被授权的行政主体行使学位授予权。除此之外，在教育民事关系中，其主体一般

---

① 李龙.法理学［M］.武汉：武汉大学出版社，1996：329.

包括国家行政机关、学校、企事业单位、社会团体和公民。国家行政机关只是具有人格意义的民事主体，即机关法人。例如，企业与高校通过委托培养人才的方式提高企业高级管理人员的职业素质，他们之间就此订立委托培养人才的合同，构成教育民事关系，企业与高校便成为教育民事关系的主体。

教育法对主体间权利与义务关系的确定，同样因调整对象的不同而区分为不同的形式。在教育行政法律关系中，国家调控教育的原则具体体现为，行政机关作为恒定的主体一方，始终处于领导者、组织者的地位，而其他主体则处于被领导、被组织的地位。主体间权利与义务关系的确立与设置具有典型的行政法特征。而在教育民事法律关系中，主体双方始终处于平等的地位，主体间权利与义务关系的设立具有典型的民法特征。

从法律责任、法律制裁的角度看，违反教育法的行为，其承担的法律责任以行政责任为主，兼有民事责任和刑事责任。例如，《教育法》专设"法律责任"一章对违反教育法所应承担的法律责任和法律制裁分别作出了明确的规定。该法第72条规定，"结伙斗殴、寻衅滋事，扰乱学校及其他教育机构教育教学秩序或者破坏校舍、场地及其他财产的，由公安机关给予治安管理处罚；构成犯罪的，依法追究刑事责任。侵占学校及其他教育机构的校舍、场地及其他财产的，依法承担民事责任"。同时，教育法相应地规定了以行政制裁为主，包括民事制裁和刑事制裁的法律制裁方式。例如，《中华人民共和国义务教育法实施细则》中规定了对违反义务教育法的行为的处理方式，包括批评教育、行政处分、行政处罚等，这些都属于行政制裁的范围。

可见，教育法的调整方法主要属于行政法的范畴，但由于教育关系的广泛性和复杂性，往往兼采民法或者刑法加以调整。

综上所述，当前，我国教育法的调整对象仍然以教育行政关系为主，调整方法也主要隶属于行政法的范围，因此，教育法在我国法律体系中，应当归属于行政法，是行政法的重要分支。同时，由于教育自身的特殊性，以及社会对教育领域多层面的渗透，教育法调整对象的复杂性日益突出，可以预见，教育法作为一个相对独立的部门行政法是历史发展的必然趋势。

第三节 教育法的内容与结构

教育法的调整对象决定了教育法的基本内容，良好的教育法律文本，不仅需要从内容上明确规范地体现国家意志，还必须具有完整合理的结构。

一、教育法的内容

法律是国家意志的体现。从本质上讲，法律是由一定社会物质生活条件决定的，借以通过各种法律规范而将统治阶级的意志上升为国家意志。由此可见，法律需要借助特定的内容来具体体现国家意志，法律规范构成了法律的主要内容。随着教育国家化趋势的不断发展，行政权力介入、干预和调控教育的广度、深度与力度日益增强，教育行政管理活动将涉及教育领域的方方面面与不同层次。如果不健全教育法律规范，不相应地把教育行政行为以及由此产生的纷繁复杂的教育行政关系纳入法治化的轨道，国家的教育事业将无法有序运作。因此，教育立法从根本上讲，就是要通过法律的形式，规范教育领域内各部门以及教育部门与社会其他部门之间的相互关系，从而形成适应经济社会发展需要的、合理的教育结构，建立良好稳定的教育秩序，保证不同级别、不同类别和不同形式的教育事业健康发展。纵观各国的教育法律法规，尽管在性质和调整范围上存在很大的差异，但基本上都包括两大方面的内容：其一，教育部门的机构设置和职权分工；其二，教育教学活动的基本制度。因此，为了有效调整和规范教育的各种内外部关系，我国现行教育法律规范调整范围也应包括：教育行政管理职能设置（包括机构设置和职权分工）和教育制度。

（一）有关我国教育行政管理职能设置方面的内容

我国教育行政管理实行"统一领导、分级管理"的基本原则，围绕教育行政管理的机构设置和职权分工，我国教育法规范的内容主要有：教育行政机关的组织、任务和职权分工，教育行政管理活动的基本原则、运作方式、方法与程序，教育行政活动范围内国家行政机关、其他国家机关、学校、教师、学生、公民与其他社会组织之间的权利与义务，各级各类学校的领导关系等。

（二）有关我国教育制度方面的内容

所谓教育制度，广义上是指根据国家性质所确立的教育目的、教育方针，以及开展教育活动的各种机构（包括教育行政管理机构以及各类教育机构）的体系和运行规则的总和。狭义上则指有组织的教育和教学的机构体系以及各级教育行政组织机构。因此，关于我国各级各类教育机构的设置、活动原则、运行方式和程序等方面的规定属于教育制度的范畴。对此，我国教育法律法规的内容主要包括：各级各类学校制度（学制），各级各类学校管理制度，义务教育制度，职业教育制度和继续教育制度，教育考试制度，学业证书制度和学位制度，高等学校、中学和小学教师职称制度，中小学在职教师进修制度，教育督导制度和教育评估制度等。

二、教育法的结构

法律结构是指法律各组成部分的外部排列和内部组合，包括形式结构和内容结构两个方面。这里仅就法律的形式结构进行介绍。法律的形式结构表明法律文件是一个由若干部分组成的不可分割的统一整体。这些部分具体是指名称、正文、制定机关、时间效力和公布令等。

（一）教育法文件的名称

教育法律法规文件的名称，旨在表明该文件的性质、内容和效力等级。一般来讲，在拟定教育法文件的名称时，必须遵循一些基本要求：第一，能够明确反映法律文件的效力等级；第二，能够确切表明法律文件的性质、调整对象和基本内容；第三，文字表述注意长短适中、言简意赅。在我国，由于有权制定教育法律法规的主体具有多元化和层级性的特点，教育法律法规的数量较多，学界对法律名称的研究尚且不足，所以存在教育法文件名称的使用失范现象。具体表现在以下方面：其一，法律名称的使用混乱。上至法律下至地方性政府规章，在使用名称方面多达数十种，尤其是位阶较低的法律文件，名称使用更是无序，这种现状对我国立法工作的统一性和协调性产生了严重的消极影响。其二，法律名称的雷同使用造成效力等级的模糊。立法实践中，一些效力等级差别较大的法律文件却使用相同的名称，从而致使人们对这些文件的效力等级发生认识性错误，进而造成法律适用上的混乱。鉴于此，法律文件名称的规范化，将成为我国立法改革必须解决的问题。

（二）教育法文件的正文

正文是教育法文件的主体部分。正文中的法律规范往往需要通过一定的形式结构才得以形成完整的法律。一般而言，正文主要是由总则、分则、罚则和附则等构成。

总则是整个法律文件的理论概括，一般位于法律文件的开端部分，主要规定该法律文件的目的、法律依据、任务、基本原则等内容。

分则是总则的具体化，分则的条文是法律规范的主要表现形式，是法律文件的实质性部分。其内容一般包括教育行政管理机构的设置、权限、运作方式和程序，教育行政法律关系主体的权利与义务、基本的教育制度、法律的实施和监督等内容。

罚则是针对分则中的禁止性行为所规定的制裁措施。在教育法文件中，有的专设罚则一章，有的奖惩结合而单设一章，有的则只用相应条款作出规定而不设专章。

附则，有的法律文件称为"补则"或者"最后规定"。它通常规定教育法律法规的法律效力、公布时间和生效时间、前法的废除、法律的修改和补充等内容。有的法律文件专设附则一章，有的则通过最终条款来规定。

上述只是教育法文件正文的一般结构，具体情况在不同形式的法律文件中存在差异。

（三）教育法文件的制定机关、时间效力和公布令

制定机关、时间效力和公布令的规定，是辅助教育法律规范，使该法律规范得以实现的条件。因此，它们是教育法形式结构不可或缺的组成部分。制定机关，即依法制定该法律文件的主体，它能够表明该法律文件的效力等级。一般在法律名称的下方以括号形式标明。时间效力一般通过法律标明的通过、公布或者发布时间，生效或施行时间体现出来。

其目的在于明确该法律文件的生效时间，以便于法律的正确实施。通过、公布或者发布法律的时间，一般在法律名称的下方以括号形式标明，而生效或施行时间，或在法律名称的下方以括号形式标明，或在法律文件正文中明确规定。公布令则表明公布该法律文件的主体、时间，一般也在法律名称的下方以括号形式标明。

第四节　教育法的渊源与体系

教育法的渊源主要是国家制定的关于教育方面的规范性文件。按照一定的原则，将不同部类的教育法规有机地组合成为一个具有内在协调关系的法律规范的统一体系就形成了国家的教育法律法规体系。

一、教育法的渊源

教育法的渊源简称"教育法源"，通常指其形式渊源，即教育法的创立方式。要理解什么是教育法的渊源，必须首先理解什么是法律渊源。法律渊源是法学中的一个专门术语，人们往往从不同的角度来理解这一概念的含义。但在法学著作中，人们一般都是从形式意义来使用法律渊源这一概念的，它指的是根据法律效力的来源不同而形成的法律类别。

教育法的渊源，即指由不同国家机关依照法定职权和程序制定的，具有不同法律效力的各种规范性文件。我国教育法的渊源主要是制定法，这些制定法是教育法律法规的外部表现形式和存在方式。

二、我国教育法的渊源

我国教育法的渊源主要有：宪法、教育法律、教育行政法规、地方性教育法规、教育行政规章、自治条例和单行条例等。

（一）宪法

宪法是国家的根本大法，是其他法律、法规制定的依据。在一个国家的法律体系中，宪法具有最高的法律地位和法律效力，其他法律、法规都必须依据宪法制定，其内容必须符合宪法，不得与宪法相抵触。由于教育在国家的政治、经济、文化等方面发挥着日益重要的作用，同时也由于受教育权是公民权利的重要组成部分，所以，世界上绝大多数国家或地区的宪法一般都有关于教育的专门条款，这些条款通常是规定了教育的基本原则、目的、教育制度、公民在教育方面的权利与义务、教育行政管理体制等内容。这些规定是制定教育法的重要依据。

我国宪法作为教育法的渊源对上述问题也作出了规定，这些规定是教育法中最高层次的渊源。

1. 宪法规定了教育的目的、任务和基本制度

《宪法》第 19 条规定："国家发展社会主义的教育事业，提高全国人民的科学文化水平。国家举办各种学校，普及初等义务教育，发展中等教育、职业教育和高等教育，并且发展学前教育。国家发展各种教育设施，扫除文盲，对工人、农民、国家工作人员和其他劳动者进行政治、文化、科学、技术、业务的教育，鼓励自学成才。国家鼓励集体经济组织、国家企业事业组织和其他社会力量依照法律规定举办各种教育事业。国家推广全国通用的普通话。"

2. 宪法规定了教育活动中的德育原则

《宪法》第 24 条规定："国家倡导社会主义核心价值观，提倡爱祖国、爱人民、爱劳动、爱科学、爱社会主义的公德，在人民中进行爱国主义、集体主义和国际主义、共产主义的教育，进行辩证唯物主义和历史唯物主义的教育，反对资本主义的、封建主义的和其他的腐朽思想。"

3. 宪法规定了公民的受教育权和从事科研、文艺创作等文化活动的自由

《宪法》第 46 条规定："中华人民共和国公民有受教育的权利和义务。国家培养青年、少年、儿童在品德、智力、体质等方面全面发展。"《宪法》第 47 条规定："中华人民共和国公民有进行科学研究、文学艺术创作和其他文化活动的自由。国家对于从事教育、科学、技术、文学、艺术和其他文化事业的公民的有益于人民的创造性工作，给以鼓励和帮助。"

4. 宪法规定了教育管理的权限

《宪法》第 89 条、107 条、119 条规定了国务院、县级以上地方各级人民政府和民族自治地方的自治机关领导和管理教育工作的权限。

此外，《宪法》在序言、总纲中规定了国家基本制度的系列重要原则，这些重要原则为教育法的制定确立了基本指导思想和立法依据。

（二）教育法律

教育法律是最高国家权力机关及其常设机关制定的教育规范性文件。教育法律是教育法的最主要渊源之一，其法律地位和法律效力仅次于宪法。依据法律制定的机关和规定的内容不同，教育法律又可分为教育基本法律和教育基本法律以外的其他法律。

1. 教育基本法律

在我国，教育基本法律是由全国人民代表大会制定的、规定我国教育领域带有根本性、普遍性问题的规范性文件。我国的教育基本法为《中华人民共和国教育法》，该法于1995 年 3 月 18 日第八届全国人民代表大会第三次会议通过，根据 2009 年 8 月 27 日第

十一届全国人民代表大会常务委员会第十次会议《关于修改部分法律的决定》第一次修正，根据 2015 年 12 月 27 日第十二届全国人民代表大会常务委员会第十八次会议《关于修改〈中华人民共和国教育法〉的决定》第二次修正，根据 2021 年 4 月 29 日第十三届全国人民代表大会常务委员会第二十八次会议《关于修改〈中华人民共和国教育法〉的决定》第三次修正。《教育法》共 10 章 86 条，该法对我国教育的性质、地位、方针和教育活动的基本原则，教育基本制度，学校、教师、学生等教育关系主体的法律地位及其权利义务，教育与社会，教育投入与条件保障，教育与对外交流与合作，违反教育法的法律责任等问题作了全面规定，是我国教育工作的根本大法，是依法治教的根本大法，是国家全面调整各类教育关系，规范我国教育工作的基本法律，在我国教育法律法规体系中处于"母法"地位，其他单行教育法规都只是调整和规范某一方面的教育关系或某一项教育工作，处于"子法"地位。

2. 教育基本法律以外的其他法律

教育基本法律以外的其他法律，也称教育单行法律，一般是指由全国人民代表大会常务委员会制定的、规定我国教育领域某一方面具体问题的规范性文件。教育单行法律的效力低于宪法和教育基本法律。目前，我国已制定颁布的教育单行法律包括《中华人民共和国义务教育法》《中华人民共和国教师法》《中华人民共和国职业教育法》《中华人民共和国民办教育促进法》《中华人民共和国高等教育法》《中华人民共和国学位条例》《中华人民共和国国家通用语言文字法》等。上述法律分别对教育领域的有关方面的问题作了具体规定。

（三）教育行政法规

教育行政法规是指国家最高行政机关为实施、管理教育事业，根据宪法和教育法律制定的规范性文件。在内容上是针对某一类教育管理事务发布的行为规则，而非针对某个具体的事件和具体问题作出决定；在形式和结构上比较规范，在时效上具有相对的稳定性；其制定、审定、发布必须经过法定的程序。在我国，行政法规专指由国务院根据宪法和法律制定的规范性文件。根据《行政法规制定程序暂行条例》的规定，行政法规的名称一般有三种，即条例、规定和办法。对某一方面的行政工作作较全面、系统规定的，称为"条例"；对某一方面的行政工作作部分规定的，称为"规定"；对某一项行政工作作较具体规定的，称为"办法"。行政法规草案有两种批准方式：由国务院常务会议审议批准和由国务院总理审批。经审议通过或审定的行政法规，可有两种发布方式：由国务院发布和由国务院批准，国务院主管部门发布。无论采取哪种批准方式或发布方式，都具有相等的效力。在我国教育法律法规体系中，教育行政法规的效力低于法律，高于其他法规。一切地方性教育法规、教育规章等，均不得与之相抵触。

目前，我国颁布生效的教育行政法规主要有：《学位条例暂行实施办法》《普通高等学校设置暂行条例》《扫除文盲工作条例》《高等教育自学考试暂行条例》《幼儿园管理条例》

《教师资格条例》《学校体育工作条例》《学校卫生工作条例》《残疾人教育条例》《教学成果奖励条例》《中外合作办学条例》《中华人民共和国民办教育促进法实施条例》《教育督导条例》等。

（四）地方性教育法规

地方性法规是指地方国家权力机关制定的规范性文件。在我国，根据《宪法》和《中华人民共和国地方各级人民代表大会和地方各级人民政府组织法》的规定，省、自治区、直辖市以及省级人民政府所在地的市和经国务院批准的较大的市的人民代表大会及其常委会有权制定地方性法规。地方性法规只在该行政区域内有效，其内容不得同宪法、法律、行政法规相抵触。

地方性教育法规就是上述国家机关依据宪法、教育法律和教育行政法规制定的、有关本地区教育行政管理的规范性文件。地方性教育法规是我国教育法的一个重要渊源。

（五）教育行政规章

教育行政规章也称教育规章，是国家行政机关根据并为实施教育法律、行政法规而制定和发布的规范性文件。根据《宪法》和《地方各级人民代表大会和地方各级人民政府组织法》规定，国务院各部、委员会和省、自治区、直辖市以及省、自治区的人民政府所在地的市和经国务院批准的较大的市的人民政府可根据法律、行政法规，在自身权限内发布规章。

教育行政法规按制定、发布机关可分为两类：① 由教育部制定的称部门教育规章。常用的名称为：规定、办法、规程、大纲、标准、定额等。采取教育部令或教育部与国务院其他部委联合令形式发布，适用于全国。部门教育规章在教育法渊源中占有很大比重。据统计，到目前为止，由教育部制定的部门教育规章共 123 个。如《普通高等学校学生管理规定》《〈教师资格条例〉实施办法》《教育行政处罚暂行实施办法》《学生伤害事故处理办法》《国家教育考试违规处理办法》《中华人民共和国中外合作办学条例实施办法》《高等学校预防与处理学术不端行为办法》《民办高等学校办学管理若干规定》《普通高等学校招生违规行为处理暂行办法》《学位论文作假行为处理办法》《学校教职工代表大会规定》等。这些规章是教育法的又一重要表现形式，在依法治教过程中起着十分重要的作用。② 由省、自治区、直辖市人民政府及省、自治区人民政府所在地的市和经国务院批准的较大的市的人民政府制定的，称为地方政府教育规章或简称政府教育规章。常用的名称为：规定、办法、实施意见等。由其制定的政府采取政府令的形式发布，只在本行政区域内有效。

（六）自治条例和单行条例

我国在各少数民族聚居的地方实行国家统一领导下的区域自治。各民族自治地方设立自治机关，行使自治权。根据宪法、组织法和民族区域自治法的规定，民族自治地方的人民代表大会有权依照当地民族的政治、经济和文化的特点，制定自治条例和单行条例。这些自治条例和单行条例有一些是规定民族自治地方的教育行政管理的，所以也是教育法的一个重要渊源。当然，自治条例和单行条例只在其制定机关管辖的区域有效。条例内容必须符合宪法、法律的基本精神，同时也不得与国务院制定的行政法规相抵触。

【拓展阅读】
《教育部现行有效规章目录》（截至 2020 年 12 月 31 日）

除上述各种形式外，我国还签署和参加了一些有关教育的国际条约，如我国于 1972 年承认了《联合国教科文组织宪章》，1983 年 12 月 16 日签署了《亚洲和太平洋地区承认高等教育学历、文凭与学位的地区公约》。这些条约对我国的国家机关和全体公民具有法律上的约束力，也是教育法的渊源之一。

三、教育法的体系

客观地讲，新中国成立 70 多年，特别是改革开放以来，在经济迅猛发展的强劲支撑下，我国已经初步建立了一个相对完整的教育体系，国家的教育管理活动在这一过程中逐步被纳入法治的轨道上，从而开创了新时期我国教育事业发展的崭新局面。

2010 年 7 月国家发布的《国家中长期教育改革和发展规划纲要（2010—2020 年）》明确指出："完善教育法律法规。按照全面实施依法治国基本方略的要求，加快教育法制建设进程，完善中国特色社会主义教育法律法规。根据经济社会发展和教育改革的需要，修订教育法、职业教育法、高等教育法、学位条例、教师法、民办教育促进法，制定有关考试、学校、终身学习、学前教育、家庭教育等法律。加强教育行政法规建设。各地根据当地实际，制定促进本地区教育发展的地方性法规和规章。"

随着我国民法典的正式实施，我国的教育法律法规体系已初具规模，目前有关教育法法典化的研究成为一个热点。《布莱克法律词典》将"法典化"界定为：为了形成一个有序的法典，对有着一个既定管辖范围的有关法律或者是一个独立的法律部门的法律的汇编和体系化的过程，也指这个过程的结果即法典本身。从法典化的范围来看，法典化包括广义和狭义两个层面的含义。狭义的法典化指国家立法机关在现有法律规范的基础之上，重新整合、修改、编排成一部新的法典的过程，这个过程也称为法典编纂。而广义的法典化是指各种形式的法律编纂活动，其范围除了狭义的法典化之外，还包括将现有法律规范进行分类组合，汇编成现有法律规范集合的过程，这个过程也称为法典汇编。目前，学术界探讨的法典化一般是指狭义的法典化，即属于严格立法层面推出新法的法典化，而不是简单地将现有法律进行汇编的法典化。"教育法典"是指享有立法权的国家机关依照一定的立法理念、立法方法和立法程序，将现有教育领域规范性法律文件进行修改、补充、清理后整合成的一部全新的、系统化的规范性教育法律文件。教育法典不是以往已经出台的教育法律的简单组合，而是将原有的教育法律法规进行修改、补充、清理后，按照一定的逻辑体系进行重新整合的法律。可以预见，教育法法典化的相关研究不仅可以推进教育立法的进程，完善我国的教育法律法规体系，还可以解决当前单行教育立法难以列入国家立法规划、若干法律之间法条竞合和法条冲突等教育立法中的现实问题。

（一）教育法体系的含义

所谓法律体系，是指由一国现行的全部法律规范按照一定的原则组合成若干不同的法律部门和法律层次，形成一个相互协调、有机联系、完整统一的法律系统。法律体系的内涵应当包括下述几个方面的内容：第一，组成法律体系的法律规范必须是一国具有法律效力的全部现行法律规范；第二，组成法律体系的法律规范根据所调整的社会关系性质和构成要素的不同，分别形成若干个并行的法律部门，这些法律部门的并行关系，构成法律体系的横向结构；第三，组成法律体系的法律规范根据其适用范围和效力的不同，形成等级不同的层次，这些不同等级层次的法律法规之间的相互关系，构成法律体系的纵向结构；第四，作为一个系统，法律体系要求其内部的法律、法规之间的横向联系和纵向联系相互协调统一，具有体系的有机性和整体性，即保持逻辑的彻底性、内容的和谐性与形式的完整性。

如前所述，从广义上讲，我国的教育法是我国有关国家机关依据职权和法定程序制定的调整教育行政关系的法律规范的总称。教育法不仅是我国法律体系的一个重要组成部分，而且其自身也建立一个横向平行的法律部门与纵向层次的法律形式相结合、价值理念一致、内容和谐、形式完整的有机的法律体系。据此，所谓教育法体系，是指调整教育关系的法律、法规、规章等具有法律效力的行政规范性文件，按照一定的横向联系和纵向联系所构成的理念一致、逻辑彻底、内容和谐、形式完整的法律法规体系。[①] 因此，我国教育法体系是横向平行的法律部门与纵向层次的法律形式的统一。

（二）我国教育法的体系

1. 教育法体系的横向构成

法律体系的横向构成，是指根据所调整社会关系的不同性质或者社会关系的构成要素（主体、客体与内容）的不同，而划分为若干处于同一层次的部门法，形成法律调整的横向覆盖面。一般来讲，法律体系的横向构成有两种并存的关系：一种是法律部门之间的并列关系，另一种是法律部门之间的交叉关系。性质不同的社会关系，决定了各部门法各自独立的调整范围，从而使得这些部门法同时并行，互无交叉；而社会关系构成要素的不同，则决定着部门法之间的交叉关系。例如，刑法调整的社会关系的主体是犯罪的人，因而刑法涉及的领域非常广泛，与其他部门法调整的社会关系具有明显的交叉性。同样，在教育法体系中，也存在着部门法之间的并列关系和交叉关系。可以说，教育法调整的横向

---

① 李连宁.我国教育法规体系刍议［J］.中国法学，1988（1）：13.

覆盖面，无论是并列关系还是交叉关系，都应当保证其所调整的教育关系的周全性，而不应出现法律调整的"真空地带"。

我国教育法体系的横向构成应当包括以下方面。

①学前教育法，即调整因对三周岁到入小学前的学前儿童实施保育和教育而产生的社会关系的单行法。

②家庭教育促进法，即调整家庭等因对未成年人实施道德品质、身体素质、生活技能、文化修养、行为习惯等方面的培育、引导和影响而产生的社会关系的单行法。

③义务教育法，即调整因实施义务教育而产生的各种社会关系的单行法。其调整范围包括小学教育、初等教育和普通中等教育中产生的重要社会关系。

④高等教育法，即调整因实施高等学历教育而产生的社会关系的单行法。我国高等教育通常包括专科教育、本科教育和研究生教育等不同层次，这些都属于高等教育法的调整范围。有关高等学校授予学位而产生的教育行政关系也适用高等教育法，因此，《学位条例》包括在这一类中。高等教育法除调整普通高等教育外，也适用于职业教育和成人教育中涉及学历的高等教育。

⑤职业教育法，即调整因实施职业教育而产生的社会关系的单行法。其调整范围包括初级中等职业教育、高等职业教育和各种就业培训。它主要规定具有职业教育特点方面的内容，而涉及高等学历教育方面的内容则适用高等教育法。

⑥成人教育法，即调整因实施成人教育而产生的社会关系的单行法。其调整范围主要包括我国现行的岗位职务培训、成人高等学历教育、继续教育、补习教育等。其中，在成人高等学历教育方面，它与高等教育法存在交叉关系，涉及学历内容的应适用高等教育法；在补习教育方面，它与义务教育法发生交叉关系，涉及初等教育、中等教育学历要求的，应适用义务教育法的规定。

⑦教师法，即调整教育教学活动中以教师为一方主体而产生的社会关系的单行法。随着我国教育事业突飞猛进的发展，教师已成为教育活动中一个十分重要的主体，需要法律适时对其予以调整。我国教师法调整的主要问题包括教师的法律地位、待遇、权利与义务、任职资格、职务评定、评价考核、进修提高以及教师培养等方面。

⑧民办教育法，即调整国家机构以外的社会组织或者个人，利用非国家财政性经费，面向社会举办学校及其他教育机构的活动的单行法。《中华人民共和国民办教育促进法》于2002年12月28日第九届全国人民代表大会常务委员会第三十一次会议通过，2018年做了第三次修正。这是对我国有关民办学校的法律地位、办学自主权，以及政府对其实施管理与监督等方面问题的制度回应，旨在确认民办学校的合法地位和权益，确保政府对民办学校的管理、规范与监督，保障民办学校的办学自主权，从而促进民办教育事业的健康发展，保障民办学校和受教育者的合法权益。

⑨教育经费法，即调整因教育经费的来源、分配和使用而产生的社会关系的单行法。教育经费一般包括教育事业费、教育基本建设费和其他费用。由于缺乏相关法律制度的

支撑，我国的教育经费来源渠道比较单一，社会力量尚未得到充分调动。因此，亟待通过法律的形式对教育经费在国民经济中的分配比例，教育经费的来源、分配、管理、使用和监督等一系列环节作出详细而明确的规定，从而建立一个合理效率的教育经费运行体制。

目前，我国还需要加快进行有关学前教育法、特殊教育法、校外教育培训监管法、学校法、考试法等方面的教育立法，逐步形成以学前教育法、家庭教育促进法、义务教育法、高等教育法、职业教育法、成人教育法、教师法、民办教育、教育经费法等部门教育法为主干，部门法和若干教育法规相结合的，符合我国国情的教育法体系的横向构成。

2. 教育法体系的纵向构成

教育法体系的纵向构成，是指由不同层次的教育法律法规构成的等级有序的纵向层次关系。根据立法法的基本原理，法律体系的纵向构成与立法体系中法律法规的发布机关和表现形式密切相关。一般来讲，法律法规的发布机关层次越高，它在法律体系中的位阶就越高；法律法规所采取的规格形式越高，其法律效力就越高，适用范围就越广，相应地在法律体系中的位阶也就越高。基于此，我国教育法体系的纵向构成，是以宪法为依据，并在其指导下形成教育法（基本法律）—部门教育法（基本法律以外的其他法律）—教育行政法规—地方性教育法规—教育行政规章这样一个完整而系统的体系。

宪法是我国教育法体系的第一层次。它是建构我国教育法体系的依托和基石。宪法作为我国的根本大法，其规定的教育原则是我国教育立法的基本依据。

教育法是我国教育法体系的第二层次。它是以宪法为依据制定的基本法律，主要规定我国教育的性质、任务、基本原则与基本制度。教育法是我国全部教育法律法规的"母法"，是制定部门教育法的依据和基本准则，因此，在教育法体系中居于最高地位，具有最高效力。作为基本法律，它应由全国人民代表大会制定。

部门教育法是我国教育法体系的第三层次。它包括义务教育法、高等教育法等部门性教育法。其效力仅次于教育法，而高于教育行政法规、规章以及地方性教育法规。作为基本法律以外的其他法律，它应由全国人民代表大会常务委员会制定。

教育行政法规是我国教育法体系的第四层次。它是国务院为实施教育法和部门教育法而制定或者批准的行政规范性文件。此外，教育法或者部门教育法未予规范的具体问题，也可由其作出规定。例如《高等教育管理职责暂行规定》《普通高等学校设置暂行条例》就属于我国高等教育法之下的教育行政法规。作为行政法规，它应由国务院制定和发布。

地方性教育法规是我国教育法体系的第五层次。它包括省、自治区、直辖市以及省、自治区、直辖市人民政府所在地的市和经国务院批准的较大的市人民代表大会及其常务委员会制定和发布的行政规范性文件。例如，湖北省人大常委会制定和颁布的《湖北省义务教育实施办法》，江苏省人大常委会制定和颁布的《江苏省中等职业技术教育条例》，北京市人大常委会制定和颁布的《北京市实施〈中华人民共和国教师法〉办法》等就属于典型的地方性教育法规。

教育行政规章是我国教育法体系的第六层次。它是由国务院教育主管部门为执行国家有关教育的法律、行政法规而制定和发布的行政规范性法律文件，如《普通高等学校学生管理规定》。严格来说，由教育主管部门发布的教育行政规章并非立法性的法律形式，但从广义上讲，也属于教育法体系之中。其效力低于教育行政法规，但仍广泛适用于全国。除法律另有规定外，地方性教育法规和规章均不得与教育行政规章相抵触。教育行政规章应由教育部制定和发布。

需要指出的是，教育法体系的横向构成和纵向构成是相互联系、有机结合的统一整体。这一教育法体系的基本结构，是以宪法为依据的，以教育基本法——教育法为顶尖，由若干个部门教育法、教育行政法规以及因需要而制定的地方性教育法规和教育行政规章上下衔接、协调一致，而组成的层级分明、位阶有序的金字塔式的完整体系。判断和确定教育法律的效力等级通常应遵循以下原则：下位法服从上位法、特殊法优于一般法、新法优于旧法。

（三）关于高校规章制度法律性质的探讨

高校规章制度即高校依据国家各类法律、法规，为保障学校教学、科研等工作的正常运行而制定的一系列体现学校办学特色的规章制度。

高校规章制度具有预先设定性、一定的权威性与强制性，但其不属于法的范畴，不具有法的全部特征，只是在合法的前提下，被认为是对法律规范的一种补充或完善。根据《最高人民法院关于适用〈中华人民共和国行政诉讼法〉的解释》第100条规定："人民法院审理行政案件，可以在裁判文书中引用合法有效的规章及其他规范性文件。"《最高人民法院关于适用〈中华人民共和国行政诉讼法〉的解释》第149条规定："经审查认为规范性文件不合法的，不作为人民法院认定行政行为合法的依据，并在裁判理由中予以阐明。作出生效裁判的人民法院应当向规范性文件的制定机关提出处理建议，并可以抄送制定机关的同级人民政府、上一级行政机关、监察机关以及规范性文件的备案机关。"

高校规章制度的性质可从以下两个层面进行厘定。

1. 抽象行政行为

对高校规章制度法律性质的分析应当从准确剖析其制定主体——高校的法律性质与地位开始。综观世界各国，特别是大陆法系国家，高校的行政色彩相当明显。如法国明确将公立大学视为行政机关，而大学教师则为国家公务员；日本一直也是将大学视作行政机关；德国则将学校作为公营造物来看待，其管理是典型的行政管理，使用者若受侵害，应通过行政司法途径予以救济。我国沿袭大陆法系传统，大学性质多为公立。根据《教育法》第29条规定，学校及其他教育机构享有的招生权，学籍管理、奖励、处分权，颁发学业证书权，聘任教师及奖励、处分权等，具有明显的单方意志性与强制性，符合行政权力的基本特征，因而在性质上应属于行政权力或者公共管理权力。由此可以推断，高校是经国家法律授权的，行使国家行政权力或者公共管理权力的事业单位，具有行政主体资格。这一结论在《教育法》的其他条款和《高等教育法》《学位条例》的相关规定中可得到进一步印证。高校规章制度因其具有针对对象的不特定性、效力的后及性与可反复适用性等典型特征，根据行政法学中关于行政行为分类的一般理论，当然应被归属于抽象行政行为之列。

2. 自治规章

如前所述，在现代的行政法治理念下，高校是行使公共管理权的行政主体；而传统的大学自治观念中，高等学校则是享有广泛自主管理权的自治主体。大学自治观念一直以来强调学校与权力的相对独立，排除国家的过多干预，学术自由被认为是一种普适人权和公民自由权，任何人借此得以自由地寻求真理并将真理传授于他人。为保障良好的教育制度，维护民主的存在与发展，学术自由与大学自治都是必需的。这也就是为什么各国宪法在规定国家负责教育的同时，还规定大学享有自治权力的原因。

在我国的法律语境里，高校经法律、法规授权依法对其内部事务实行组织和管理，高校规章制度制定权是其自主管理权的表现形式之一。《教育法》第 29 条、第 30 条明确规定，学校及其他教育机构"按照章程自主管理""依法接受监督"。《中华人民共和国高等教育法》（以下简称《高等教育法》）第 11 条规定："高等学校应当面向社会，依法自主办学，实行民主管理。"第 53 条规定："高等学校的学生应当遵守法律、法规，遵守学生行为规范和学校的各项管理制度。"由此可见，高校享有法律上的自治权力，其所制定的规则对学校内部的机构活动具有明确的规范性，是学校自我管理、自我约束和接受监督的基本依据，也是我国教育法制体系的重要延伸，其性质应当定位于自治规章。

当然，这种自治规章不同于一般的行政规范。二者虽然都是行政主体所创制的行为规则，是法的必要补充，但后者主要是为了实施法律规范和执行政策，要受法的严格约束，制定、发布行政规范是"准行政立法"活动；而前者则主要是为了保证学校内部管理的科学化与有序化，尽管其也必须以合法、合宪为前提，但基于高等教育的特殊属性，法律赋予高校以较大的自由裁量权，这也使得高校规章制度更多地具有自主、自律色彩。高校应遵循高等教育规律和法律保留原则，加强统筹规划，提高制度供给水平和制度建设质量，推动形成以大学章程为核心，规范统一、分类科学、层次清晰、运行高效的学校规章制度体系。健全校内规范性文件制定发布机制，明确起草、审查、决定、公布的程序，明确合法性审查的范围和具体办法。建立校内规范性文件定期清理机制，按照法制统一的原则进行及时修订和清理，编制现行有效文件清单。推动校内规范性文件管理信息化和公开化，提高管理效率，方便师生查阅。

第五节 教育法的制定、实施与监督

科学立法、严格执法、公正司法、全民守法是全面依法治国的重要环节。教育法的科学制定、有力实施和有效监督能够推动教育法治工作在立法、执法、司法、守法等方面相互贯通、相互促进，不断取得新成效。

一、教育法的制定

法律是社会生活的调节器。在社会关系不断产生并趋于复杂的情况下，国家必须根据现实要求及时制定相应的法律对各种社会关系予以调整。因此，制定法律是法律得以运行、社会关系得以规范、法律秩序得以建立的前提和起点。所谓法的制定，是指法定的国家机关依照法定职权和程序制定、修改和废止法律以及其他规范性文件的活动，通常称为立法。教育法的制定是国家法律制定活动的重要组成部分，它是通过一定的立法体制和具体的立法程序来实现的。

（一）立法体制

严格地讲，立法体制是指立法主体的权限划分和组织体系。一般认为，其中最为重要的是立法权限，特别是中央和地方立法权限的划分问题。一个国家采取何种立法体制，主要取决于国家政体与国家结构形式。纵观世界各国的立法体制，主要有三种形式：单一的立法体制、复合的立法体制和制衡的立法体制。单一的立法体制又分为单一的一级立法体制和一元二级或多级立法体制；复合立法体制一般由两个或者两个以上的中央政权机关行使立法权，从而实际上形成复合的一级立法体制；制衡的立法体制是以三权分立原则为基础的，形式也多种多样，有时与其他两种立法体制相互交叉。

我国的立法体制经历了一个不断发展与完善的过程。现行立法体制是特色鲜明的立法体制。《宪法》规定，"全国人民代表大会和全国人民代表大会常务委员会行使国家立法权"。可见，我国的立法体制是单一的立法体制，在此基础上，以宪法为基石形成了一元两级多层次的立法体制。所谓"两级"，即国家的立法权由中央与地方两级主体行使，实行中央统一领导和一定程度的分权。而"多层次"则是指全国人大及其常委会依据国家立法权分别制定基本法律和基本法律以外的其他法律，国务院及其所属各部委依据国家授权立法权分别制定行政法规和行政规章，地方各级人大及其常设机构依据地方立法权制定地方性法规与民族自治条例、单行条例，地方各级政府依据地方授权立法权制定地方政府规章，这些规范性文件在我国法律体系中居于不同的位阶，具有不同的法律效力。这一立法体制是同我国议行合一的政体、单一制的国家结构以及具体国情相适应的。

如前所述，我国教育法的制定，正是在这一现行立法体制下实现的。

（二）立法程序

法律的制定是动态、有序的活动，是具有阶段性、关联性和完整性的过程。因此，法律的制定必须依赖并遵循一定的程序。法律制定的程序又称立法程序。通常认为立法程序是有关国家机关制定、修改和废止规范性法律文件的法定步骤和方法。由此可见，立法程序就是立法权行使的程序和方法。世界各国由于国情的不同，立法的具体步骤和环节也不同，但立法的基本步骤和环节却是大体相同的，即立法的基本程序。一般来说，立法的基本程序主要包括以下四个步骤。

1. 提出立法议案

提出立法议案是立法的第一道程序，它标志着立法活动正式开始。立法议案又称法律案，是指依法享有立法议案提案权的机关或个人向立法机关提出的，关于制定、修改、废止某项法律的正式提案。立法议案一经提出，立法机关就要列入议事日程，进行正式审议和讨论。提出立法议案的关键是谁有立法议案的提案权。根据我国宪法和有关法律的规定，下列组织和个人享有立法提案权：各级人民代表大会的代表，各级国家权力机关的主席团、常设机构和各种委员会，各级国家行政机关，国家最高司法机关和军事机关。

2. 审议法律草案

审议法律草案是指立法机关对已经列入议事日程的法律草案正式进行审查和讨论。一般来说，法律、法规的决定通过要采用会议的形式。在我国，对法律草案的审议采取两步审议制度：在法律草案提出后，第一步，先由提出法律草案的单位作出说明，进行初步讨论，再由常委会委员进行反复讨论、研究，广泛征求意见；第二步，再次召开会议，由常委会委员汇集研究结果和征求意见，再次进行研究、审定。这种审议程序有助于发扬议事民主，提高审议的质量和效率。

3. 通过法律草案

通过法律草案是立法机关对法律草案表示正式同意，使之成为法律。它是全部立法程序中最具有决定意义的步骤。为了增强法律的稳定性与权威性，法律草案的通过须经立法机关代表一定法定人数的通过。在我国，按照普通程序，法律须经全国人大全体代表或全国人大常委会全体成员的过半数通过，地方各级人大通过的规范性文件，须以全体代表的过半数通过。

4. 公布法律

公布法律是立法机关或国家元首将已经正式通过的法律，以一定的形式正式公告社会，以便全社会遵照执行。这是立法的最后一道程序，也是法律生效的关键步骤。关于法律的生效，世界上大多数国家除承认未经公布的法律不能生效外，还承认已经公布的法律，可以立即生效，也可以另外确定生效日期。但无论如何均应在公布法律时予以明确说明，或者作为该法律的一部分予以明确规定。我国宪法规定，"中华人民共和国主席根据全国人民代表大会的决定和全国人民代表大会常务委员会的决定，公布法律"。此外，其他规范性法律文件也都相应具有法定的公布程序和方式。

我国教育法的制定即是严格依照上述立法程序而实现的。

二、教育法的实施

法律实施是法律运行的一个十分重要的环节。正如美国著名社会法学家庞德所说："法律的生命在于它的实行。"法律的实施是法律在社会现实生活中的具体运用和实现。它包括两个方面：一是指一定国家机关及其公职人员的执法活动。具体又分为国家行政机关及其工作人员的执法活动和司法机关及其工作人员的司法活动，它们被统称为法律适用。二是指一切国家机关、社会组织和公民个人普遍守法。因此，法律实施的方式实则包含法律适用和法律遵守。

（一）教育法的适用

法律适用是法律实施的一种基本方式，是指国家行政机关和司法机关依照法定权限和程序运用法律处理具体问题的专门活动。一般来说，教育法的适用主要包括教育行政执法和教育司法。

1. 教育行政执法

教育行政执法是指教育行政机关依据教育法律法规对教育进行管理，主要包括教育行政措施、教育行政处罚和教育行政强制执行。

① 教育行政措施，即教育行政机关依据教育法律法规作出的具有法律效力的通知、批准、许可、注册、免除、征收、发放、证明等行为。

② 教育行政处罚，即教育行政机关依据教育法和行政处罚法的规定，对违反教育法的教育管理对象进行惩戒和制裁的行为。我国教育法规定的教育行政处罚，主要有下列形式：其一，申诫罚，如警告、通报批评；其二，行为罚（又称能力罚），如取消考试资格、取消录取资格、取消入学资格、取消报名资格、停考、撤销招生工作人员的职务，取消工作人员的资格、责令停止招生或者办学、撤销教育机构；其三，财产罚，如罚款、没收非法所得等。

③ 教育行政强制执行，即教育机关对应履行教育法义务而拒不履行的管理相对人，依法强制其履行法定义务的执法行为。

2. 教育司法

教育司法是教育法适用的一种重要途径，是指司法机关依照法定职权和程序解决教育纠纷的专门性活动。当前，我国主要存在以下三种司法形式。[①]

① 教育巡回法庭。例如，上海市长宁区人民法院设立了教育巡回法庭，并在区法院正式挂牌。其目的是对有关违反教育法的案件进行公正合法地审判，促进教育行政机关依法行政，切实保护学校及其他教育机构、教师和学生等教育主体的合法权益。

---

① 孙葆森.教育法学基础［M］.长春：吉林教育出版社，2000：51.

② 教育法规执行室。例如，湖南省张家界市永定区成立了教育法规执行室，实行区法院、区教委双重领导的管理制度。其职责是进行经常性教育法律宣传和咨询，执行法院已产生法律效力的判决、裁定，承办法院交办的工作，办理涉及学校师生权益纠纷的案件。

③ 教育法庭。例如，为适应实践中依法治教的需要，吉林省四平市中级人民法院批准设立了教育法庭，专门负责受理和裁决有关教育纠纷的行政诉讼、民事诉讼以及刑事诉讼等案件。

（二）教育法的遵守

法律遵守，简称守法，是指国家机关、社会组织和公民依照法律规定行使权利和履行义务的活动，即遵守法律。守法是法律实施的另一种基本形式，也是法律运行的重要环节。"有法而不循法，法虽善，与无法等。"① 可见，守法是创制法律的根本目的，是法律运行的目标和归宿。

从教育法的守法主体来看，主要包括两方面：其一，一切国家机关、政党、社会团体、企事业单位等，特别是对于国家机关及其公职人员而言，严格守法、依法办事是法律为其设定的基本职责和义务；其二，所有公民，特别是教育关系的重要主体——教师和学生，必须自觉遵守法律，维护法律的权威与尊严，保证教育法的有效实施。

从教育法的守法内容来看，这里所说的教育法是广义上所指的一切具有法律效力的规范性教育法律文件，它应当包括宪法中有关教育的原则规定、教育基本法律、部门教育法、教育行政法规、教育行政规章、地方性教育法规和规章以及其他规范性文件。

三、教育法的监督

为了保证教育法的实施，建立并维护良好的教育秩序，必须加强对法律实施的监督。法律实施的监督是国家机关和社会力量对执法、司法和守法的合法性所进行的监督。随着我国法律监督体制的不断完善，已经初步形成了保障教育法实施的权力机关的监督、行政机关的监督、司法机关的监督、监察机关的监督，以及执政党的监督和人民群众的监督等相结合的一套相对系统的监督体系。

（一）国家机关的监督

1. 权力机关的监督

我国是人民民主专政的社会主义国家，人民行使国家权力的机关是全国人民代表大会和地方各级人民代表大会。国家行政机关、检察机关和审判机关均由国家权力机关产生，

---

① 沈家本. 历代刑法考：刑事卷［M］. 北京：商务印书馆，2017：40.

对它负责，受它监督。人民代表大会的法律监督权是宪法赋予的重要职权。国家权力机关的监督包括法律监督和工作监督。法律监督是指权力机关对宪法和法律实施的监督，主要通过对立法的监督来实现。例如，全国人民代表大会及其常委会可以依照宪法的规定，追究一切有权机关制定与宪法相抵触的规范性文件的违宪责任；再如，国家权力机关可以在其权限范围内就某项法律、法规的实施情况进行检查。工作监督是指对政府、检察机关和审判机关的工作的监督，主要采取听取和审议工作报告、提出质询和对重大问题组织专门委员会调查处理等方式。

2. 行政机关的监督

行政机关的监督，简称行政监督，包括具有行政隶属关系的上级行政机关对下级行政机关所进行的监督，以及行政机关内部设立的专门监督机关对国家行政机关及其工作人员违法违纪情况的审查监督。前者包括对行政立法的监督和工作监督，例如，国务院有权改变或撤销各部委发布的不适当的命令、指示和规章，这是最高行政机关对其所属行政部门的行政立法行为的法律监督。后者则包括行政监察、审计监督和行政复议。其中，行政监察是专门的行政监察机关对国家行政机关及其工作人员和国家行政机关任命的其他人员执行法律、法规和政策的情况以及违法违纪行为所进行的监督。国家行政监察机关享有检查权、调查权、建议权，以及一定的行政处分权。行政复议是复议机关基于公民、法人或其他组织提出的具体行政行为是否合法或适当的请求，按行政隶属关系和职权，对该具体行政行为所进行的审查监督。

此外，我国教育系统内部还存在一种特殊的教育行政监督制度，即教育督导制度。教育督导的主要任务是对下级人民政府的教育工作、下级教育行政部门和学校的工作进行监督、检查、评估、指导，保证国家有关教育的方针、政策、法律、法规的贯彻落实。根据《教育法》的规定，教育督导权由教育部行使，并在县级以上地方政府设立教育督导机构。教育督导机构具有以下职权：列席被督导单位的有关会议；要求被督导单位提供与督导事项有关的文件并汇报工作；对被督导单位进行现场调查。这一制度的设立有利于针对教育的特殊性而使教育法实施的行政监督落到实处。

3. 司法机关的监督

司法机关的监督，根据监督主体的不同，主要分为检察机关的监督和审判机关的监督。其中，为保障教育法的贯彻实施，更主要的是人民法院对行政机关的司法监督。这种司法监督具体是指人民法院依据法定职权通过诉讼程序对行政机关及其公职人员实施的行政行为的合法性和适当性进行审理和判决。因此，教育行政主体在涉及公民、法人和其他组织的人身权、财产权等合法权益实施具体行政行为时，必须严格依法行政，否则将在司法审查中处于被动地位。

4. 监察机关的监督

监察机关的监督是相对于一般监督而言的，是指由专门设立的负责监督的监察机关所进行的监督。监察机关的监察，是指国家各级监察机关依法对国家行政主体及其公务员，以及由国家行政机关任命的其他人员实施监察监督，并对监督对象的违法行为依法作出处理的法律制度。根据《中华人民共和国监察法》的规定，各级监察委员会是行使国家监察职能的专责机关，依照本法对所有行使公权力的公职人员进行监察，调查职务违法和职务犯罪，开展廉政建设和反腐败工作，维护宪法和法律的尊严。公立大学的领导干部和教职工属于公职人员，是监察机关的监督对象。

根据《中华人民共和国监察法》的规定，作为监察机关的监察委员会依照本法和有关法律规定履行职责：① 对公职人员开展廉政教育，对其依法履职、秉公用权、廉洁从政从业以及道德操守情况进行监督检查；② 对涉嫌贪污贿赂、滥用职权、玩忽职守、权力寻租、利益输送、徇私舞弊以及浪费国家资财等职务违法和职务犯罪进行调查；③ 对违法的公职人员依法作出政务处分决定；对履行职责不力、失职失责的领导人员进行问责；对涉嫌职务犯罪的，将调查结果移送人民检察院依法审查、提起公诉；向监察对象所在单位提出监察建议。监察委员会的上述职责包括监督、调查、处置三项职责。

（二）社会力量的监督

社会监督泛指国家机关以外的各政党、社会组织和人民群众通过多种手段、方式和途径对法律实施进行合法性的监督。其特点是不以国家的名义和授权，不具有严格的法律形式、直接的法律效力和强制性的法律后果，但却具有自发性和广泛性。社会监督主要包括各政党的监督、社会组织的监督和人民群众的监督。

【案例评析】

请扫描二维码并阅读案例，思考以下问题：

（1）法院驳回于艳茹要求恢复其博士学位证书法律效力的诉讼请求，是否在逃避审判责任？

（2）北京大学作出《撤销决定》的程序是否符合正当程序原则？

（3）北京大学作出《撤销决定》时适用法律是否准确？

（4）如何看待大学自治规则与法律法规的关系？

【案例简介】
于艳茹诉北京大学撤销博士学位决定案

评析：

对于第一个问题，根据《学位条例》，高校在授予、撤销学位时属于法律授权的、行使行政管理职权的组织，北京大学撤销于艳茹博士学位的行为属于可诉的行政行为。但是，法院只能审查撤销学位的程序是否正当、法律依据是否明确，对于实体上是否应当授予或者撤销某人学位则没有审查权。学术问题不可诉是国际司法惯例，其中的理由很简单。学术问题依赖高度的专业判断，法官在此问题上并无权威性。此外，一些国家奉行的学术自治原则也让司法对此类问题的介入权被限制在很小的范围。法院在判决时认为，能否恢复博士学位不属于法院审理范围，并非在逃避审判责任。于艳茹的博士学位能否恢复仍然要视北京大学学位评定委员会的再次决定。很显然，学位评定委员会有权在充分保障于艳茹陈述申辩权、充分尊重正当程序原则的基础上再次作出撤销于艳茹博士学位的决定。

对于第二个问题，首先，北京大学作出《撤销决定》应当遵循正当程序原则。众所周知，所谓正当程序原则，是指权力主体在作出任何使他人遭受不利影响的决定之前，都应当听取当事人的意见。正当程序原则是裁决争议的基本原则，也是最低的公正标准。该原则在我国《行政处罚法》《行政许可法》等基本行政法律中均有体现。作为最基本的公正程序规则，只要成文法没有明确排除或另有特殊情形，行政机关都必须遵循。即使法律中没有明确的程序规定，行政机关也不可以为所欲为，不可以不受程序限制，甚至连最基本的正当程序原则都可以置之不顾。也就是说，在正当程序原则面前，行政机关没有裁量权，只能接受其规制。只是在法律尚未对正当程序原则设定具体的程序性规定时，行政机关可以就履行正当程序的具体方式、方法、步骤作出选择。本案中，北京大学作为授权行政主体即法律法规授权的组织，其在行使学位授予或撤销权时，也必须遵守正当程序原则。即便相关法律法规未对撤销学位的具体程序作出明确规定，其也应自觉采取适当的方式来适用上述原则，以保证其决定程序的公正性。

正当程序原则保障的是行政相对人的程序参与权，通过行政相对人的陈述与申辩，使行政机关能够更加全面地把握案件事实，准确适用法律，防止偏听偏信，确保程序与结果的双重公正。而行政相对人只有在充分了解案件事实、法律规定以及可能面临的不利后果的情况下，才能够有针对性地进行陈述与申辩，发表有针对性和有价值的意见，从而保证其真正地参与行政执法程序，而不是徒具形式。例如，《行政处罚法》在设定处罚听证程序时就明确规定，举行听证时，调查人员提出当事人违法的事实、证据和行政处罚建议，当事人有权进行申辩和质证。本案中，北京大学在作出《撤销决定》前，仅由调查小组约谈过一次于艳茹，约谈的内容也仅涉及《运动》一文是否涉嫌抄袭的问题。至于该问题是否足以导致于艳茹的学位被撤销，北京大学并没有进行相应的风险提示，于艳茹在未意识到其学位可能因此被撤销这一风险的情形下，自然也难以进行充分的陈述与申辩。因此，北京大学在作出《撤销决定》前由调查小组进行的约谈，不足以认定其已经履行正当程序。换言之，作出《撤销决定》的程序不符合正当程序原则。

对于第二个问题，作为一个对外产生法律效力的行政行为，其所依据的法律规定必须是明确的，具体法律条款的指向是明确无误的。只有如此，行政相对人才能确定行政机关的真实意思表示，进而有针对性地寻求相应的权利救济。公众也能据此了解行政机关适用法律的逻辑，进而增进对于相关法律条款含义的理解，自觉调整自己的行为，从而实现法律规范的指引、教育功能。本案中，北京大学作出的《撤销决定》虽载明了相关法律规范的名称（《中华人民共和国学位条例》《国务院学位委员会关于在学位授予工作中加强学术道德和学术规范建设的意见》《北京大学研究生基本学术规范》等规定），但未能明确其所适用的具体条款。上述法律规范涉及的具体条款数量众多，行政相对人难以确定北京大学援引的究竟是哪一具体法律条款。一审法院据此认定北京大学作出的《撤销决定》没有明确的法律依据并无不当，二审法院也予支持。一二审法院的认定合乎法律规定。

对于第四个问题，北京大学撤销于艳茹的主要依据是《北京大学研究生基本学术规范》第5条第3项的规定："已结束学业并离校后的研究生，如果在校期间存在严重违反学术规范的行为，一经查实，撤销其当时所获得的相关奖励、毕业证书和学位证书。"该条的法律依据是《学位条例》第17条："学位授予单位对于已经授予的学位，如发现有舞弊作伪等严重违反本条例规定的情况，经学位评定委员会复议，可以撤销。"那么《北京大学研究生基本学术规范》第5条是否符合《学位条例》第17条规定？需要注意的两个事实是：（1）被指抄袭的论文并不是当事人博士学位论文的一部分。（2）于艳茹在博士期间已发表论文多篇，被指抄袭的论文不是当事人申请博士学位资格的必要论文。《学位条例》第6条规定，"高等学校和科学研究机构的研究生，或具有研究生毕业同等学力的人员，通过博士学位的课程考试和论文答辩，成绩合格，达到下述学术水平者，授予博士学位：（一）在本门学科上掌握坚实宽广的基础理论和系统深入的专门知识；（二）具有独立从事科学研究工作的能力；（三）在科学或专门技术上做出创造性的成果"。因此，即便于艳茹这篇论文严重抄袭也不影响她达到博士毕业水平这一判断。因而，《北京大学研究生基本学术规范》第5条第3项规定的情形似乎并不必然出现"严重违反本条例规定的情况（《学位条例》第17条）"。至少可以认为，《北京大学研究生基本学术规范》第5条严于《学位条例》第17条的规定。《北京大学研究生基本学术规范》作为高校自治规则，能否比法律的规定更为严格？从行政法的基本原则来看，行政机关应严格依法行政。下位法的规定比上位法更为严格，意味着当事人权利的减弱，因此并不妥当。但是这又与高校对学术自由的追求相悖。学术标准或学术要求属于大学自治的核心事项。国家对学位授予的学术水平只可能规定一个一般标准（或最低标准）。因此，高校自治规则与法律法规的关系处理，要兼顾依法行政的原则与对学术自由的尊重。在制定学业方面的标准和要求上，学校根据学校声誉和地位，制定严于国家法律规范的自治规则，是大学自治的体现。在符合法律法规规定的学位授予条件的前提下，确定较高的学士学位授予学术标准或适当放宽学士学位授予学术标准，均应由各高等学校根据各自的办学理念、教学实际情况和对学术水平的理想追求自行决定。

【实践·反思·探究】

1. 如何理解教育法的含义？
2. 如何看待高校规章制度的法律性质？
3. 如何充分发挥司法机关对教育法实施的监督作用？

【推荐阅读】

1.《法理学》编写组.法理学 [M].2 版.北京：人民出版社，北京：高等教育出版社，2021.

2.教育部人事司组编.高等教育法规概论 [M].北京：北京师范大学出版社，2000.

第三章　高等教育法律制度

【知识导图】

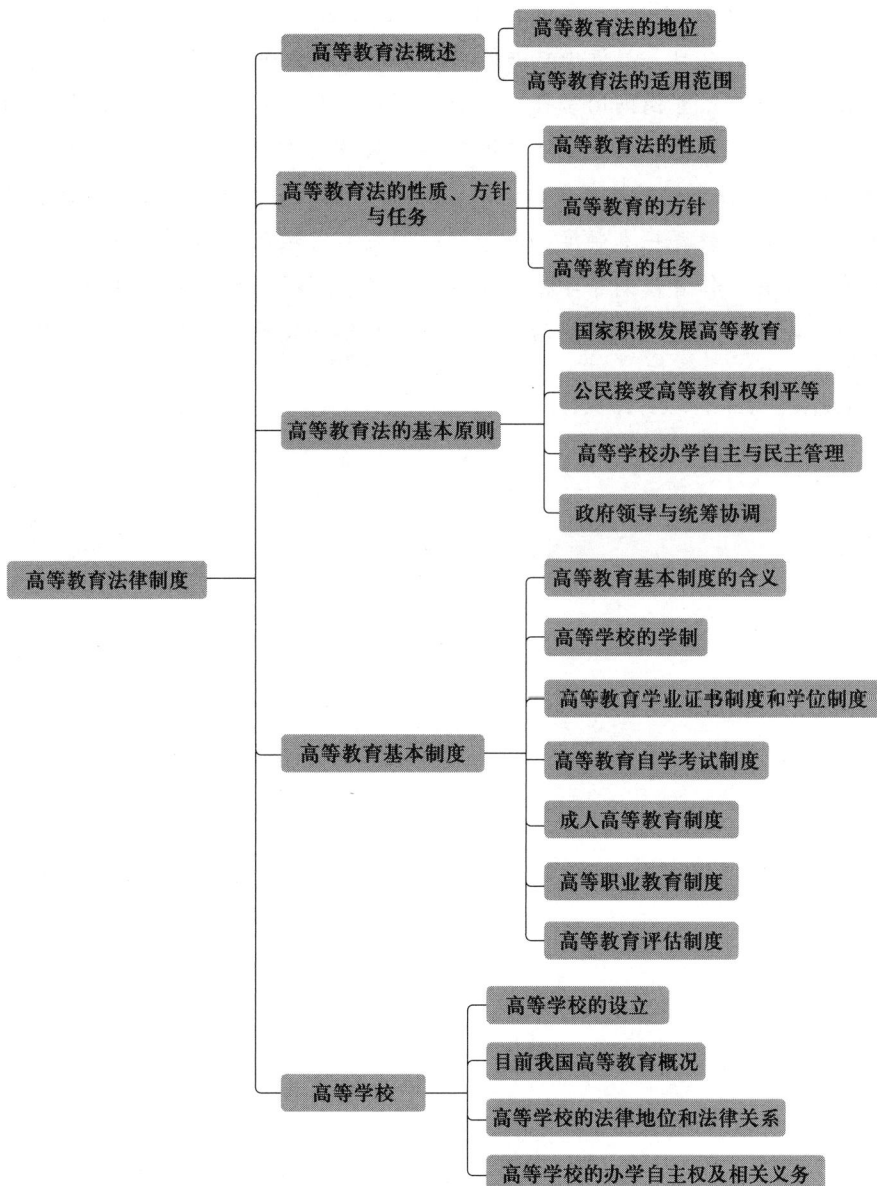

高等教育法律制度
- 高等教育法概述
  - 高等教育法的地位
  - 高等教育法的适用范围
- 高等教育法的性质、方针与任务
  - 高等教育法的性质
  - 高等教育的方针
  - 高等教育的任务
- 高等教育法的基本原则
  - 国家积极发展高等教育
  - 公民接受高等教育权利平等
  - 高等学校办学自主与民主管理
  - 政府领导与统筹协调
- 高等教育基本制度
  - 高等教育基本制度的含义
  - 高等学校的学制
  - 高等教育学业证书制度和学位制度
  - 高等教育自学考试制度
  - 成人高等教育制度
  - 高等职业教育制度
  - 高等教育评估制度
- 高等学校
  - 高等学校的设立
  - 目前我国高等教育概况
  - 高等学校的法律地位和法律关系
  - 高等学校的办学自主权及相关义务

2018年5月2日，习近平总书记在北京大学师生座谈上的讲话中指出："教育兴则国家兴，教育强则国家强。高等教育是一个国家发展水平和发展潜力的重要标志。今天，党和国家事业发展对高等教育的需要，对科学知识和优秀人才的需要，比以往任何时候都更为迫切。"[①] 高等教育法的内容包括高等教育的方针和任务，高等教育基本制度，高等学校的设立、组织和活动，高等学校的教师和其他教育工作者，高等学校的学生，高等教育投入和条件保障等。高等教育法为我国高等教育事业依法治教，进一步改革和发展高等教育事业提供了重要的法律依据。

---

① 习近平.在北京大学座谈会上的讲话［M］.北京：人民出版社，2018：4.

第一节 高等教育法概述

作为规范高等教育的基本法律，高等教育法在教育法律体系中具有举足轻重的地位，是我国高等教育事业高质量发展的重要保证。

一、高等教育法的地位

1998 年 8 月 29 日，第九届全国人民代表大会常务委员会第四次会议审议通过了《中华人民共和国高等教育法》。1998 年 8 月 29 日第九届全国人民代表大会常务委员会第四次会议通过，根据 2015 年 12 月 27 日第十二届全国人民代表大会常务委员会第十八次会议《关于修改〈中华人民共和国高等教育法〉的决定》第一次修正，根据 2018 年 12 月 29 日第十三届全国人民代表大会常务委员会第七次会议《关于修改〈中华人民共和国电力法〉等四部法律的决定》第二次修正。《高等教育法》是依据宪法和《教育法》制定的法律，是在《教育法》之下的调整高等教育部门内部关系的部门教育法，与《义务教育法》《教师法》等同属于教育法律体系的第二层次。《高等教育法》也是教育特别法，是专门规范高等学校教育活动的法律。

作为规范高等教育的基本法律，高等教育法在教育法律体系中具有举足轻重的地位。高等教育法是高等教育实现依法治教的法律依据，是深化高等教育改革和促进高等教育事业进一步健康发展的有力保证。

二、高等教育法的适用范围

《高等教育法》第 2 条规定："在中华人民共和国境内从事高等教育活动，适用本法。"《高等教育法》第 67 条规定："中国境外个人符合国家规定的条件并办理有关手续后，可以进入中国境内高等学校学习、研究、进行学术交流或任教，其合法权益受国家保护。"根据这些规定可以得出：①《高等教育法》适用的地域范围是在中华人民共和国境内；②《高等教育法》的适用对象是从事高等教育活动的个人和组织。根据《高等教育法》第 2 条第 2 款、第 68 条的规定，《高等教育法》中所称的高等教育是指在完成高级中等教育基础上实施的教育；高等学校是指大学、独立设置的学院和高等专科学校，其中包括高等职业学校和成人高等学校；其他高等教育机构是指除高等学校和经批准承担研究生教育任务的科学研究机构以外的从事高等教育活动的组织。《高等教育法》中有关高等学校的规定适用于其他高等教育机构和经批准承担研究生教育任务的科学研究机构，但是对高等学校专门适用的规定除外。③《高等教育法》适用于我国境外的、符合我国规定条件的并办理了有关手续的进入我国境内高等学校学习、研究、进行学术交流或者任教的个人。

第二节　高等教育法的性质、方针与任务

我国的高等教育法是社会主义性质的高等教育法。2019年3月18日，习近平主持召开学校思想政治理论课教师座谈会时强调："我们办中国特色社会主义教育，就是要理直气壮开好思政课，用新时代中国特色社会主义思想铸魂育人，引导学生增强中国特色社会主义道路自信、理论自信、制度自信、文化自信，厚植爱国主义情怀，把爱国情、强国志、报国行自觉融入坚持和发展中国特色社会主义事业、建设社会主义现代化强国、实现中华民族伟大复兴的奋斗之中。"①

一、高等教育法的性质

《高等教育法》第3条规定："国家坚持以马克思列宁主义、毛泽东思想、邓小平理论为指导，遵循宪法确定的基本原则，发展社会主义的高等教育事业。"因此，我国的高等教育法是社会主义性质的高等教育法。这是由我国的国家性质所决定的。我国是人民民主专政的社会主义国家，实行社会主义经济、政治、文化制度。高等教育法的社会主义性质主要表现为：①坚持以马克思列宁主义、毛泽东思想、邓小平理论、"三个代表"重要思想、科学发展观、习近平新时代中国特色社会主义思想为指导。这是我国高等教育法的基本指导思想。②遵循宪法确定的基本原则。坚持中国共产党的领导是我国高等教育坚持社会主义方向的根本保证。

高等教育法的性质问题是高等教育法的根本性问题，只有坚持高等教育法的社会主义性质，才能保证高等教育沿着社会主义方向前进，培养造就大批优秀人才，建设中国特色社会主义政治文明。高等学校建设要坚持党的领导，全面贯彻党的教育方针，坚持马克思主义指导地位，坚持中国特色社会主义教育发展道路，坚持社会主义办学方向，抓住历史机遇，紧扣时代脉搏，立足新发展阶段，贯彻新发展理念，构建新发展格局，把发展科技第一生产力、培养人才第一资源、增强创新第一动力更好结合起来，为改革开放和社会主义现代化建设服务。

二、高等教育的方针

教育方针是指党和政府在一定历史时期所确定的关于发展教育事业的总方向和基本政

---

① 习近平.习近平谈治国理政：第3卷［M］.北京：外文出版社，2020：329.

策。《教育法》第 5 条规定："教育必须为社会主义现代化建设服务、为人民服务，必须与生产劳动和社会实践相结合，培养德智体美劳全面发展的社会主义事业建设者和接班人。"这是新时代我国的教育方针。

《高等教育法》第 4 条再次重申了我国的教育方针。高等教育法的方针在与国家教育方针一致的前提下，应该体现高等教育自身的特点，反映党和政府在一定时期对高等教育在整个教育事业中的地位和作用的评价及要求。我国高等教育法的方针主要包括三方面内容。

（一）高等教育必须为社会主义现代化建设服务、为人民服务

这是我国高等教育工作的总方向。2021 年 4 月 19 日，习近平总书记在清华大学考察时指出："我们要建设的世界一流大学是中国特色社会主义的一流大学，我国社会主义教育就是要培养德智体美劳全面发展的社会主义建设者和接班人。我国高等教育要立足中华民族伟大复兴战略全局和世界百年未有之大变局，心怀'国之大者'，把握大势，敢于担当，善于作为，为服务国家富强、民族复兴、人民幸福贡献力量。"①

（二）高等教育必须与生产劳动和社会实践相结合

这是以培养具有创新精神和实践能力的高级专门人才为任务的高等教育的本质要求。教育最终是要服务于生产实践，发展生产力，为国民经济发展作出贡献的，因此高等教育尤其要把教育与生产劳动和社会实践相结合的方针贯彻到学校教育的全过程。

（三）培养德、智、体、美、劳全面发展的社会主义建设者和接班人

这是我国教育、也是高等教育的培养目标。其中，培养社会主义事业建设者和接班人是对培养目标所作的功能分析。德、智、体、美、劳方面全面发展是培养目标的重要内涵，是教育所要形成的人的素质及其结构。

三、高等教育的任务

根据《高等教育法》第 5 条的规定，我国高等教育的任务主要有以下三方面内容。

（一）培养具有社会责任感、创新精神和实践能力的高级专门人才

这是由高等教育的本质特征所决定的，高等教育所培养的必须是具有社会责任感、创新精神和实践能力的高级专门人才。高等教育是整个国民教育体系的最高阶段，代表着教

---

① 坚持中国特色世界一流大学建设目标方向 为服务国家富强民族复兴人民幸福贡献力量 [N]. 人民日报，2021-4-20（1）.

育的最高要求。人才培养要以德为先，立德树人最重要的内容就是社会责任感。接受高等教育的人一般为二三十岁，年轻而富有学习力、创造力，最能在社会主义现代化建设中发挥积极作用。因此，培养、发掘其社会责任感、创新精神和实践能力是高等教育的首要任务，这也是高等教育与其他层次的教育在培养目标上的主要差别之处。

（二）发展科学技术文化

高等学校不仅是培养人才的场所，而且还是发展科学技术文化的基地。高等学校集中了国内外许多著名专家、教授等高级学者，拥有良好的科研设备和实验室、图书馆等科研条件。这些使其在发展科学技术文化方面占据了得天独厚的优势。因此，高等教育不仅应当，而且有能力为发展科学技术文化作出贡献，这是高等教育的重要任务。

（三）促进社会主义现代化建设

高等教育要促进社会主义现代化建设，这是高等教育与经济建设、社会发展的关系所决定的，同时也是总结世界各国高等教育的发展规律得出来的结论。高等教育是国家生存与发展的基础性工程之一，是促进国家政治、经济、文化、科技乃至整个社会发展的先导性事业。社会主义现代化建设是一个有机统一的整体，既包括物质文明建设，也包括精神文明建设、政治文明建设等各个方面，高等教育要促进社会主义现代化建设，就必须全面促进社会主义现代化建设的各个方面。

第三节　高等教育法的基本原则

高等教育法的基本原则是高等教育法所依据的根本准则，是发展高等教育所必须遵循的基本要求。我国高等教育法的基本原则是根据国家的教育方针和高等教育的客观规律制定的，具体包括以下四个方面。

一、国家积极发展高等教育

我国的高等教育在中华人民共和国成立以来得到了较大发展，取得了不少成就，但相对于社会需求和国家建设需要，其发展速度还远远不能满足需求。因此，必须积极发展高等教育。国家积极发展高等教育原则具体包括以下内容。

（一）国家办学和国家鼓励社会办学相结合

《高等教育法》第 6 条规定："国家根据经济建设和社会发展的需要，制定高等教育发展规划，举办高等学校，并采取多种形式积极发展高等教育事业。国家鼓励企业事业组织、社会团体及其他社会组织和公民等社会力量依法举办高等学校，参与和支持高等教育事业的改革和发展。"积极发展高等教育事业，可采用多种形式，包括国家举办高等学校，国家鼓励社会力量办学，参与和支持高等教育事业发展。

（二）推进高等教育改革，提高教育质量和效益

发展高等教育，不仅是数量上的发展，更重要的是质量和效益上的发展，必须推进改革以提高高等教育的质量和效益。《高等教育法》第7条规定："国家按照社会主义现代化建设和发展社会主义市场经济的需要，根据不同类型、不同层次高等学校的实际，推进高等教育体制改革和高等教育教学改革，优化高等教育结构和资源配置，提高高等教育的质量和效益。"

（三）扶持和帮助少数民族发展高等教育

《高等教育法》第8条规定："国家根据少数民族的特点和需要，帮助和支持少数民族地区发展高等教育事业，为少数民族培养高级专门人才。"我国是个多民族的国家，区域间教育发展不平衡。在少数民族聚居地区，高等教育发展水平相对较低。少数民族地区的高等教育发展不仅关系到少数民族地区的发展，也关系到国家的民族团结、社会安定。因此，国家要扶持和帮助少数民族发展高等教育事业。

（四）保障高等教育科研及文化自由

《高等教育法》第10条第1款规定："国家依法保障高等学校中的科学研究、文学艺术创作和其他文化活动的自由。"高等学校以研究、传播高层次的知识为己任，知识本身的专业性、自主性以及累积性、长期性决定了高等学校的学术活动要以学术价值为导向，任何高等学校的教师和研究人员都可以在遵守法律的前提下，自由进行科学研究、文学艺术创作和其他文化活动，发表自己的见解和主张。

（五）鼓励高等学校开展交流与合作

《高等教育法》第12条规定："国家鼓励高等学校之间、高等学校与科学研究机构以及企业事业组织之间开展协作，实行优势互补，提高教育资源的使用效益。国家鼓励和支持高等教育事业的国际交流与合作。"这一原则包括两方面内容：第一，高等学校之间、高等学校与科学研究机构以及企业事业组织之间的交流与协作；第二，高等教育事业的国际交流与合作，这是世界各国高等教育的普遍原则。高等教育事业的国际交流与合作包括我国有关人员出国留学、研究、进行学术交流或者任教；国外个人来我国学习、研究、进行学术交流或者任教；依照我国与他国签订的双边协定或我国参加的国际公约，对有关国家教育机构颁发的学位证书、学历证书及其他学业证书予以承认；国外的组织和个人在中国境内办学和合作办学等方面。

二、公民接受高等教育权利平等

这一原则是公民依据宪法和《教育法》享有平等的受教育权在高等教育领域的体现。《高等教育法》第9条规定："公民依法享有接受高等教育的权利。"这一原则具体包括以下内容。

（一）帮助少数民族学生、经济困难学生接受高等教育

《高等教育法》第9条第2款规定："国家采取措施，帮助少数民族学生和经济困难的学生接受高等教育。"

（二）招收残疾学生入学

《高等教育法》第9条第3款规定："高等学校必须招收符合国家规定的录取标准的残疾学生入学，不得因其残疾而拒绝招收。"

此外，国家还出台了一系列政策保障公民接受高等教育的权利，如扩大招生规模，实现高等教育向大众化方向转型，使更多的人有机会接受高等教育。保证招生选拔和竞争的机会均等，在我国目前的条件下，接受高等教育必须经过竞争和选拔；只有保证竞争机会均等，才能保证接受高等教育的权利平等。保障学习成功机会均等，在相同的起点上有相同的成功概率。

三、高等学校办学自主与民主管理

《高等教育法》第11条规定："高等学校应当面向社会，依法自主办学，实行民主管理。"随着社会主义市场经济体制的确立和完善，我国高等学校的外部关系发生了显著变化，高等学校与社会的联系越来越紧密。高等学校要想更好地发展，从社会得到更多的投资和支持，就必须面向社会、满足社会的需求。这就要求高等学校成为具有自身利益要求的独立实体，拥有自主办学的权利，自我管理，自我发展。《高等教育法》不仅在总则部分规定了这一基本原则，还在第四章"高等学校的组织和活动"中具体规定了有关高等学校自主办学的权利和民主管理的要求。

四、政府领导和统筹协调

《高等教育法》第13条规定："国务院统一领导和管理全国高等教育事业。省、自治区、直辖市人民政府统筹协调本行政区域内的高等教育事业，管理主要为地方培养人才和国务院授权管理的高等院校。"《高等教育法》第14条规定："国务院教育行政部门主管全

国高等教育工作，管理由国务院确定的主要为全国培养人才的高等学校。国务院其他有关部门在国务院规定的职责范围内，负责有关的高等教育工作。"这些规定确定了我国高等教育的政府领导和统筹协调的原则。政府领导和统筹协调也是我国高等教育管理体制改革和发展的原则与方向。一方面，国务院统一领导，宏观管理，保证高等教育的发展方向；另一方面，省级政府统筹协调，既充分调动地方政府的办学积极性，又扩大高等学校办学自主权。

第四节　高等教育基本制度

高等学校的学制、学业证书和学位制度、自学考试制度、成人高等教育制度、高等职业教育制度、高等教育评估制度是高等教育法的重要内容，反映了我国高等教育的基本面貌。

一、高等教育基本制度的含义

高等教育基本制度与教育制度是相互联系而又不尽相同的概念。高等教育基本制度属于狭义的教育制度，它是指高等教育法规定的开展高等教育活动的体系及运行规则的总和。高等教育基本制度是一定社会历史阶段的产物，与高等教育发展状况密切相关，受一定社会政治、经济、文化的影响。我国《高等教育法》第二章具体规定了我国高等教育的基本制度，具体包括：高等学校的学制、学业证书和学位制度、自学考试制度、成人高等教育制度、高等职业教育制度、高等教育评估制度。这些规定是与我国高等教育发展现状相适应的。高等教育基本制度是高等教育法的重要组成部分。

二、高等学校的学制

学制，又称学校教育制度，是教育制度的主要组成部分。它是教育客观规律的反映，也是国家生产力发展水平和政治经济发展的反映。我国高等学校的学制主要规定高等学校的性质、任务、入学条件、学习年限以及它们之间的关系与衔接。具体包括以下方面。

（一）高等教育的类型、实施形式及方式

《高等教育法》第15条第1款规定："高等教育包括学历教育和非学历教育。"所谓学历，是指学习的经历，一般是指曾在哪些学校毕业或肄业。在这些学校毕业或肄业后，一般可获得毕业证书或肄业证书一类的学历证明。因而，学历教育就是学习过程结束以后即可获得国家承认的相应毕业证书或肄业证书等学历证明的教育。而非学历教育则不能获得

此类学历证明。高等学历教育又分为专科教育、本科教育和研究生教育。非学历高等教育没有这些层次的划分。《高等教育法》第15条第2款规定："高等教育采用全日制和非全日制形式。"全日制形式要求学生全天都在学校学习，非全日制形式不要求学生全天都在学校学习，学生可以不脱产在职学习，一边进行自己的本职工作，一边接受教育。此外，《高等教育法》第15条第3款还规定："国家支持采用广播、电视、函授及其他远程教育方式实施高等教育。"

（二）高等学历教育的学业标准

不同层次的学历教育具有不同的学业标准。《高等教育法》第16条第2至4款作了专门规定：① 专科教育应当使学生掌握本专业必备的基础理论、专门知识，具有从事本专业实际工作的基本技能和初步能力。② 本科教育应当使学生比较系统地掌握本学科、专业必需的基础理论、基本知识，掌握本专业必要的基本技能、方法和相关知识，具有从事本专业实际工作和研究工作的初步能力。③ 硕士研究生教育应当使学生掌握本学科坚实的基础理论、系统的专业知识，掌握相应的技能、方法和相关知识，具有从事本专业实际工作和科学研究工作的能力。④ 博士研究生教育应当使学生掌握本学科坚实宽广的基础理论、系统深入的专业知识、相应的技能和方法，具有独立从事本学科创造性科学研究工作和实际工作的能力。

（三）高等学历教育的基本修业年限

《高等教育法》第17条规定："专科教育的基本修业年限为二至三年，本科教育的基本修业年限为四至五年，硕士研究生教育的基本修业年限为二至三年，博士研究生教育的基本修业年限为三至四年。非全日制高等学历教育的修业年限应当适当延长。高等学校根据实际需要，报主管的教育行政部门批准，可以对本学校的修业年限作出调整。"针对采用全日制形式的高等学历教育，《高等教育法》作了基本修业年限的规定，而对非全日制形式的高等学历教育则作了适当延长的规定，以保证其接受完整的教育内容。另外，高等学校根据实际需要，报主管的教育行政部门批准，有对本学校的修业年限调整的权利。例如，就硕士研究生教育而言，有一些高等学校的修业年限为三年，也有一些高等学校的修业年限为两年半或两年，还有一些学校采用硕博连读形式，硕士研究生教育的修业年限仅为两年或者另有不同。

（四）高等教育的实施机构

《高等教育法》第18条规定："高等教育由高等学校和其他高等教育机构实施。大学、独立设置的学院主要实施本科及本科以上教育。高等专科学校实施专科教育。经国务院教育行政部门批准，科学研究机构也可以承担研究生教育的任务。其他高等教育机构实施非学历高等教育。"这一规定明确了高等教育的实施机构，即高等学历教育由大学、独立设置的学院、高等专科学校、经批准的科学研究机构实施；非学历高等教育由其他高等教育机构实施。

（五）高等学历教育的入学条件

接受一定层次的高等学历教育需要具备相应的入学条件。《高等教育法》第 19 条对此作了规定。

第一，高级中等教育毕业或者具有同等学力的，经考试合格，由实施相应学历教育的高等学校录取，取得专科生或者本科生入学资格。此处的"具有同等学力"是指没有取得高级中等教育毕业证书，但通过自学等方式达到了高级中等教育毕业的教育程度，或者是取得了与高级中等教育毕业证书同等学力效力的其他证书。"考试"主要是指普通高等学校招生全国统一考试，也包括对特殊人才（如高水平运动员等）审查、评议和鉴定。

第二，本科毕业或者具有同等学力的，经考试合格，由实施相应学历教育的高等学校或者经批准承担研究生教育任务的科学研究机构录取，取得硕士研究生入学资格。此处的"具有同等学力"是指获得专科毕业证书，工作 3 年或 3 年以上，修完学士学位课程，并有达到学士学位论文水平的学术论文公开发表。"考试"是指全国硕士研究生统一招生考试，或者经有关部门批准的自主招生考试。

第三，硕士研究生毕业或者具有同等学力的，经考试合格，由实施相应学历教育的高等学校或者经批准承担研究生教育任务的科学研究机构录取，取得博士研究生入学资格。此处的"具有同等学力"是指获得学士学位后，工作 8 年或 8 年以上，修完全部硕士学位课程，并有一定科研成果，有在国家一级刊物上公开发表的、达到硕士学位论文水平的学术论文。"考试"是指各实施博士研究生学历教育的高等学校或者经批准承担博士研究生教育任务的科学研究机构自行设置的博士研究生招生考试。

除上述规定的条件外，《高等教育法》第 19 条还特别规定："允许特定学科和专业的本科毕业生直接取得博士研究生入学资格，具体办法由国务院教育行政部门规定。"

三、高等教育学业证书制度和学位制度

（一）学业证书制度

学业证书是颁发给受教育者表明其受教育程度及达到的知识水平和能力水平的凭证。我国实行高等教育学业证书制度，《高等教育法》第 20 条规定："接受高等学历教育的学生，由所在高等学校或者经批准承担研究生教育任务的科学研究机构根据其修业年限、学业成绩等，按照国家有关规定，发给相应的学历证书或者其他学业证书。接受非学历高等教育的学生，由所在高等学校或者其他高等教育机构发给相应的结业证书。结业证书应当载明修业年限和学业内容。"

（二）学位制度

学位是国家或国家授权的教育机构授予个人的终身的学术性称号。《高等教育法》第22条规定："国家实行学位制度。学位分为学士、硕士和博士。公民通过接受高等教育或者自学，其学业水平达到国家规定的学位标准，可以向学位授予单位申请授予相应的学位。"我国1980年颁布的《中华人民共和国学位条例》对学位制度进行了具体规定，在此略作介绍。

1. 申请学位

凡是拥护中国共产党的领导、拥护社会主义制度，具有一定学术水平的公民，都可以按照本条例的规定申请相应的学位。其中，对于非学位授予单位应届毕业的研究生，由原单位推荐，可以就近向学位授予单位申请学位；在我国学习的外国留学生和从事研究工作的学者，可以向学位授予单位申请学位。

2. 授予学位

国务院设立学位委员会，负责领导全国学位授予工作。学士学位，由国务院授权的高等学校授予；硕士学位、博士学位，由国务院授权的高等学校和科学研究机构授予。经授权的学位授予单位，应设立学位评定委员会，并组织有关学科的学位论文答辩委员会。学位论文答辩委员会必须有外单位的有关专家参加。学位论文答辩委员会负责审查硕士和博士学位论文，组织答辩，并以不记名投票的方式，作出是否授予学位的决议。学位评定委员会负责审查通过学士学位获得者的名单；负责对学位论文答辩委员会报请授予硕士学位和博士学位的决议，作出是否批准的决定。在学位评定委员会作出授予学位的决定后，学位授予单位授予学位获得者相应的学位。

四、高等教育自学考试制度

高等教育自学考试制度是我国创建的一种高等教育制度。它自1981年开始酝酿建立，已经为国家培养出了数以万计的本、专科人才，在社会上赢得了较高的声誉，成为人们接受高等教育的一种灵活、开放的新形式，同时也节省了教育投资，为国家造就和选拔人才开辟了广阔的道路。《高等教育法》第21条规定："国家实行高等教育自学考试制度，经考试合格的，发给相应的学历证书或其他学业证书。"

按照《高等教育自学考试暂行条例》第2条规定："高等教育自学考试，是对自学者进行以学历考试为主的高等教育国家考试，是个人自学、社会助学和国家考试相结合的高等教育形式。"根据这一规定，高等教育自学考试具有如下特征。

（一）以学历考试为主

高等教育自学考试主要是学历考试，应考者根据自己选报的专业，参加该专业的指定课程考试，全部通过者即获得相应的本科或专科毕业证书，只通过某一单科课程者可获单科合格证书。

（二）属于国家教育考试

高等教育自学考试属于国家教育考试，由国务院教育行政部门领导下的全国高等教育自学考试指导委员会负责。其开考专业、主考学校、考生学籍管理、考试程序、证书颁发等都是由国家和省级高等教育自学考试委员会确定，具有公正性和严肃性。通过高等教育自学考试获得的相应证书，在全国范围内具有统一效力。

（三）个人自学、社会助学和国家考试相结合

自学是基础和关键，这是高等教育自学考试的基本特点。但由于培养人才也是国家进行社会主义现代化建设的需要，因而也得到国家和社会各界的扶助。国家鼓励企事业单位和其他社会力量，按照高等教育自学考试的专业考试计划和考试大纲要求，通过广播、电视、面授和函授等多种形式开展助学活动，并且遵照国家的有关规定，出版、发行各种自学考试辅导材料，以方便应考者自学。高等教育自学考试的核心是考试，应考者只有在参加某一专业全部课程考试并且合格以后，才能取得相应的学历证书和其他学业证书。因而要求考试的命题、组织和管理都尽量做到标准化、科学化、达到普通高等学校相应专业教学计划和教学大纲的要求，真正选拔出有真才实学的人才。

五、成人高等教育制度

成人高等教育属国民教育系列，是高等教育的重要组成部分，国家承认学历，参加全国招生统一考试，各省、自治区统一组织录取。成人高等学历教育分为三种：专科起点升本科（简称专升本）、高中起点升本科（简称高起本）、高中起点升高职（高专）（简称高职、高专）。成人高等教育的授课方式大体分为脱产（全日制）、业余和函授三种形式，考生应根据自身的情况来选择适合自己的学习形式。参加成人高等教育学习的学生所有的理论课（包括实践环节）考试成绩合格，完成专（本）科段实践课程的学习和考核，毕业鉴定符合要求由各高等院校和教育部颁发国家承认学历的专（本）科毕业证书，本科毕业可申请学士学位，与其他国家承认的大学专（本）毕业证书具有同等效力。

根据 1993 年国务院转批的国家教育委员会《关于进一步改革和发展成人高等教育的意见》的规定，高等教育成人教育的总体发展目标为：① 动员社会各方面的力量，大力支持、积极兴办多种形式、多种层次、多种规格的成人高等教育，进一步增强和拓宽社会成员接受高中后教育的机会和渠道；② 把高等层次岗位培训、大学后继续教育作为成人高等教育的重点，完善学历教育体系，建立新的办学机制；③ 建立分级管理、分级负责的管理体制，形成科学的管理、调控制度。

六、高等职业教育制度

高等职业教育是我国职业教育体系中的高层次教育，是我国高等教育的重要组成部分，包括高等职业专科教育、高等职业本科教育、研究生层次职业教育，是高等教育发展中的一个类型，肩负着为经济社会建设与发展培养人才的使命。《教育法》第 20 条规定，"国家实行职业教育制度"。1996 年 5 月 15 日第八届全国人民代表大会常务委员会第十九次会议通过了《中华人民共和国职业教育法》。2022 年 4 月 20 日，第十三届全国人民代表大会常务委员会第三十四次会议通过了修订的《中华人民共和国职业教育法》。该法自 2022 年 5 月 1 日起施行。第 3 条规定："职业教育是与普通教育具有同等重要地位的教育类型，是国民教育体系和人力资源开发的重要组成部分，是培养多样化人才、传承技术技能、促进就业创业的重要途径。国家大力发展职业教育，推进职业教育改革，提高职业教育质量，增强职业教育适应性，建立健全适应社会主义市场经济和社会发展需要、符合技术技能人才成长规律的职业教育制度体系，为全面建设社会主义现代化国家提供有力人才和技能支撑。"第 15 条规定："高等职业学校教育由专科、本科及以上教育层次的高等职业学校和普通高等学校实施。根据高等职业学校设置制度规定，将符合条件的技师学院纳入高等职业学校序列。"2019 年 1 月，国务院印发《国家职业教育改革实施方案》，方案指出，鼓励高校培养具有"工匠精神"的应用型技能人才。

目前，我国高等职业教育已经形成了涵盖专科、本科、硕士、博士四个层次相对完整的体系。专科层次主要为企业培养高技能型人才。本科层次主要分为应用型本科和师资型本科，应用型本科注重加强实践教学环节，师资型本科注重加强学生"双师型"能力建设。硕士层次包括专业硕士学位、中职学校教师在职攻读硕士学位和全日制职业技术教育学专业硕士生教育，应明确各自的培养目标，采用灵活的教育教学模式，加大实践教学环节。博士层次含专业博士学位和职业技术教育学专业博士生教育，应针对该领域重大实际问题，着力提升学位申请者对本领域的实际贡献，激发创新性成果的涌现。

七、高等教育评估制度

教育评估是各级教育行政部门或经认可的社会组织依据教育目标对学校及其他教育机构的办学水平、教育质量等指标进行的综合或单项的考核和评价，以作出判断并改进教育工作的过程，是政府对教育机构实施宏观管理的重要手段。《教育法》第 25 条规定："国家实行教育督导制度和学校及其他教育机构教育评估制度。"《高等教育法》第 44 条规定："高等学校应当建立本学校办学水平、教育质量的评价制度，及时公开相关信息，接受社会监督。教育行政部门负责组织专家或者委托第三方专业机构对高等学校的办学水平、效益和教育质量进行评估。评估结果应当向社会公开。"1990 年，国家教委颁布《普通高等学校教育评估暂行规定》，就高教评估性质、目的、任务、指导思想、基本形式等作了明确规定，这是中国第一部关于高等教育评估的法规。2004年8月，教育部高等教育教学评估中心正式成立。评估中心成立以来，先后开展了全国高校本科教学工作水平评估、新建高校本科教学工作合格评估、高等学校本科教学工作审核评估、工程教育认证、师范类专业认证、医学教育认证，以及国际联合认证；同时开展了高等教育质量常态监测、年度高等教育质量报告研制等工作。作为国家高等教育质量保障专业机构，评估中心秉持"对国家负责、为学校服务"的理念，致力于建设中国特色、世界水平高等教育质量保障体系，推动我国高等教育质量不断提升。近年来，评估中心以习近平新时代中国特色社会主义思想为指导，深入学习贯彻党的十九大和全国教育大会精神，全面落实教育部党组工作部署，树立科学的评价导向，努力破除"五唯"顽瘴痼疾，聚焦主责主业，以"五位一体"评估制度为抓手，推动高等学校更好落实立德树人根本任务、推进"以本为本"、实现"四个回归"、不断提高人才培养质量，践行教育报国初心使命。

第五节　高 等 学 校

　　高等学校泛指对公民进行高等教育的学校，是大学、专门学院和高等专科学校的统称，简称高校。从学校类型上讲，我国的高等学校包括普通高等学校、成人高等学校、民办高等学校等。从学历上讲，包括专科、本科、硕士研究生和博士研究生四个层次。大学仅是高等学校的一部分，专门学院如医科大学、戏曲学院、音乐学院、美术学院，以及高等专科学校如职业技术学院、职业学院等，都是高等学校系列，但并不是大学系列。大学指的是包含多门学科的综合性高等学校。

一、高等学校的设立

（一）设立高等学校的基本要求

　　高等学校是实施高等教育的主要机构，承担着培养具有创新精神和实践能力的高级专门人才、发展科学技术文化、促进社会主义现代化建设的重要任务。因此，设立高等学校必须符合一定的基本要求。根据《高等教育法》第24条规定，设立高等学校必须符合下列基本要求。

　　1. 符合国家高等教育发展规划

　　国家在一定时期内都会制定高等教育发展规划，根据国家经济建设、社会发展、科技进步和人才培养的要求对高等教育的整体发展规模、速度、高等学校的层次、类别、形式等结构作出相应的设计和调整。设立高等学校，首先必须符合国家的高等教育发展规划。

2. 符合国家利益和社会公共利益

高等学校是社会组织的一员，对于国家的发展、社会的进步有着举足轻重的作用。我国设立高等学校必须以符合国家利益和社会公共利益为原则，不得为追求其他利益而损害国家利益和社会公共利益。

为了与《民办教育促进法》修订相衔接，《高等教育法》第24条中删除设立高等学校不得以营利为目的的内容。这意味着国家财政将主要关注普及义务教育，其他的教育领域将慢慢引进一些社会资本，向社会化方向发展。高等学校投入是多元的，办学形式也应当多元。删除了高等学校"不得以营利为目的"的规定为营利性高等教育发展提供了法律保障，有利于高等教育发展的多样性，有利于吸引更多的社会资金进入高等教育。今后，营利类高校就要按照企业的方式进行运行和管理，其属性、定位及责任更加明晰。

（二）设立高等学校的条件

1. 基本条件

根据《教育法》第27条的规定，设立高等学校的基本条件有以下四个方面。

（1）有组织机构和章程

组织机构是高等学校得以运行的组织基础，包括高等学校的决策部门、执行部门、监督部门等管理机构及其组成人员。高等学校的章程被称为学校的"宪法"，是高等学校的基本法律文件，它规定高等学校的基本任务、政策制度和权责关系。根据《高等教育法》第28条的规定，高等学校的章程应当规定以下事项：① 学校名称、校址；② 办学宗旨；③ 办学规模；④ 学科门类的设置，⑤ 教育形式；⑥ 内部管理体制；⑦ 经费来源、财产和财务制度；⑧ 举办者与学校之间的权利、义务；⑨ 章程修改程序，⑩ 其他必须由章程规定的事项。该法第26条还对学校名称特别规定："设立高等学校，应当根据其层次、类型、所设学科类别、规模、教学和科学研究水平，使用相应的名称。"

（2）有合格的教师

高等学校的教师是履行教育教学职责的专业人员，承担着培养高级专门人才、传递和创造科学文化的历史使命。高等学校教师的素质在一定程度上决定着一所高等学校的教学、科研水准，对于高等学校的生存和发展有着举足轻重的影响。因此，《教育法》和《高等教育法》都规定设立高等学校必须有合格的教师。这里所称的"合格的教师"是指取得高等学校教师资格的人员，没有高等学校教师资格的人员不得从事高等学校的教育教学活动。

（3）有符合规定标准的教学场所及设施、设备等

设立高等学校必须具有一定的物质条件，主要包括校舍、场地、教学仪器、设备、图书资料等。在设立一所高等学校时，这些物质条件应当一次性投入且符合规定标准。所谓"规定标准"是指国务院教育行政部门会同计划、建设、卫生等部门制定的校舍规划面积定额，实验室、教室和课桌凳的具体要求，学生活动场地、住宿学生的食宿条件和厕所等必要的生活设施的具体要求，以及图书资料、教学仪器设备、体育设施的配备标准。

（4）有必备的办学资金和稳定的经费来源

高等学校办学不仅要具备一定的物质条件，而且还要定期投入一定数额的办学资金，这就需要高等学校的举办者在设立高等学校时保证有稳定、合法的经费来源渠道，这是保证高等学校存续的基本要求。

2. 特别要求

《高等教育法》第 25 条第 2 款对大学及独立设置的学院的设立条件作了特别要求，该款规定："大学或者独立设置的学院还应当具有较强的教学、科学研究力量，较高的教学、科学研究水平和相应规模，能够实施本科及本科以上教育。大学还必须设有三个以上国家规定的学科门类为主要学科。设立高等学校的具体标准由国务院制定。设立其他高等教育机构的具体标准，由国务院授权的有关部门或者省、自治区、直辖市人民政府根据国务院规定的原则制定。"

（三）设立高等学校的程序

设立高等学校须经两个步骤：申请和审批。

1. 申请

《高等教育法》第 27 条作了规定。申请设立一所高等学校，必须向审批机关提交下列材料：① 申办报告；② 可行性论证材料；③ 章程；④ 审批机关依照本法规定要求提供的其他材料。

2. 审批

《高等教育法》第 29 条规定："设立实施本科及以上教育的高等学校，由国务院教育行政部门审批；设立实施专科教育的高等学校，由省、自治区、直辖市人民政府审批，报国务院教育行政部门备案；设立其他高等教育机构，由省、自治区、直辖市人民政府教育行政部门审批。审批设立高等学校和其他高等教育机构应当遵守国家有关规定。审批设立高等学校，应当委托由专家组成的评议机构评议。高等学校和其他高等教育机构分立、合并、终止，变更名称、类别和其他重要事项，由本条第 1 款规定的审批机关审批；修改章程，应当根据管理权限，报国务院教育行政部门或者省、自治区、直辖市人民政府教育行政部门核准。"根据上述规定，将设立高等学校的审批权一分为二，分类审批，以放权为主，规定本科以上高等学校由教育部审批，专科高等学校由省级政府审批、教育部备案，其他高等教育机构由省级教育行政部门审批。教育行政审批权下放，符合简政放权的要求，有利于释放市场的活力，激发设立高校的社会意愿，对促进高等教育的发展，用市场的方式和社会资源力量推动高等教育发展具有重要意义。

二、目前我国高等教育概况

截至 2020 年，按照《中国教育现代化 2035》和《加快推进教育现代化实施方案

（2018—2020 年）》的部署，我国高等教育规模继续稳步发展，高等教育结构逐步优化，普通高校教师学历层次继续提高，办学条件得到进一步改善。高职（专科）院校连续扩招，教师配置明显趋紧，教学科研仪器设备、信息化设备、教学用计算机配置水平有所下降。

（一）高等教育招生规模

2020 年，全国共有普通高等学校 2 738 所，比上年增加 50 所。普通本科院校 1 270 所，比上年增加 5 所；高职（专科）院校 1 468 所，比上年增加 45 所；成人高等学校 265 所，比上年减少 3 所；全国共有研究生培养机构 827 个。

全国研究生招生 110.7 万人，比上年增加 19.0 万人，增长 20.7%；其中，招收博士生 11.6 万人，硕士生 99.1 万人。国家积极发展专业学位研究生教育，加强应用型高层次人才的培养力度。2020 年，招收专业学位博士研究生 13 719 人，占博士研究生招生人数的 11.8%，比上年提高 1.9 个百分点；招收专业学位硕士研究生 60.2 万人，占硕士研究生招生总数的 60.7%，比上年提高 2.4 个百分点。

全国普通本专科招生 967.5 万人，比上年增加 52.6 万人，增长 5.7%；成人本专科招生 363.8 万人，比上年增加 61.6 万人，增长 20.4%。

（二）高等教育在校生规模

2020 年，全国各类高等教育在学总规模达 4 183 万人，比上年增加 181 万人。高等教育毛入学率达到 54.4%，比上年提高 2.8 个百分点。每十万人口中高等教育在校生人数 3 126 人，比上年增加 269 人。

全国在学研究生 314.0 万人，比上年增加 27.6 万人，增长 9.6%。其中，在学博士生 46.7 万人，在学硕士生 267.3 万人。全国普通本专科在校生 3 285.3 万人，比上年增加 253.8 万人，增长 8.4%；成人本专科在校生 777.3 万人，比上年增加 108.7 万人，增长 16.3%。

（三）高等教育毕业生规模

2020 年，全国毕业研究生 72.9 万人，比上年增加 8.9 万人，增长 13.9%。其中，毕业博士生 6.6 万人，毕业硕士生 66.2 万人。全国普通本专科毕业生 797.2 万人，比上年增加 38.7 万人，增长 5.1%。

（四）普通高校教师队伍

普通高校教师学位层次普遍提高，但教师配置明显趋紧。2020 年，全国普通高等学校专任教师 183.3 万人，比上年增加 9.3 万人，增长 5.3%；普通高校生师比为 18.4∶1，其中，本科院校为 17.5∶1，比上年略有增大；高职（专科）院校为 20.3∶1，比上年增大 1.04。

教师学位层次构成继续提高。2020年，普通高校具有研究生学位的教师比例为75.8%，比上年提高0.7个百分点。其中，普通本科院校为86.0%，比上年提高1.1个百分点；高职（专科）院校为52.4%，比上年提高0.9个百分点。

高级专业技术职务教师比例略有下降。2020年，全国普通高校高级专业技术职务教师比例为43.3%，比上年下降0.1个百分点。

（五）普通高校办学条件

普通本科高校办学条件不断改善，与教育质量提升紧密相关的教学科研仪器设备、信息化设备及上网课程资源等配置水平进一步提升，受规模扩招因素影响，高职（专科）院校办学条件有所下降。

2020年，全国普通高校校均规模为11 982人，比上年增加722人。其中，普通本科院校为15 749人，比上年增加570人；高职（专科）院校为8 723人，比上年增加947人。

全国普通高校生均校舍建筑面积26.0平方米，比上年减少1.02平方米。其中，普通本科院校为27.6平方米，比上年减少0.6平方米；高职（专科）院校为23.0平方米，比上年减少1.7平方米。全国普通高校生均教学科研仪器设备值16 522元，比上年增加259元。其中，普通本科院校为20 300元，比上年增加845元；高职（专科）院校为9 265元，比上年减少297元。

2020年，全国普通高校每百名学生拥有教学用计算机25.1台，比上年减少1.0台。其中，普通本科院校为25.8台，比上年减少0.4台；高职（专科）院校为23.7台，比上年减少1.9台。

普通高校校均上网课程428门，比上年增加167门，增长63.9%。其中，本科院校校均上网课程为598门，比上年增加256门，增长75.0%；高职（专科）院校校均上网课程为280门，比上年增加91门，增长48.2%。

三、高等学校的法律地位和法律关系

（一）高等学校的法律地位

1. 高等学校的法人地位

《高等教育法》第30条规定："高等学校自批准设立之日起取得法人资格。高等学校的校长为高等学校的法定代表人。高等学校在民事活动中依法享有民事权利，承担民事责任。"这一规定确立了高等学校的民事法人地位。在我国，法人按活动性质分为企业法人、机关法人、事业单位法人、社会团体法人等。高等学校属于事业单位法人。高等学校作为事业单位法人，同其他法人一样具有民事主体地位，享有民事权利，承担民事义务。

2. 高等学校的行政法律关系双重主体地位

我国高等教育的管理体制决定了高等学校在行政法律关系上的双重主体地位。一方面，高等学校具有行政相对人地位。《高等教育法》第 13 条规定："国务院统一领导和管理全国高等教育事业。省、自治区、直辖市人民政府统筹协调本行政区域内的高等教育事业，管理主要为地方培养人才和国务院授权管理的高等院校。"第 14 条规定："国务院教育行政部门主管全国高等教育工作，管理由国务院确定的主要为全国培养人才的高等学校。国务院其他有关部门在国务院规定的职责范围内，负责有关的高等教育工作。"这些规定反映了政府及教育行政部门与高等学校间的教育行政关系，政府及教育行政部门是管理者，高等学校是被管理者，在这一法律关系中高等学校处于行政相对人的地位。另一方面，高等学校具有授权行政主体地位。行政主体有两类，一类是行政机关，另一类是授权主体。高等学校属于授权的事业单位，基于授权而取得行政主体资格。高等学校的这一地位主要体现在高等学校对教师和学生的管理上，如《教育法》第 29 条规定的对教师的奖励和处分权，《高等学校教师职务试行条例》规定的高校有权审定助教和讲师的任职资格，部分高等学校审定副教授、教授任职资格等；《高等教育法》第 21、22 条规定的对学生学业、学位证书的发放权等。

（二）高等学校的法律关系

1. 高等学校法律关系的内容

法律关系是指法律在调整人们行为的过程中所形成的权利与义务的关系。高等学校法律关系则是指《高等教育法》在调整高等学校教育活动中所发生的权利与义务的关系。高等学校法律地位决定了高等学校法律关系的内容，包括高等学校与政府的法律关系，高等学校与社会的法律关系，高等学校与教师、学生的法律关系等。

（1）高等学校与政府的法律关系

高等学校与政府之间的法律关系表现为行政法律关系。政府是行政主体，高等学校是行政相对人，政府依法对高等学校实施行政管理，施加行政影响，高等学校依法对政府行使以建议、批评为中心内容的监督权。作为一种行政法律关系，这一关系的主体及其权利与义务都是由行政法预先确定的，政府机关在与高等学校发生关系时以国家的名义出现并行使职权，在学校不履行规定的义务时，政府机关可以强制其履行；政府机关不履行职责，学校只能请求其履行或通过向有关国家机关提出申诉或诉讼等方式解决。因此，高等学校与政府的关系具有不对等性，政府机关作为关系的一方，占据主导地位，政府机关与高等学校有关的行政行为，都不可避免地会对学校产生直接的权威性的促进、帮助或限制、制约作用。

（2）高等学校与社会的法律关系

高等学校与不具有隶属关系的国家机关、企事业单位、集体经济组织、社会团体、公民个人之间既有互相协作、互相支援的关系，又存在复杂的民事所有和流转上的关系。在这些关系中，高等学校是以独立的民事主体资格参与其中的。这就在客观上要求国家用法律确认学校独立的法律地位，明确规定学校与不相隶属的国家机关、企事业单位，集体经济组织、社会团体、公民之间的权利与义务的关系，保护学校的合法权益，促进教育事业的顺利发展。在现阶段，我国高等学校与社会各种组织及个人之间关系的法律调整，最突出地反映在所有权关系、相邻权关系和广泛的合同关系上。

（3）高等学校与教师、学生的法律关系

高等学校与教师之间的法律关系，一方面是一种由权责分配和高等学校法律地位及工作特性所决定的管理关系，在这一关系中，二者所处的地位是不对等的。高等学校作为授权行政主体，有权组织教育教学工作，监督和评价教师的课堂教学，对教师进行奖励和惩罚，有权根据教师的政治思想表现、专业知识水平、教育教学能力、工作成绩和履行职责的情况进行定期或不定期的考核，有权审定助教和讲师的任职资格等，有些高等学校还有评定副教授、教授的权力。而教师除了应服从学校的领导之外，根据学校民主管理的原则，可以通过教职工代表大会行使民主权利，参与学校民主管理。另一方面，基于《高等教育法》第48条"高等学校实行教师聘任制"的规定，高等学校与教师之间的关系又是一种聘任契约关系，聘任双方在平等地位上签订聘任合同。聘任合同明确双方的权利、义务和违约责任，具有法律效力，对双方都有约束力。学校按合同为教师提供教学、科研、进修、交流等条件，并支付报酬，教师按合同履行义务。

高等学校与学生的法律关系既是教育与被教育的关系，又是管理与被管理的关系。从学校来讲，一方面，高等学校是教育者，学生是受教育者，学校对学生有教育的职责和义务。另一方面，高等学校又是管理者，例如对学生进行学籍管理，给予奖励或处分，颁发学业或学位证书等。从学生来讲，学生是受教育者，也是被管理者，享有受教育的权利，同时也有义务接受思想品德和政治教育，遵守学校的管理制度，完成规定的学习任务，参加学校组织的社会实践活动和公益劳动，参加学校组织的体育活动及其他有益于身心健康的活动，养成健康的生活方式。另外，学生也可通过各种途径和形式参与学校民主管理。

2. 高等学校法律关系的性质

综合以上对高等学校法律关系内容的分析可以看出，高等学校法律关系包括以下两类：一类是以权力服从为基本原则，以领导与被领导的行政管理为主要内容的教育行政关系，这主要体现在高等学校与政府、教师、学生的关系上；另一类是以平等有偿为基本原则，以财产所有和财产流转为主要内容的教育民事关系（包含基于聘书或者聘任文件产生的学校与教师之间的聘用法律关系），这主要体现在高等学校与教师、学生及社会的关系上。高等学校与教师之间既存在行政法律关系，也存在民事法律关系。具体内容在第六章再作详细论述。

四、高等学校的办学自主权及相关义务

《国家中长期教育改革和发展规划纲要（2010—2020年）》在第十三章建设现代学校

制度中强调：推进政校分开、管办分离，落实和扩大学校办学自主权，完善中国特色现代大学制度，完善中小学学校管理制度。应该探索建立符合学校特点的管理制度和配套政策，克服行政化倾向，取消实际存在的行政级别和行政化管理模式。政府及其部门要树立服务意识，改进管理方式，完善监管机制，减少和规范对学校的行政审批事项，依法保障学校充分行使办学自主权和承担相应责任。高等学校按照国家法律法规和宏观政策，自主开展教学活动、科学研究、技术开发和社会服务，自主设置和调整学科、专业，自主制定学校规划并组织实施，自主设置教学、科研、行政管理机构，自主确定内部收入分配，自主管理和使用人才，自主管理和使用学校财产和经费。扩大普通高中及中等职业学校在办学模式、育人方式、资源配置、人事管理、合作办学、社区服务等方面的自主权。公办高等学校要坚持和完善党委领导下的校长负责制。健全议事规则与决策程序，依法落实党委、校长职权。完善大学校长选拔任用办法。充分发挥学术委员会在学科建设、学术评价、学术发展中的重要作用。探索教授治学的有效途径，充分发挥教授在教学、学术研究和学校管理中的作用。加强教职工代表大会、学生代表大会建设，发挥群众团体的作用。

（一）高等学校的办学自主权

高等学校办学自主权是高等教育领域一个十分重要的问题。高等学校办学自主权的范围、内容、大小等既是高等学校自主办学的依据，也是高等教育主管机关对高等学校进行管理的界限和尺度。《高等教育法》第四章从第 32 条至第 38 条对此作出了比较全面的规定。具体说来，高等学校的办学自主权包括以下内容。

1. 招生权

《高等教育法》第 32 条规定："高等学校根据社会需求、办学条件和国家核定的办学规模，制定招生方案，自主调节系科招生比例。"据此，高等学校可以根据招生年度的社会需求状况、本校的办学条件，包括师资、校舍、教育教学设施及其他生活设施的条件和水平，以及国家核定的办学规模，制订本校的招生方案，并自主调节系科的招生比例。国家举办的高等学校按照 1996 年国家教委颁布的《普通高等学校本、专科招生计划管理意见》核定普通高等学校招生规模办学条件标准的规定，在核定的办学规模内制订年度招生计划，根据本校情况和专业特点提出招生附加条件，自主决定系科招生比例，提出面向省级行政区域招生数，经国务院教育行政部门综合平衡后下达本专科招生来源计划。社会力量举办的高等学校根据《民办教育促进法》的有关规定，行使招生自主权。经国家批准招收研究生的高等学校和科学研究机构，在国家下达的年度招生规模数额内，自行确定招生面向的地域或行业系统，自主决定各专业的招生人数，提出招生附加条件。

2. 专业设置权

《高等教育法》第 33 条规定："高等学校依法自主设置和调整学科、专业。"根据 1998 年国家教委印发的《普通高等学校本科专业目录》和教育部 1999 年《普通高等学校本科专业设置规定》等规章和文件的规定，普通高等学校可以在《普通高等学校本科专业目录》所列十大门类所属的二级类范围内自主调整专业，学校主管部门核报教育部备案。国家重点普通高等学校还可以按学校的学科性质，在学校主管部门核定的本科专业数和相关学科门类内自主设置、调整其他专业。但高等学校调整不属于以上情况的专业以及其他设置、调整学科、专业的情况，还应当由学校主管部门审批并报国务院教育行政部门备案。

3. 教学权

《高等教育法》第34条规定："高等学校根据教学需要，自主制定教学计划，选编教材，组织实施教学活动。"高等学校享有教学自主权是根据高等教育的特点和高等学校教师工作的专业性、创造性而规定的。《高等教育法》赋予高等学校的教学自主权包括以下方面。

（1）教学计划制订权

高等学校的教学计划是按照高等学校培养目标而制订的体现课程体系结构的教学文件，内容包括专业培养目标、学习年限和学年编制、课程设置及其主要教学形式和学时（学分）分配、教学活动、总学时（学分）数与每学期学时（学分）数以及周学时数等。

（2）选编教材权

为贯彻党和国家的教育方针，落实立德树人根本任务，深入推进中国特色社会主义理论体系进教材进课堂进头脑，强化政治意识、责任意识、阵地意识和底线意识，学校和任课教师应首选马克思主义理论研究和建设工程重点教材（以下简称"马工程教材"）。对于没有马工程教材的课程，应当优先选用国家级和省部级等立项建设、评定或推荐的优质教材，使用教材应经由本单位的教学委员会审议。

（3）组织实施教学活动权

高等学校可根据国家的教育方针、国务院教育行政部门确定的人才培养目标和基本规格，并从学科专业实际和社会需要出发，自主制订人才培养方案和具体教学计划，确定课程、课时和学分，编写教学大纲和教材，组织考试和开展其他教学活动。

4. 科研开发权

《高等教育法》第35条第1款规定："高等学校根据自身条件，自主开展科学研究、技术开发和社会服务。"科学研究和社会服务是随着高等教育的不断发展而逐渐形成的高等学校的两项职能，国家保障高等学校根据自身条件，自主开展科学研究、技术开发和社会服务。而且随着生产力的发展，科学技术越来越成为社会经济发展的动力，社会对高等学校的需要越来越迫切，两者的联系日益紧密，国家还鼓励高等学校同企事业组织、社会团体及其他社会组织在科学研究、技术开发和推广等方面进行多种形式的合作。高等学校应重视并积极开展基础研究和高新技术研究，要围绕经济建设中的重大科学技术问题，开展科技攻关，为改造传统产业、调整产业结构、培育国家经济发展新的生长点服务。开展哲学社会科学研究要以马克思列宁主义、毛泽东思想、邓小平理论、"三个代表"重要思想、科学发展观、习近平新时代中国特色社会主义思想为指导，紧密结合国民经济和社会发展的重大理论和实践问题，充分发挥高等学校"思想库""人才库"的优势，为各级政府部门决策和实践提供理论依据。要加强产学研结合，建立和完善高等学校之间、高等学校与科学研究机构以及企事业组织之间协作的运行机制，真正做到资源共享，优势互补，不断提高高等教育资源的使用效益和人才培养质量。

5. 对外交流与合作权

《教育法》第 67 条第 1 款规定："国家鼓励开展教育对外交流与合作。"《高等教育法》第 36 条规定："高等学校按照国家有关规定，自主开展与境外高等学校之间的科学技术文化交流与合作。"高等学校依法自主开展与境外高等学校之间的教育、科学技术和文化的交流与合作，包括缔结校际交流协议，互换人员（包括留学人员、讲学人员等）开展科研合作，举办学术研讨会，合作办学，参加国际学术组织及其学术活动、学术考察等。开展教育交流与合作，可以促进各国人民相互了解、相互学习、推进教育共同发展。自高等学校产生之始，高等教育的国际交往与合作就广泛进行，尤其是处在当今国际化的信息时代，任何国家的高等学校如果不积极开展对外交流与合作，都将导致退步和落后。同时，高等学校在开展对外交流与合作的过程中，应该遵守《教育法》的规定，坚持独立自主、平等互利、相互尊重的原则，不得违反中国法律，不得损害国家主权、安全和社会公共利益。

6. 校内人事权

根据《高等教育法》第 37 条规定，高等学校享有以下的校内人事权：高等学校可根据实际需要和精简、效能的原则，自主确定和调整学校的教学、科研组织机构及其管理体制；在国家规定的学校内设管理机构限额内，自主设置内部管理机构；在学校主管部门核定下达的人员编制定额内，自主确定人员配备和各类人员的构成比例，并可依据校内各方面承担的任务和工作性质，选择不同的用人制度和管理体制；依据教学、科研等任务需要和国家的有关规定，自主设置和调整专业技术职务岗位，进行专业技术职务聘任工作；在实行工资总额包干的前提下，自主确定校内分配办法和津贴标准。

7. 财产权

《高等教育法》第 38 条规定："高等学校对举办者提供的财产、国家财政性资助、受捐赠财产依法自主管理和使用。高等学校不得将用于教学和科学研究活动的财产挪作他用。"为了进一步规范高等学校财务行为，加强财务管理和监督，提高资金使用效益，促进高等教育事业健康发展，2012 年 12 月 19 日财政部、教育部发布了《高等学校财务制度》。根据该制度，高等学校财务管理工作的主要任务包括：一是合理编制学校预算，对预算执行过程进行控制和管理。高等学校应按照"量入为出，收支平衡，积极稳妥，统筹兼顾，保证重点，勤俭节约"的原则编制学校预算，将学校各项事业活动所发生的财务收支都应纳入预算管理的范围。二是建立健全学校财务制度，加强经济核算，实施绩效评价，提高资金使用效益。高等学校应当依照国家有关法律、法规和财务规章制度，结合学校实际情况，及时制定或修订校内各种财务规章制度，对学校经济活动的合法性、合理性进行监督。同时，学校还要科学配置各种经济资源，努力节约支出，加强经济核算，建立绩效考核和追踪问效制度，提高资金的使用效益。三是加强资产管理，真实完整地反映资产使用状况，合理配置和有效利用资产，防止资产流失。四是加强对学校经济活动的财务控制和监督，防范财务风险。高等学校应强化风险意识，建立完善防范财务风险的机制，加强对学校经济活动的财务控制和监督，防范财务风险。

8. 自主管理权

《高等教育法》第39条的规定，国家举办的高等学校实行中国共产党高等学校基层委员会领导下的校长负责制。2014年10月中共中央办公厅印发了《关于坚持和完善普通高等学校党委领导下的校长负责制的实施意见》，指出，党委领导下的校长负责制是中国共产党对国家举办的普通高等学校领导的根本制度，是高等学校坚持社会主义办学方向的重要保证，必须毫不动摇、长期坚持并不断完善。党委领导下的校长负责制是一个不可分割的有机整体，必须坚持党委的领导核心地位，保证校长依法行使职权，建立健全党委统一领导、党政分工合作、协调运行的工作机制。高等学校要依法切实落实党委和校长的具体职责与分工，相互支持，密切配合，建立高效的管理和运行机制。社会力量举办的高等学校要按照《民办教育促进法》的有关规定，建立学校内部的管理和运行机制。各类高等学校要加强民主管理和监督，逐步完善学校内部管理体制和运行机制，加快决策和管理科学化、民主化、法治化进程，保证高等学校高质量地发展。

除了以上所列的高等学校根据《高等教育法》的规定享有的8个方面的权利以外，根据《教育法》的相关条文，高等学校还享有以下权利：按照章程自主管理；对受教育者进行学籍管理，实施奖励或处分；对教师及其他职工实施奖励或者处分；拒绝任何组织和个人对教育教学活动的非法干涉等。

教育主管部门要尽快制定有关规定，加强分类指导，采取有力措施，依法落实高等学校的办学自主权，促进各类高等学校和其他高等教育机构建立自我发展、自我约束、面向社会依法自主办学的运行机制，保障高等教育事业的健康发展。

（二）高等学校的相关义务

权利与义务是对应的，《高等教育法》在全面规定高等学校的权利的同时，也对高等学校的义务作了原则性的规定。该法第31条规定："高等学校应当以培养人才为中心，开展教学、科学研究和社会服务，保证教育教学质量达到国家规定的标准。"第44条规定："高等学校应当建立本学校办学水平、教育质量的评价制度，及时公开相关信息，接受社会监督。"

根据《教育法》第30条的规定，高等学校还应履行下列义务：① 遵守法律、法规；② 贯彻国家的教育方针，执行国家教育教学标准，保证教育教学质量；③ 维护受教育者、教师及其他职工的合法权益；④ 以适当方式为受教育者及其监护人了解受教育者的学业成绩及其他有关情况提供便利；⑤ 遵照国家有关规定收取费用并公开收费项目；⑥ 依法接受监督。

【案例评析】

请扫描二维码并阅读案例，思考以下问题：

（1）南京大学与梁莹终止"长江学者奖励计划"青年学者聘任合同属于何种性质？

（2）南京大学为何要报请上级有关部门撤销梁莹的教师资格，而不是直接撤销？

（3）梁莹是否应该承担其他法律责任？

【案例简介】南京大学教师梁莹学术不端事件

评析：

关于第一个问题，高等学校与高校教师的关系是一种双重关系，既包含一种内部管理关系，又包含一种平等主体的民事（劳动）关系。故就本案而言，南京大学终止与梁莹"长江学者奖励计划"青年学者聘任合同的行为属于平等主体的用人单位依法行使解除合同的行为。

关于第二个问题，根据《教师资格条例》第19条规定："有下列情形之一的，由县级以上人民政府教育行政部门撤销其教师资格：（一）弄虚作假、骗取教师资格的；（二）品行不良、侮辱学生，影响恶劣的。"对于按照因上述情形撤销教师资格者，由所在单位提出撤销教师资格的建议，由相应的教师资格认定机构依法撤销其教师资格。由于高等学校教师资格是由省级教育行政部门认定的，因此，梁莹的高等学校教师资格应由南京大学报请省级教育行政部门依法撤销。

关于第三个问题，梁莹的行为是一种学术欺诈行为，就学术欺诈行为的本质属性而言，完全有法可依。首先，造假骗取经费、奖金，情节严重的，可能构成诈骗罪；其次，大学教授属国家公职人员，将政府经费据为己有，则可能构成职务侵占罪。但是，由于我国尚未对学术欺诈作出司法解释，且无判例可循，眼下要追究梁莹的刑事法律责任恐怕不太可能。

【实践·反思·探究】

1. 如何理解我国高校必须坚持社会主义办学方向？

2. 你认为如何进一步落实和扩大高校办学自主权？

3. 如何理解高等学校与政府的法律关系？

【推荐阅读】

1. 中共中央文献研究室编.习近平关于社会主义社会建设论述摘编［M］.北京：中央文献出版社，2017.

2. 袁文峰.我国公立高校办学自主权与国家监督［M］.北京：中国政法大学出版社，2015.

3. 于文明.中国公立高校多元利益主体生成与协调研究：构建现代大学制度的新视角［M］.北京：高等教育出版社，2007.

第四章 高校教师的资格、职务和聘任

【知 识 导 图】

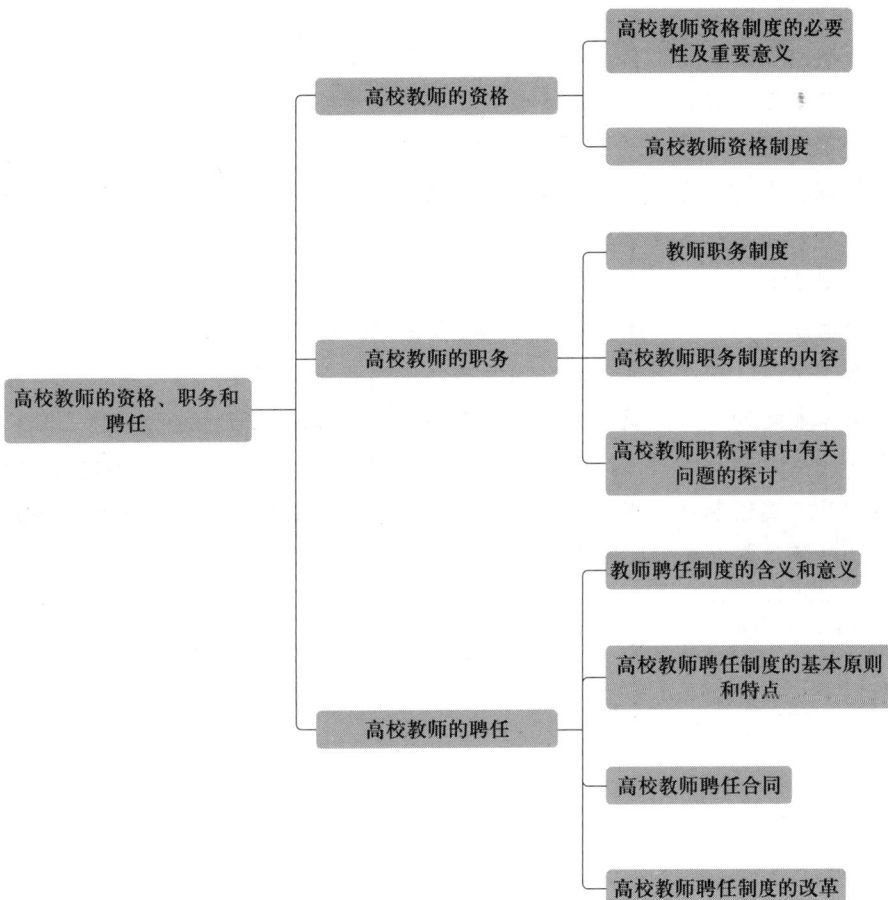

百年大计，教育为本；教育大计，教师为本。教育的发展离不开教师，有好的教师，才有好的教育。随着教育优先发展战略地位的确立，教师开始成为全社会最受尊重和令人羡慕的职业之一。如何建设一支师德高尚、业务精湛、结构合理、充满活力的高素质专业化创新型教师队伍，是摆在我们面前的一个十分重要的问题。从国家层面看，建设一支高素质专业化创新型的教师队伍主要通过制度建设来实现。

　　制度建设具有根本性、全局性、稳定性和长期性。为了贯彻国家教育方针，提高教育质量，规范教育管理，国家建立了国家教师制度。所谓国家教师制度是指国家制定的关于规范教师队伍管理的全部法律法规等制度的总称。国家教师制度通常由教师资格制度、职务（职称）制度、聘任制度、培养培训制度、考核制度、奖惩制度、申诉制度等组成。本章主要围绕高校教师介绍教师资格制度、教师职务制度和教师聘任制度。

第一节 高校教师的资格

教师资格是教师队伍建设的首要问题，同时也是教师队伍建设的一个重要问题。20世纪80年代初，教师学历不达标现象严重，教师质量总体偏低。1986年，《义务教育法》第一次以法律的形式提出要建立教师资格制度。1993年，《教师法》首次以法律形式确定了教师资格制度作为我国教师职业许可制度。1995年，《教育法》以教育基本法的形式对教师资格制度进行了确认。1995年12月，国务院正式颁布了《教师资格条例》，国家教委下发《教师资格认定的过渡办法》。至1997年年底，全国基本完成了1993年12月31日以后在各级各类学校从事教育教学工作人员的教师资格过渡认定工作。1998年，教育部在上海、江苏、湖北、广西、四川、云南6个省、自治区、直辖市的部分城市和区域进行了教师资格认定试点工作。2000年9月，教育部颁发《〈教师资格条例〉实施办法》，正式启动全面实施教师资格认定工作。2001年，教师资格认定工作的全面实施进入实际操作阶段。至此，我国基本建立了完整的教师资格制度体系。2019年3月，教育部颁发《关于取消一批证明事项的通知》，取消了《〈教师资格条例〉实施办法》规定的教师资格申请中部分不合理的材料要求。

一、高校教师资格制度的必要性及重要意义

国运兴衰，系于教育；教育成败，系于教师。教师的素质直接影响着学生的素质，从而关系到全民族的整体素质、创新精神和创新能力。教师资格制度必不可少，其建立和实施对于依法管理教师队伍、促进教师专业化发展、保证教师质量等方面具有极其重要的意义。

（一）建立高校教师资格制度的必要性

1. 高校教师的资格是由高校教师职业本身的特殊性决定的

《教师法》第3条规定："教师是履行教育教学职责的专业人员，承担教书育人，培养社会主义事业建设者和接班人、提高民族素质的使命。"教师作为人类文明的传承者、人类光明的传播者，其职业的特殊性具体表现在以下方面。

（1）教师自身的特殊性

教师是专门从事教育教学的职业，并不是每一个具有一定知识的人都能够胜任教师这个职业。教师除了需要具有一定的文化知识外，还应该掌握教育学、心理学以及教学方法的知识和技能。教师除了通过"言传"教育培养学生外，更重要的是通过"身教"的方式

影响学生，培养学生积极健康的世界观、人生观、价值观、意志品质等。"师也者，教之以事而喻诸德者也"，教师不仅要授以学生谋事之才，更要传以学生立世之德。学高为师，身正为范，只有德才兼备者才能胜任教师职业。

（2）教育对象的特殊性

教师工作的劳动对象是人不是物，是一个个人格独立，具有能动作用，有着不同生活背景、人生阅历和不同需求的人，因而对他们的教育是一件十分复杂而艰辛的工作。而且，学生的思想和知识的内化与外化需要一个过程，在这个过程中，有时还会出现暂时的倒退，所以作为教师要反复教、教反复，要诲人不倦、持之以恒。著名教育家陶行知曾说："千教万教，教人求真；千学万学，学做真人。"这句话既表明了教育的终极目标，也说明了教育过程的艰辛曲折，教育不是一蹴而就的，也不是一劳永逸的。

（3）教师工作方式的特殊性

"师者，所以传道授业解惑也"，这是对教师职业责任的精要概括，也是每位教师应该铭记于心、践意于行的座右铭。传道就是要传学生立世之德，授业就是要授学生谋事之才，解惑就是要解学生心智之惑；传道、授业、解惑三者的结合就是育人。育人是一个综合的传授过程，德和才本身也是一个不可分割的整体，所谓"才者，德之资也；德者，才之帅也"，正是这个道理。教师是学生成长的引路人、航标灯，是人类文明的传承者，是民族精神的弘扬者和新知识的创造者。教师职业是塑造人的灵魂的职业，而人的灵魂的塑造是一件十分复杂的工作。教育并不是机器生产产品，教师需要针对不同性格、不同基础、不同需要的学生进行教育教学，并且这种教育教学只有通过学生自己内心的转化，才能够达到一定的效果，教师职业是世界上最为复杂、最为特殊的职业。

（4）教师成果的特殊性

教师教育的对象是学生，学校中培养学生的情感、态度和价值观这些隐性特质是无法用任何手段来测量的，它需要学生毕业后，在社会工作中体现出来，因而对学校教育的评价以及对教师的评价，就不能仅以可见的分数来衡量。

综上所述，教师的职责是教书育人，只有直接从事教书育人工作的人才具备了教师最基本的条件。教师是专业人员，即教师必须具备专门的资格，符合特定的要求，如学历、专业知识、身心素质等有关规定。正是教师职业的特殊性，决定了社会对教师的期望和要求是很高的，因而要胜任教师职业就必须具备一定的资格条件。

2. 高校教师的资格是由高等教育本身的重要性决定的

首先，这是由高等教育在国民教育中的重要地位决定的。高等教育居于我国国民教育体系的最高层次，其任务是培养具有社会责任感、创新精神和实践能力的高级专门人才，发展科学技术文化，促进社会主义现代化建设。从根本上说，一个国家科学文化水平的提升，一个国家国民经济的发达、社会的进步，在很大程度上取决于高等教育所培养的人才数量和质量。而培养高素质的、具有创新精神和创新能力的人才离不开高素质的高校教师。

其次，这是由高等教育的教育对象的特殊性决定的。高等教育的教育对象大多是二十岁左右的大学生，他们在生理和心理上具有与中小学生不同的特征。他们接受过基础教育，有一定的知识积累和人生阅历，但还不成熟、不稳定，具有较强的可塑性。接受高等教育的大学生未来将在我国经济、政治、文化等各个领域发挥骨干作用，他们成才与否直接关系到社会主义事业的发展和中华民族的伟大复兴。

最后，这是由我国高等教育的现状决定的。近些年来，我国高等教育的入学率有了明显提高，普通高校毕业生人数也随之大幅增加。但我国高等教育还不能适应时代发展和全面建设社会主义现代化国家的需要，不能满足人民群众对高等教育的需求。

高等教育地位、任务、对象等的特殊性，对从事高等教育的教师提出了特殊的要求。因此，为了贯彻国家教育方针、完成高等教育任务，必须对从事高等教育的教师实行资格许可准入制度。

（二）高校教师资格制度的重要意义

1. 高校教师资格制度有助于优化教师队伍

实施教师资格制度是教师职业走向专业化的重要步骤，有利于体现教师职业特点，使教师地位和队伍素质形成良性循环。梅贻琦说："大学之大，非谓有大楼之谓也，乃谓有大师之谓也。"高校教师良好的社会声誉、较高的社会地位和待遇，有利于吸引更多的有志之士从事高等教育事业。但高等教育的使命、任务和地位决定了高校教师职业的特殊性，因而只有严格实施教师资格制度，才能真正选拔出适合从事高等教育的专门人才，进一步优化教师队伍，建设一流高等教育。

实施高校教师资格制度，一方面，有利于把住"入口关"，避免不合格人员加入教师队伍，提高教师队伍整体素质；可以促进现有高校教师队伍中未达到资格规定标准的教师，努力提高自己的文化知识水平和教育教学能力，从而更好地贯彻国家教育方针，完成教育教学任务，提高教育教学质量。另一方面，实施教师资格制度是多渠道培养和聘任教师的重要环节和制度保障，有利于推动教育人事制度改革，促进高校教师队伍的规范化、法治化发展，建立公正、平等、竞争、择优的教师合格人才选拔机制，以吸引更多优秀人才从教，为教育系统以外的人员从事高等教育事业开辟了一条通道。

2. 高校教师资格制度有利于提高高校教师的社会地位

与中小学教师相比，高校教师的社会地位是较高的。一方面，人们把高校看作专业人才的"成品车间"，把高校的学术水平看作一个国家文化发展的标志，对高校教师寄予了极大的期望。另一方面，高校学科的专业性客观上要求教师具有更精深广博的知识，因而人们对高校教师更为敬重，对高校教师的工作也给予了较高的评价。高校教师自身由于感受到社会的肯定和厚望，往往会不顾生活的清苦、任务的繁重而努力工作。高校教师是国家的宝贵财富，是社会主义现代化建设大军的一支骨干力量，是社会主义教育大军的中坚力量之一，是人类科学技术、文化艺术宝贵遗产的继承者、传播者，是新知识、新文化的创造者，是教育目标的组织实施者，是专门人才的培养者。高校教师肩负着党和人民的委托，肩负着培养专门人才，发展科技文化和开展社会服务等职责，对社会主义物质文明和精神文明的建设起着重要作用，对社会进步、民族振兴和现代化进程有着至关重要的影响。

随着改革开放的发展，我国教师的社会地位也有了明显提高，经济待遇也得到很大程度的改善，教师正在成为越来越具有吸引力的职业。通过实施高校教师资格制度，有助于促使各级政府进一步落实与教师地位相当的待遇，同时有利于体现高校教师的职业特点，为高校教师走上职业化、科学化、规范化、法治化的轨道奠定坚实的基础。

二、高校教师资格制度

（一）教师资格制度的内容

1995 年 12 月，国务院颁布《教师资格条例》，2000 年 9 月，教育颁布《〈教师资格条例〉实施办法》，这是指导我国教师资格制度的规范性法律文件。要把握高校教师资格制度的具体实施，首先必须了解上述两个法律文件的有关内容。

1. 教师资格制度的指导思想和原则

全面实施教师资格制度工作的指导思想是：要认真贯彻《教师法》精神，坚持依法治教、依法管理，促进教师管理走上法制化轨道，严格把住教师队伍入口关，形成高质量的教师队伍；形成多渠道的培养体系，拓展吸引优秀人才从事教育教学工作的途径；促进教师队伍整体素质的提高，为全面实施素质教育提供法律保障，创造师资条件。教师资格制度的实施必须做到"有法必依、执法必严、违法必究"。要依法设立教师资格认定机构，规范教师资格认定机构行为；严格掌握教师资格认定人员的范围和教师资格认定条件，杜绝擅自修改教师资格认定条件、扩大或缩小教师资格认定人员范围的现象；严格遵循教师资格认定程序。各级教师资格认定机构要认真做好教师资格认定专家审查委员会的组织工作，对专家审查委员会加强指导和监督。各地在确保全国实施教师资格制度工作总体进程的前提下，要从本地实际出发，因地制宜，制定本地全面实施教师资格制度的工作计划和实施细则。要将实施教师资格制度与理顺教育管理体制、实行教师聘任制度和深化人事制度改革结合起来，统筹考虑，重点推进。

2. 教师资格的法律依据和性质

教师资格制度是国家实行的一种法定的职业许可制度。教师资格制度的法律法规、政策依据是《教师法》《教师资格条例》《〈教师资格条例〉实施办法》。

教师资格是中国公民获得教师职位的前提条件，是国家对专门从事教育教学工作人员的基本要求。但取得了教师资格，并不等于就是教师。教师资格只是对申请人员教育教学能力和水平、任职资格的认定，是从事教师工作的必要条件，但并非充分必要条件。具有教师资格是受聘教师职务的一个必备前提，并不意味着一定被聘任做教师工作，更不能认为已经成为教师。只有依照法定聘任程序被学校或者其他教育机构正式聘任，才能成为教师。教师资格一经取得，非依法律规定不得丧失和撤销。

3. 取得教师资格的条件

《教师法》第 10 条明确规定了教师资格条件："中国公民凡遵守宪法和法律，热爱教育事业，具有良好的思想品德，具备本法规定的学历或者经国家教师资格考试合格，有教育教学能力，经认定合格的，可以取得教师资格。"教师的任教资格是国家对拟进入教师群体的、准备从事教育教学工作人员的基本条件，也是最低任教标准。具体来讲，要取得教师资格有四项条件必不可少。

（1）必须具有中国公民身份

这是成为我国高校教师的前提条件。只要是中国公民，并具备了法律规定的相应条件，就可取得高校教师资格。符合条件的外国公民虽然可以在我国高校任教，但并不意味着他们取得了中国高校教师资格。关于聘请外国专家和外籍教师来华任教，2020 年 7 月，教育部会同科技部、公安部、外交部制定了《外籍教师聘任和管理办法（征求意见稿）》，面向社会公开征求意见。其中规定："外籍人员具备取得来华工作许可和工作类居留证件所需要的条件，具备本办法规定的教育教学专业资质，可以由教育机构聘任为外籍教师。""外籍人员从事外籍教师工作的，应当办理外国人来华工作许可、Z 字签证和工作类居留证件，获得批准并按规定进行外籍教师备案后，方可开展教学活动。"

（2）思想品德条件

想要从事教师职业的公民必须热爱教育事业、具有良好的思想品德。较高的政治思想水平与良好的道德品质修养是成为教师的一个重要条件。在新时代背景下，教师肩负着教书育人的神圣使命。教师的思想对学生具有潜移默化的影响。孔子曰："其身正，不令而行；其身不正，虽令不从。"教师高尚的思想品德对学生的影响超过任何规章制度和口头宣传教育的作用，而且这种高尚的思想品德会广泛深刻地、持久地保持着影响力。这种良好的思想品德在教师身上表现为：坚定理想信念，热爱教育事业，贯彻教育方针，忠于职守，热爱学生，努力钻研业务，坚持做人、做事、做学问的有机统一等。

（3）学历条件

学历是衡量受教育程度、知识水平的基本条件，因此，教师资格规定把学历作为教师资格的条件。《教师法》第 11 条明确规定了各类教师的学历，这对于明确各级各类教师的标准，提高教师队伍的素质有着重要意义。取得教师资格应当具备的相应学历是：① 取得幼儿园教师资格，应当具备幼儿师范学校毕业及其以上学历。② 取得小学教师资格，应当具备中等师范学校毕业及其以上学历。③ 取得初级中学教师、初级职业学校文化、专业课教师资格，应当具备高等师范专科学校或者其他大学专科毕业及其以上学历。④ 取得高级中学教师资格和中等专业学校、技工学校、职业高中文化课、专业课教师资格，应当具备高等师范院校本科或者其他大学本科毕业及其以上学历；取得中等专业学校、技工学校和职业高中学生实习指导教师应当具备的学历，由国务院教育行政部门规定。⑤ 取得高等学校教师资格，应当具备研究生或者大学本科毕业学历。⑥ 取得成人教育教师资格，应当按照成人教育的层次、类别，分别具备高等、中等学校毕业及其以上学历。不具备该法规定的教师资格学历的公民，申请获取教师资格，必须通过国家教师资格考试。国家教师资格考试制度由国务院规定。

（4）教育教学能力条件

从教育教学的角度来看，作为一名教师，除了具有相应的学历，还应具有教育教学能力。具体来讲，包括身体条件，选择教育教学内容和方法、设计教学方案、掌握运用教育学心理学知识的能力，语言表达能力，书写能力，心理承受能力，人际交往能力，管理学生的能力，运用现代教育技术的能力以及为提高教育教学水平而进行研究活动的能力，等等。对此，《〈教师资格条例〉实施办法》第 8 条规定：申请认定教师资格者的教育教学能力应当符合下列要求：① 具备承担教育教学工作所必需的基本素质和能力。具体测试办法和标准由省级教育行政部门制定。② 普通话水平应当达到国家语言文字工作委员会颁布的《普通话水平测试等级标准》二级乙等以上标准。少数方言复杂地区的普通话水平应当达到三级甲等以上标准；使用汉语和当地民族语言教学的少数民族自治地区的普通话水平，由省级人民政府教育行政部门规定标准。③ 具有良好的身体素质和心理素质，无传染性疾病，无精神病史，适应教育教学工作的需要，在教师资格认定机构指定的县级以上医院体检合格。该办法第 9 条规定：高等学校拟聘任副教授以上教师职务或具有博士学位者申请认定高等学校教师资格，只需具备该办法第六条、第七条、第八条（三）规定的条件。

4. 教师资格的认定机构

依法受理教师资格认定申请的县级以上地方人民政府教育行政部门，为教师资格认定机构。根据《教师法》《教师资格条例》《〈教师资格条例〉实施办法》等规定：幼儿园、小学和初级中学教师资格，由申请人户籍所在地或者申请人任教学校所在地的县级人民政府教育行政部门认定。高级中学教师资格，由申请人户籍所在地或者申请人任教学校所在地的县级人民政府教育行政部门审查后，报上一级教育行政部门认定。中等职业学校教师资格和中等职业学校实习指导教师资格，由申请人户籍所在地或者申请人任教学校所在地的县级人民政府教育行政部门审查后，报上一级教育行政部门认定或者组织有关部门认定。受国务院教育行政部门或者省、自治区、直辖市人民政府教育行政部门委托的高等学校，负责认定在本校任职的人员和拟聘人员的高等学校教师资格。在未受国务院教育行政部门或者省、自治区、直辖市人民政府教育行政部门委托的高等学校任职的人员和拟聘人员的高等学校教师资格，按照学校行政隶属关系，由国务院教育行政部门认定或者由学校所在地的省、自治区、直辖市人民政府教育行政部门认定。

5. 取得教师资格的程序

根据《教师资格条例》《〈教师资格条例〉实施办法》等规定，取得教师资格的程序如下。

① 认定教师资格，应当由本人提出申请。教育行政部门和受委托的高等学校每年春季、秋季各受理一次教师资格认定申请。具体受理期限由教育行政部门或者受委托的高等学校规定，并以适当形式公布。申请人应当在规定的受理期限内提出申请。

② 申请认定教师资格，应当提交教师资格认定申请表和下列证明或者材料：一是身份证明；二是学历证书或者教师资格考试合格证明；三是教育行政部门或者受委托的高等学校指定的医院出具的体格检查证明；四是户籍所在地的街道办事处、乡人民政府或者工作单位、所毕业的学校对其思想品德、有无犯罪记录等方面情况的鉴定及证明材料。申请人提交的证明或者材料不全的，教育行政部门或者受委托的高等学校应当及时通知申请人于受理期限终止前补齐。教师资格认定申请表由国务院教育行政部门统一格式。

③ 教育行政部门或者受委托的高等学校在接到公民的教师资格认定申请后，应当对申请人的条件进行审查；对符合认定条件的，应当在受理期限终止之日起30日内颁发相应的教师资格证书；对不符合认定条件的，应当在受理期限终止之日起30日内将认定结论通知本人。

④ 各级各类学校师范教育类专业毕业生可以持毕业证书向任教学校所在地或户籍所在地教师资格认定机构申请直接认定相应的教师资格。非师范院校毕业或者教师资格考试合格的公民申请认定幼儿园、小学或者其他教师资格的，应当进行面试和试讲，考察其教育教学能力；根据实际情况和需要，教育行政部门或者受委托的高等学校可以要求申请人补修教育学、心理学等课程。

已取得教师资格的公民拟取得更高等级学校或者其他教育机构教师资格的，应当通过相应的教师资格考试或者取得教师法规定的相应学历，经认定合格后，由教育行政部门或者受委托的高等学校颁发相应的教师资格证书。

6. 教师资格的禁止取得和丧失

教师职业的特点决定了对教师的思想品德、道德修养应有严格的要求。《教师法》第14条对不能取得教师资格的情况做了明确的规定：受到剥夺政治权利或者故意犯罪受到有期徒刑以上刑事处罚的，不能取得教师资格；已经取得教师资格的，丧失教师资格。

根据《教师法》第14条、《教师资格条例》第19条规定，有下列情形之一的，由县级以上人民政府教育行政部门撤销其教师资格：① 弄虚作假、骗取教师资格的；② 品行不良、侮辱学生，影响恶劣的。丧失或撤销教师资格者，其工作单位或户籍所在地的县级以上教育行政部门应按照教师资格认定权限会同原发证机关办理撤销、注销教师手续，通过当事人收缴其证书，并将教师资格注销或撤销决定存入当事人档案，在教师资格管理信息系统中做相应的记录。

7. 其他规定

① 因学校调整、合并等原因，需要具备其他类教师资格的人员，应依照法定程序及时申请认定与其新的教学岗位相应的教学资格。

② 关于委托部分高等学校认定高等学校教师资格问题。按照属地化原则，省级教育行政部门可委托本行政区域内经教育行政部门批准实施本科学历教育的普通高等学校，负责议定本校拟聘人员的高等学校教师资格。接受委托的高等学校拟议定教师资格人员应经省级教育行政部门核准。

③ 加强对教师资格认定证书的管理。教师资格证书是教师资格的主要体现形式，是持证人具有教师资格的法定凭证，由教育部统一印制。《教师资格认定申请表》由教育部监制、省级教育行政部门印制。教师资格确认后，教师资格认定申请表在当事人人事档案保存，教师资格认定机构同时留存。各级教育行政部门根据《教师资格证书管理规定》对教师资格证书进行管理。

④ 关于收费问题。面向社会认定教师资格向申请人收取严格成本核算的教师资格认定费用已由财政部、国家发改委员会批准立项。各级收费标准由省级教育行政部门报请财政部门、物价部门批准。对师范教育类专业毕业生、学校在编正式任教人员和离退休教师除收取证书工本费外，一律不得收取认定费用。县级以上教育行政部门应保证安排教师资格认定工作专项经费，确保教师资格认定工作的顺利进行。

8. 特殊规定

从教育发展的实际出发，《教师资格条例》制定了一些特殊条款，以利于高校学术骨干队伍的建设，吸引师范院校毕业生以及一些优秀的应届非师范教育类毕业生但愿意从事教师职业的年轻人。如《〈教师资格条例〉实施办法》第 9 条规定，高等学校拟聘任教授、副教授职务或者有博士学位的人员申请认定高等学校教师资格，其教育教学基本素质和能力考察以及普通话水平测试可不作规定。

9. 教师资格制度的修订完善

我国的《教师法》和《教师资格条例》分别是 1993 年 10 月和 1995 年 12 月颁布的，尽管全国人大常委会于 2009 年 8 月对《教师法》做过修改，但《教师法》和《教师资格条例》的一些规定仍不完全符合教育发展和教师队伍建设的要求。目前我国的教育水平和教师队伍的整体情况与《教师法》和《教师资格条例》出台时相比发生了翻天覆地的变化，教师培养从封闭走向开放，师范与非师范的界限正在淡化。因此，对教师的需求标准应及时调整，对《教师资格条例》进行修改非常必要，主要包括下面几个问题。

（1）关于教师资格有效期的问题

从国际惯例和教师队伍建设的现实需要考虑，应对教师资格的有效期作出年限规定，几年后重新认定教师资格。我国《教师法》和《教师资格条例》等没有对此作出规定，解释和理解为终身有效，而终身有效不利于教师队伍的建设。

（2）关于教师学历标准问题

《教师法》《教师资格条例》规定小学、初中、高中和大学教师的合格学历分别是中师、大专、本科。这样规定有当时的背景，也充分考虑了大多数地区的一般情况。但是随着社会经济发展，教育水平的提高，原来规定的学历标准对教育发达地区来说明显偏低。

（3）关于教师资格考试问题

《教师法》第11条规定："不具备本法规定的教师资格学历的公民，申请获取教师资格，必须通过国家教师资格考试。"这一规定有当时的立法背景，鉴于目前教师队伍较为稳定，教师职业也具有较大的吸引力，鉴于学历教育发展超出原来的预想，在学历合格人员中已有足够的选择余地，所以不需要举行对于不具有合格学历人员的教师资格考试。

此外，对教师资格的融通性、教师资格的定期审定、教师资格考试和教师资格认定收费、教师资格类别的设置、教师资格认定程序等都需要进行研究和修改。对上述问题，可建议提请全国人大常委会和国务院分别修改《教师法》及《教师资格条例》。在法律法规修改之前，教师资格制度的实施仍然按照现行规定执行。

（二）高校教师资格制度内容

《高等教育法》第46条规定，高等学校实行教师资格制度。根据该条的规定，高等学校教师的任职条件包括以下三方面：① 遵守宪法和法律，热爱教育事业，具有良好的思想品德；② 具备研究生或者大学本科毕业学历；③ 具有相应的教育教学能力。

具备以上条件的中国公民，经过有关部门认定合格，即可取得高等学校教师资格。对于不具备国家规定学历，即不具备研究生或者大学本科毕业学历的公民，《高等教育法》第46条规定，如果"学有所长，通过国家教师资格考试，经认定合格，也可以取得高等学校教师资格"。

根据国务院1995年颁布的《教师资格条例》，高等学校教师资格考试根据需要举行。考试科目、标准和考试大纲由国务院教育行政部门审定，由国务院教育行政部门或者省、自治区、直辖市人民政府教育行政部门委托的高等学校组织实施。申请参加高等学校教师资格考试的，应当学有所长，并由两名相关专业的教授或者副教授推荐。通过国家教师资格考试，以同样程序经有关部门认定，也可以取得高等学校教师资格。

第二节 高校教师的职务

高校教师只有具备一定的任职条件，才能受聘担任相应的教师职务。建立科学合理的评价体制，考评高校教师德才绩效，有利于建立起具有竞争和激励机制的教师任用制度。

一　教师职务制度

（一）教师职务制度的发展

我国教师职务（职称）制度与聘任制度大致经历了四个发展阶段。

1. 初建阶段（1949—1966）

对中华人民共和国成立前的教师专业技术职务及称号基本上予以认可，主要实行职务任命制。1958年以后，通过学习苏联经验，初步建立了教师职务制度。1960年2月，国务院颁发了《关于高等学校教师职务名称及其确定与提升办法的暂行规定》。

2. 恢复、重建阶段（1977—1983）

即恢复和重建职称制度。1977年9月，邓小平同志提出"大专院校也应恢复教授、讲师、助教等职称"。1978年3月，中共中央、国务院决定恢复这项工作。这是我国加强高校师资队伍建设、发展我国高教事业的重要决策。根据"坚持标准，保证质量，全面考核，择优提升"的方针，至1982年，全国有139 462名教师确定与提升了讲师以上职称。

3. 改革、发展阶段（1985—1991）

1985年年底，中央职称改革工作领导小组在总结经验、教训的基础上，提出简单地恢复职称评定工作不能适应新形势的需要，职称改革的方向是实行专业技术职务聘任制度。1986年1月，中共中央、国务院批转了国家教委《关于改革职称评定、实行专业技术职务聘任制度的报告》；同年3月，中央职称改革工作领导小组发布了《高等学校教师职务试行条例》。之后，国务院及教育行政部门发布了一系列相关职务条例、办法，全国开始实行专业技术职务聘任制度。

4. 整体推进和重点突破相结合阶段（1992年至今）

随着社会主义市场经济体制的建立和《教育法》《教师法》等一系列教育法律、法规的颁布，教师聘任制度不断丰富、完善。1999年颁布的《中共中央国务院关于深化教育改革全面推进素质教育的决定》进一步提出了完善教师职务聘任制的新要求，指出要建立优化教师队伍的有效机制，使我国的教师职务聘任制度更加科学化、规范化和法制化。2018年1月，中共中央、国务院制定了《关于全面深化新时代教师队伍建设改革的意见》，指出要"推动高等学校教师职称制度改革，将评审权直接下放至高等学校，由高等学校自主组织职称评审、自主评价、按岗聘任。"2020年12月，人力资源和社会保障部、教育部为落实中共中央、国务院的改革意见，制定了《关于深化高等学校教师职称制度改革的指导意见》，指出要深入贯彻高等教育领域"放管服"改革精神，加快转变政府职能，落实高校职称评审自主权，围绕健全制度体系、完善评价标准、创新评价机制，形成以人才培养为核心，以品德、能力和业绩为导向，评价科学、规范有序、竞争择优的高校教师职称制度。

（二）教师职务制度的含义

我国《教育法》和《教师法》都规定："国家实行教师职务制度。"所谓教师职务制度是指国家有关部门对学校教师岗位设置、各岗位任职的条件和获得该岗位职务的程序等方面规定的总称。

职务是指一定工作岗位的名称和应该负担的任务。教师职务是根据学校教育教学、科研等实际工作需要设置的有明确的任职条件和任期，并需要具备专门的业务知识和相应的学术水平才能担负的专业技术工作岗位。教师职务大致具有以下属性：① 与工资待遇挂钩；② 有数量限制；③ 有任期；④ 有明确的职责，与工作岗位紧密联系，依附岗位而存在；⑤ 有明确的任职条件，相同的职务，因具体岗位不同，其任职条件可以有所不同；⑥ 离退休教师不能参加职务评聘，教师退休后其职务自然解聘；⑦ 教师能否被聘相应教师职务，首先取决于岗位需要，其次才取决于自身具备的条件。考核教师是否具备任职条件，不仅要考察教师的学术水平、工作能力和工作实绩，而且还要考察教师的思想政治表现、职业道德、发展潜力、身体状况、年龄因素等方面的情况，看教师能否履行相应的职务职责。

（三）教师职务制度的内容

1. 关于教师职务的规定

按照国家有关规定，我国教师职务主要包括高等学校教师职务系列，中等专业学校教师职务系列，中学教师职务系列，普通中小学及幼儿园教师职务系列，技工学校文化、技术理论课教师职务系列、生产实习课教师职务系列等。每个系列又分若干职务。高等学校教师职务系列设助教、讲师、副教授、教授；中等专业学校教师职务系列设教员、助教、讲师、高级讲师；普通中小学及幼儿园教师职务系列设有三级教师、二级教师、一级教师、高级教师；技工学校文化、技术理论课教师职务系列设教员、助理讲师、讲师、高级讲师；生产实习课教师职务系列设三级、二级、一级、高级实习指导教师。

2. 关于教师任职条件的规定

教师必须具备一定的任职条件，才能受聘担任相应的教师职务，从现行各教师职务试行条例任职条件规定来看，一般包括以下几个方面：① 具备各级各类学校相应的教师资格；② 遵守宪法和法律，具备相应的教育教学水平、学术水平，具有良好的思想政治素质和职业道德素质，为人师表，教书育人；③ 具备相应的教育科学理论的基础知识，能全面地、熟练地履行职务的职责；④ 在做好本职工作的前提下，结合工作需要，通过进修学习，不断提高自身的教育教学和学术研究水平；⑤ 具备学历、学位要求；⑥ 身体健康，能正常工作。

3. 关于教师职务的评审规定

各级各类教师职务的获得一般由同行专家组成的教师职务评审组，根据现行各教师职务试行条例规定的任职条件来评定。其评审程序、权限、评审组的组成办法等，分别由各教师职务试行条例作出明确的规定。

二、高校教师职务制度的内容

《高等教育法》第47条第1款规定，高等学校实行教师职务制度。高等学校教师职务设四级：助教、讲师、副教授、教授。这是根据学校所承担的教学、科学研究等任务的需要设置的。

（一）高等学校教师职务的基本任职条件

根据《高等教育法》第47条第2款的规定，高等学校教师职务的基本任职条件包括如下4个方面。

① 取得高等学校教师资格，这是最基本的任职条件。

② 系统地掌握本学科的基础理论，这是对教师知识基础、理论水平的要求。

③ 具备相应职务的教育教学能力和科学研究能力，这是对教师能力，包括教学和科研两方面能力的要求。职务级别越高，对其能力的要求也就越高。

④ 承担相应职务的课程和规定课时的教学任务，这是对教师教学方面职责的要求，教师职务不同，教学任务的职责也不同。例如，助教在教学方面主要是承担课程的辅导、答疑、批改作业、辅导课、实验课、实习课、组织课堂讨论等工作；而讲师要系统担任一门或一门以上课程的讲授工作；副教授和教授则需担任一门主干基础课或者两门以上课程的讲授工作。

由于教授和副教授是高等学校教学、科研工作的主要指导者和带头人，他们的教学、科研水平影响着一门学科、一个学院或系所甚至一所学校的教育质量和声望，因此国家对他们的任职条件提出了较高的要求。《高等教育法》第47条第3款规定："教授、副教授除应当具备以上基本任职条件外，还应当对本学科具有系统而坚实的基础理论和比较丰富的教学、科学研究经验，教学成绩显著，论文或者著作达到较高水平或有突出的教学、科学研究成果。"

（二）高等学校教师评价标准

2020年12月，人力资源和社会保障部、教育部出台《关于深化高等学校教师职称制度改革的指导意见》，规定了《高等学校教师职称评价基本标准》，同时明确各高校制定的教师评价标准不得低于国家规定的基本标准。基本标准内容如下。

（1）遵守国家宪法和法律，贯彻党的教育方针，自觉践行社会主义核心价值观，具有良好的思想政治素质和师德师风修养，以德立身，以德立学，以德施教，爱岗敬业，为人师表，教书育人。坚持教书与育人相统一、言传与身教相统一、潜心问道与关注社会相统

一、学术自由与学术规范相统一。

（2）具备教师岗位相应的专业知识和教育教学能力，承担教育教学任务并达到考核要求，按要求履行教师岗位职责和义务。

（3）身心健康，心理素质良好，能全面履行岗位职责。

（4）高等学校教师任现职以来，申报各层级职称，除满足上述基本条件外，还应分别具备以下条件。

第一，助教应具备的条件如下：① 掌握基本的教学理念和教学方法，教学态度端正。协助讲授课程部分内容。将思想政治教育融入教学，在学生培养工作中做出积极贡献。② 具有一定的本专业知识。③ 具备硕士学位；或具备大学本科学历或学士学位，见习1年期满且考核合格。

第二，讲师应具备的条件如下：① 掌握基本的教学理念和教学方法，教学基本功扎实，教学态度端正，教学效果良好。承担课程部分或全部内容的讲授工作。将思想政治教育较好融入教学，在学生培养工作中做出积极贡献。② 具有扎实的本专业知识，具有发表、出版的学术论文、著作或教科书等代表性成果。③ 具备博士学位；或具备硕士学位，并担任助教职务满2年；或具备大学本科学历或学士学位，并担任助教职务满4年。

第三，教学科研型副教授应具备的条件如下：① 治学严谨，遵循教育教学规律，教学经验较丰富，教学效果优良，形成有一定影响的教育理念和教学风格，在教学改革、课程建设等方面取得较突出的成绩。承担过公共课、基础课或专业课的讲授工作，教学水平高。将思想政治教育较好融入教学过程，在学生培养工作中做出较大贡献。② 具有本专业系统、扎实的理论基础和渊博的专业知识，具有较高水平的研究成果和学术造诣。具有发表、出版的有较大影响的学术论文、教学研究成果、著作或教科书等代表性成果，受到学术界的好评。参与过重要教学研究或科研项目，或获得代表本领域较高水平的奖项，或从事科技开发、转化工作以及相关领域的创造、创作，取得较为显著经济效益和社会效益。③ 具备大学本科及以上学历或学士及以上学位，且担任讲师职务满5年；或具备博士学位，且担任讲师职务满2年。

教学为主型副教授应具备的条件如下：① 治学严谨，遵循教育教学规律，教学经验较丰富，教学效果优良，形成有较大影响的教育理念和教学风格，在教学改革、课程建设等方面取得突出成绩。承担过公共课、基础课或专业课的系统讲授工作，教学水平高。将思想政治教育较好融入教学，在学生培养工作中做出较大贡献。② 具有本专业系统、扎实的理论基础和渊博的专业知识，具有较高水平的研究成果和学术造诣，积极参与教学改革与创新。具有发表、出版的有较大影响的教学研究或者教改论文，著作或教科书等代表性成果，受到学术界的好评。参与过具有较大影响的教育教学改革项目，或获得教学类重要奖项。③ 具备大学本科及以上学历或学士及以上学位，且担任讲师职务满5年；或具备博士学位，且担任讲师职务满2年。

第四，教学科研型教授应具备的条件如下：① 治学严谨，遵循教育教学规律，教学经验丰富，教学效果优良，形成有较大影响的教育理念和教学风格，在教学改革、课程建设等方面取得突出成果。承担过公共课、基础课或专业课的系统讲授工作，教学水平高超。将思想政治教育有效融入教学，在学生培养工作中做出突出贡献。② 具有本专业系统、扎实的理论基础和渊博的专业知识，具有突出水平的研究成果和学术造诣。具有发表、出版的有重要影响的学术论文、教学研究成果、著作或教科书等代表性成果，受到学术界的高度评价。主持过重要教学研究或科研项目，或作为主要参与者获得代表本领域先进水平的奖项，或从事科技开发、转化工作以及相关领域的创造、创作取得重大经济效益和社会效益。③ 具备大学本科及以上学历或学士及以上学位，且担任副教授职务满5年。

教学为主型教授应具备的条件如下：① 治学严谨，遵循教育教学规律，教学经验丰富，教学效果优秀，形成很好影响的教育理念和教学风格。在教学改革、课程建设等方面取得创造性成果，发挥示范引领作用。承担过公共课、基础课或专业课的系统讲授工作，教学水平高超。将思想政治教育有效融入教学，在学生培养工作中做出突出贡献。② 具有本专业系统、扎实的理论基础和渊博的专业知识，具有突出水平的研究成果和学术造诣，积极推进教学改革与创新。具有发表、出版的有重要影响的教学研究或者教改论文、著作或教科书等代表性成果，受到学术界的高度评价。主持过具有重要影响的教育教学改革项目，或作为主要参与者获得教学类重要奖项。③ 具备大学本科及以上学历或学士及以上学位，且担任副教授职务满5年。

三、高校教师职称评审中有关问题的探讨

（一）关于教师职称授予行为的法律性质探讨

目前，对于教师职称授予行为的法律性质，主要有两种不同的认识：一种观点认为，经过国家批准具有评定副教授、教授职务资格的高等学校，具有制定本校具体的教师职称评聘条件和程序，并组织相应的教师职称评审委员会的法定权力，教师职称评审委员会的评审行为是一种内部行政行为，不属于具体行政行为。另一种观点认为，教师职称授予行为是行政主体依法行使行政权，并能产生法律效果的行为，是一种外部具体行政行为。[①] 本书认为教师职称授予行为是一种行政行为，理由如下。

1. 教师职称授予行为的主体是行政主体

教师职称授予行为的主体有两种，一种是教育行政部门，不少学校教师相应的职称都是由有关教育行政部门设立的教师职称评审委员会进行评审的。但这些教师职称评审委员会属于有关教育行政部门设置的内部机构，不能以自己的名义独立行使教师职称授予权，并承担由此产生的法律效果，它只能代表所在教师行政部门履行教师职称评审的职责。因

---

① 叶必丰，周佑勇. 论教师职称授予行为的法律性质［J］. 江西社会科学，1998（12）：118-119.

此，这类教师职称授予行为的主体是教育行政部门，而不是有关教师职称评审委员会。另一种是授权的学校。高等学校和中等专业学校的部分教师职称，直接由本校设立的教师职务评审委员会或评审组织进行评审。这些教师职称评审委员会或评审组织也是本校设置的内部机构，只能代表本校履行教师职称的评审职责，而不能以自己的名义独立实施教师职称授予行为，因此，各校的教师职称评审委员会也不是教师职称授予行为的主体。教师职称授予行为的主体应该是学校，即经教育部的合法授权，且能够以自己的名义实施教师职称授予行为，并承担由此所产生的一切法律效果的学校。这类学校在行政法学上称为授权行政主体。

2. 教师职称授予权是一种行政权

教育行政部门的教师职称授予权是一种行政权。首先，它的主体是教育行政部门，即国家行政机关，既非国家权力机关也非国家司法机关，这就决定了它既不是一种国家立法权，也不是一种国家司法权。其次，它的内容是对教师职称进行评审和授予，实质上是对学校教师进行的一种管理，是一种管理和被管理的关系，而不是平等主体之间的民事法律关系，这就决定了它也不是国家教育行政部门从事民事活动时享有的一种民事权利。最后，它的对象从具体上说是特定的教师，但在总体上覆盖国家所有学校的全体教师，是为了整个社会的公共教育事业，这就决定了教师职称授予事务是一种行政公务，具有公共性质。因此，教育行政部门依法对这种行政公务进行组织和管理的权力，即教师职称授予权，属于一种行政权力。

授权学校的教师职称授予权也是一种行政权。首先，它是行政法规授予的权力。这种权力本身属于行政部门固有的一种行政权，当它授予有关学校行使时，并不能改变其本身的性质，仍是一种行政权力。其次，它是一种合法的授权。因为它存在着明确的授权机关、授权方式和授权范围。最后，它与学校内部管理权存在很大差异。从主体范围上看，任何学校都具有对内部事务进行组织和管理的权力，而只有高等学校和中等专业学校才能对本校教师的部分职称具有授予权。从取得和依据上讲，教师职称授予权是基于有权机关的授权而取得的，它的依据是有关学校《教师职务试行条例》等行政规章；而学校内部管理权则是随着学校的成立而由国家法律规定的一种固有权利。

3. 教师职称授予行为具有行政法律意义

一是教师职称授予行为能够引起行政法效果。首先，教师职称授予行为的实施，可以直接为特定教师设定某种利益。教育行政部门或授权的学校依教师申请，对该教师的任职条件进行评议、审定之后，认为具备相应职务的任职资格，即予颁发相应的任职资格证书或职称证书。该证书一经颁发，就赋予了特定教师相应职称的法律利益，使该特定教师取得了相应的法律地位。其次，教师职称授予行为的实施，可以产生如下法律效力：① 证明力。任职资格证书授予了特定教师相应的职称，持有该证书的教师可以用来证明自己享有相应的任职资格，具有与授予职称相应的权利能力和行为能力。② 确定力。任职资格证书一经颁发就具有不得随意变更的效力。如果变更，必须经过一定的程序。③ 拘束力，即任职资格证书的约束效力。对于教师而言，应该依法享受证书所赋予的利益，认真履行所授予职称要求的职责。对于教育行政部门或授权的学校来说，也有义务保障具有相应职称教师合法权益的实现。

二是教师职称授予行为能够产生行政法律关系。教师职称授予行为在教育行政部门或授权学校与特定教师之间产生的是一种行政法律关系，而不是一种民事法律关系。这里我们以教师职称授予行为和教师职务聘任行为的比较为例进行分析。教师职务聘任是学校和教师之间以签订聘任合同的形式，在平等基础上经过充分协商而实施的双方民事法律行为，双方的法律地位是平等的，双方之间的关系是一种民事法律关系。教师职称授予行为则是依教师申请，由教育行政部门或授权的学校单方面实施的法律行为。双方的法律地位是不平等的，双方之间的关系也是管理与被管理的关系；在教师职务聘任中，作为聘任双方的学校和教师对于受聘、解聘及双方的权利、义务等都要在平等基础之上充分协商，达成意思表示的完全一致。在教师职称授予行为中教师只有申请取得某个职称的权利，至于能否取得该职称则完全由教育行政部门或授权的学校单方面决定。因此教师职称聘任是一种民事行为，而教师职称授予行为则是一种行政行为。

（二）关于高校教师职务评审标准的探讨

如何考评高校教师德才绩效，科学合理的评价体制是什么？如何平衡高校教师职务评审中科研、教学、社会服务等影响因子？如何改变为教师职称而写论文、为追求课题后面掩藏的名利而评职称的现象？这些问题是各级教育行政部门、高校管理者、高等教育研究者迫切要考虑和着力研究的问题。一方面，可以通过自由选课、教学质量评价、提高课时费相结合的制度，给予优秀教学人员区别于科研人员的对待。另一方面，要在教师职称评审中适度加大教学、服务社会等考评因子的分量。换句话说，通过制度设计，那些教学效果好、服务社会能力强的教师也能当上副教授、教授。否则，高校就无法解决"教授不教、讲师不讲"的问题。同时，职称考评外语、科研论文"一票否决""一刀切"的做法确实值得商榷，有待改进和完善。

不少高校相继尝试进行教师职称评聘改革。例如，某大学规定：教师评聘职称不再只看科研成果多少，教学质量如何同样会影响职称评聘，打破往日以科研成果一统职称评聘"天下"的局面，把教学质量考核纳入职称评聘体系，体现了教学在学校工作的中心地位。职称评聘主要包括"约束"和"激励"两方面：连续两次学生评价低于 65 分，学生评价、同行评价、管理人员评价综合得分低于 70 分，出现严重教学事故两起，每学年没有主讲一门本科课程等，只要教师出现上述四项中任意一项就不能晋升高一级职务；而获得校级师德标兵称号、教学优秀奖、专项教学竞赛优秀奖或其他校级以上教学奖励，校级精品课程的前 2 名，所有课程学生评价均为 85 分以上，则可以优先推荐评聘职称。

人力资源和社会保障部、教育部出台《关于深化高等学校教师职称制度改革的指导意见》后，享有职称评审权的高校相继结合自身特点和办学类型，针对不同类型、不同层次教师，按照教学为主型、教学科研型等岗位类型，哲学社会科学、自然科学、工程科技等不同学科领域，基础研究、应用研究等不同研究类型，通用专业、特殊专业等不同专业门类，建立了更为科学合理的分类分层评价标准。

第三节　高校教师的聘任

实施教师聘任制度是社会主义市场经济发展和教育改革的需要，是当前为适应社会主义市场经济而进行的教师任用制度改革中的重要组成部分。

一、教师聘任制度的含义和意义

（一）教师聘任制度的含义

教师聘任制度是聘任双方在平等自愿的基础上，由学校或教育行政部门根据教育教学需要设置的工作岗位，通过学校和教师签订聘任合同，聘请具有教师资格的公民担任相应教师职务的一项制度。教师职务聘任制度是教师管理和教师任用的重要制度，是连接教师资格制度和教师职务制度的重要环节，是教师管理制度的核心。

《教师法》第17条规定：学校和其他教育机构应当逐步实行教师聘任制。教师的聘任应当遵循双方地位平等的原则，由学校和教师签订聘任合同，明确规定双方的权利、义务和责任。这是第一次完整地对教师实行聘任制作出了明确的法律规定，是教师任用制度上的重大突破。《教育法》也明确规定，国家实行教师资格、职务、聘任制度，学校及其他教育机构行使聘任教师及其他职工，实施奖励或者处分的权利。这些法律的颁布统一了人们对教师聘任制的认识，为推行教师聘任制提供了强有力的法律保障。

（二）实施教师聘任制度的意义

在社会主义市场经济条件下，市场对资源的配置起决定性作用。作为一种重要的市场要素和经济资源、人力资源的配置和人才流动，必须按照价值规律的要求，并受到供求关系的影响和调节。在我国社会主义市场经济条件下，教师的劳动在一定程度上进入市场，按市场规则自由流动，其流向必然会受价格、竞争、供求因素的驱动和影响。建立和推行教师聘任制度是我国当前教育人事制度的一项重大改革，是学校用人机制的根本转变。这一制度的实施，将建立起一种具有竞争和激励机制的教师任用制度，也会触动教师管理工作中长期存在的难点和矛盾。

我国的教师任用制度，形成于新中国成立初期，由于受苏联模式的影响，教师的录用、任命和调配等管理工作都是通过计划与行政的形式和手段进行的。这种教师任用制度是在计划经济体制下运行的，与当时的社会经济相适应，曾经对我国教育事业的发展发挥积极作用。但随着社会主义市场经济体制的初步确立及其对教育改革和发展的要求，这种制度的弊端已越来越突出，主要体现在三个方面：① 用工形式僵化。现行的固定用工形式削减了学校用人的自主权和教师选择学校的权利，忽略了教师和学校之间的权利与义务的关系，教师工作缺乏严格的岗位职责。② 流动渠道不畅。单纯的行政手段使得人才的部门所有、单位所有情况严重，人员结构性的超缺编严重，人员流动性差。③ 竞争意识缺乏。过于集中和统一的管理模式，缺乏灵活性和自主性，使教师有职业固定的"安全感"而无"危机感"，不能主动适应岗位变化的要求，人岗不符现象严重，有人不适其岗、有岗不得其人。这些问题的存在，使学校人力资源的使用效率低下，广大教师的积极性、创造性得不到充分的调动和发挥。为了进一步深化教育人事制度改革，建立起适应社会主义市场经济体制、科技体制改革的需要和适合学校自身发展特点的人事管理制度，切实保障学校和教师的合法权益，必须推行教师聘任制度。

逐步实施教师职务聘任制度是社会主义市场经济发展和教育改革的需要，是当前为适应社会主义市场经济而进行的教师任用制度改革中的重要组成部分。实行教师职务聘任制度的重要意义在于引入竞争激励机制，破除教师职务终身制，强调"能上能下"，履行岗位职责，权责利相统一的用人机制。实行教师职务聘任制度的目的是鼓励广大教师不断进取，鼓励学校选好人才、用好人才，优化队伍结构，不断提高办学效益和办学水平。1986年，党中央、国务院决定改革职称评定，实行专业技术职务聘任制度，各级各类学校相继实行了教师职务聘任制度。多年来的实践证明，实行教师职务聘任制度的改革方向是正确的，符合社会主义市场经济体制对人事分配制度改革的要求。

二、高校教师聘任制度的基本原则和特点

（一）高校教师聘任制度的基本原则

高校教师聘任制度的基本原则有：按岗聘任原则，评聘分离原则，责权利一致原则，竞争原则，德才兼备原则，调整人员结构、促进人才流动原则等。

1. 按岗聘任原则

教师职务是经上级教育部门批准核定，根据教育教学工作需要设置的工作岗位。有明确的职责，与工资直接挂钩，有明确的聘任条件、任期、定额、结构比例要求，因此教师职务聘任必须与实际工作岗位紧密结合，因事择人。为此高等学校应该做到，根据教育教学工作任务的性质确定本单位各级教师职务的比例结构，设置教师职务岗位，根据岗位要求确定岗位职务任职条件和岗位职责，真正做到人尽其才、竞争上岗。

2. 评聘分离原则

评聘分离原则是指评审职务与聘任相应岗位相分离的原则。评聘分离原则将改变职务

与岗位必然挂钩且终身不变的现象。受聘人在被评聘后，学校根据岗位职责考核其表现，可以续聘、补聘、解聘或高评低聘、低评高聘，按照按劳分配原则确认其在什么岗、干什么工作、享受什么待遇。如武汉大学 2004 年打破博导终身制，遴选 17 名副教授为博士生导师，其中年龄最小的只有 31 岁，他们是武汉大学历史上第一批担任博导的副教授。博士生导师不是固定的职称或职务，而仅是高校教学科研中的一个重要岗位，只要符合遴选博士生指导教师的条件，都可以自由申报参加博导岗位评审。武汉大学遴选副教授当博导的改革，有利于博导制度建设的专业化、年轻化、多元化，从而形成岗位意识，增强竞争意识，最终促进学术研究和人才培养。

3. 责权利一致原则

聘任教师职务要明确职务的责任、权利、待遇，做到责权利一致，只有这样，才能对教师起到激励作用。

4. 竞争原则

为了发挥教师的积极性、创造性，教师职务聘任必须引入竞争机制。以水平、能力和贡献的大小择优聘用，破除论资排辈和大锅饭、铁交椅。聘任教师职务必须以岗位职责为重要依据，做到因岗择人。一方面，要严格考察履行岗位职责的情况，以决定是否续聘。对同样具备岗位任职资格的，履行岗位职责能力强者优先聘任；对同样完成岗位职责好的教师优先续聘。同时要严格贯彻执行职能相称的原则，切实把能力强、品德好的教师聘任到重要岗位上。另一方面，要彻底打破论资排辈，把优秀的中青年教师聘任到重要教育教学岗位上。

5. 德才兼备原则

聘任教师职务，要从德才两方面去衡量、把握。"才者，德之资也；德者，才之帅也。"只有德才兼备的教师才能被聘任相应的教师职务。

6. 调整人员结构、促进人才流动原则

教师队伍的人员结构，直接关系到一个学校教育教学质量和科研水平。因此，在对教师进行聘任时不仅要考虑到完成教学工作任务的需要，还要根据本单位专业技术力量发展的需要，合理进行调整教师队伍的人员结构。在年龄结构上，做到老中青结合；在职务结构上，保持高、中、初级的合理比例；在专业结构上，做到传统学科专业与新兴学科专业兼顾，巩固传统学科专业，发展新兴学科专业。在队伍调整中，对一些不符合本单位教育事业发展要求的教师，要创造条件，促使他们向外流动；对一些本单位发展急需的人才，要积极创造条件进行引进，优先聘任。只有这样，才能逐步优化本单位的教师队伍结构，作为受聘人，要确立能进能出的人才流动观念，以适应教师聘任制的贯彻执行。高等学校在用人机制上要努力树立"不求所有，但求所用"的理念，如逐步建立兼职教授、特聘教授、客座教授等制度。

（二）高校教师聘任制度的特点

高校教师聘任制度具有以下特点。

1. 地位平等化

学校和教师在法律上处于完全平等的地位，双方聘用关系的建立完全基于自愿的原则。选择是双向的，教师有是否应聘的自由，学校有聘任和解聘教师的权利。

2. 关系契约化

聘约是规范学校和教师之间聘用关系的契约，其表现形式为聘任合同。聘任双方的权利和义务都应在聘任合同中予以明确，签订聘任合同使聘任制真正得到法律形式的规范。

3. 任期明确化

聘任期限在聘任合同中具有明确规定，从而破除了教师职务终身制。教师聘任在实行任期制的同时，也为教师的自由流动提供了可能。

4. 过程公开化

学校实行面向社会公开招聘、平等竞争、择优聘用、广揽人才。教师个人不再固定为某一学校所有，而成为整个社会共享的人力资源。教师聘任过程公开化，实现了教师就业机会均等，拓宽了师资来源渠道。

5. 机制竞争化

教师凭实力上岗，学校择优录用，实现双向选择，优胜劣汰。人才在竞争，学校也在竞争。例如，有些高校规定，教师在同一岗位任职一定期限得不到晋升就必须流动，即所谓"非升即走"。

6. 形式多样化

教师聘任制是一种灵活的用人形式，根据教师个人特长和学校的具体实际，一位教师可以为一个学校聘任，也可以为几个学校同时任用。用人单位聘任教师也可以采取互聘、联聘、兼聘、返聘等多种聘任形式，从而实现了人力资源的社会共享，提高了师资管理的效益。

三、高校教师聘任合同

（一）订立高校教师聘任合同必须遵循的原则

我国《高等教育法》第 48 条明确规定："高等学校实行教师聘任制。教师经评定具备任职条件的，由高等学校按照教师职务的职责、条件和任期聘任。高等学校教师的聘任，应当遵循双方平等自愿的原则，由高等学校校长与受聘教师签订聘任合同。"根据上述规定和相关法律规定，订立高校教师聘任合同必须遵守下列原则。

1. 合法原则

所谓合法，就是依法订立高校教师聘任合同。订立高校教师聘任合同，不得违反法律、行政法规的规定。依法订立高校教师聘任合同，必须符合三项要求：① 当事人必须具备合法资格。作为高等学校，应当是依法成立的公立高等学校或社会力量举办的高校。

作为受聘教师必须符合《高等教育法》第47条规定的基本任职条件。② 聘任合同内容合法。高校教师聘任合同各项条款必须符合法律、行政法规的规定。③ 聘任合同程序、形式合法。高校教师聘任合同以书面形式订立方为合法。只有依法订立书面高校教师聘任合同，才能得到国家承认，并受法律保护。

2. 平等自愿原则

平等是指受聘教师和高等学校双方法律地位平等，双方以平等身份订立聘任合同。自愿是指订立高校教师聘任合同完全出于双方当事人自己的意志，任何一方不得将自己的意志强加给对方，任何第三者也不得对其订立的合同进行非法干涉。受聘教师与高等学校依法对聘任合同各项条款在充分表达自己意思的基础上，经过平等协商，取得一致意见，即可签订聘任合同。

依法订立的高校教师聘任合同自合同签订之日起生效。但有下列情形的，合同无效：聘任合同违反法律、行政法规；采取欺诈、威胁手段订立聘任合同。所谓违反法律、行政法规是指违反法律、行政法规中明令禁止的行为，不能做任意扩大化的解释。采取欺诈手段订立聘任合同，是指一方当事人故意告知对方虚假的情况，或者故意隐瞒真实情况，使对方当事人做出错误意思表示，同意签订聘任合同。采取威胁手段订立聘任合同，是指当事人一方要挟对方，迫使对方违心地签订聘任合同。

（二）高校教师聘任合同的内容

高校教师聘任合同的主要内容包括：① 受聘教师应履行的职责、完成的任期目标及考核；② 聘任双方在任期内的权利和义务；③ 辞聘和解聘的条件；④ 违反合同的法律责任及纠纷解决方式；⑤ 聘约由校长和受聘教师签字盖章，双方各存一份，自签字之日起生效等。

根据聘任合同的不同，可将高校教师聘任合同分为以下几类：① 有固定期限的聘任合同，又称定期聘任合同，是指双方当事人约定合同有效的起始和终止日期的聘任合同。一般适用于聘任刚从高等学校毕业的教师。聘任合同期限届满，聘任合同即告终止。经双方当事人协商同意，期限届满可以续订聘任合同。② 无固定期限的聘任合同。无固定期限的聘任合同是指双方当事人不约定合同终止日期的聘任合同。只要不是法律、法规规定或双方约定的可以解除、终止聘任合同的条件，聘任合同就不能解除、终止。这种类型的聘任合同一般适用于在一所高等学校已经工作较长时间的教师或者一些资深的教授、副教授。③ 以完成一定工作为期限的聘任合同，是指双方当事人将完成某项工作或任务为终止日期的聘任合同。当某项工作或任务完成后，聘任合同自行终止。这种合同实际上是定期合同，只是不规定合同的起始日期和终止日期。

（三）聘任合同双方的权利和义务

一般来说，高校教师聘任合同双方的权利和义务包括以下几个方面：① 高校有聘任权和解聘权，以及考核教师权；② 受聘教师有辞聘权，任职期内有获取报酬、享受福利待遇权；③ 高校有为受聘教师完成教育教学工作提供条件的义务；④ 受聘教师应根据教育教学大纲规定，遵守岗位职责、职业道德和工作纪律，努力保质保量地完成教学科研工作任务，履行应尽的义务。

四、高校教师聘任制度的改革

目前，高校教师聘任制度的改革方向和工作重点为：① 全面推行公开招聘制度，校内申请人和校外申请人平等竞争。② 改革教师聘任组织和工作机制，逐步将选聘教师和决定教师职务晋升的工作重心下放到院系。③ 严格教师聘任条件。逐步提高高校新聘教师的学术水平和晋升教授、副教授的学术标准，强化教授、副教授承担本科课程的教学要求。④ 规范聘任合同和聘后管理。实行弹性用人和灵活多样的聘任形式，在聘期的设计上体现高校教师学术生涯早期竞争淘汰与晚期职业保护相结合的特点。⑤ 通过教师聘任政策杠杆，积极促进高校教学科研团队建设。⑥ 健全教师人事争议处理机制。将教师人事争议的处理由主要依靠行政救助和申诉，转变为以聘任合同为依据的协商、调解、仲裁、诉讼。

【案例评析】

请扫描二维码并阅读案例，思考以下问题：

（1）湖南大学解聘教师黄礼攸、杨建觉的法律依据是否充分？

（2）五人聘任委员会行使解聘权是否合法？

（3）湖南大学解聘教师黄礼攸、杨建觉的程序是否合法？

（4）高校教师被解聘有哪些法律救济途径？

评析：

【案例简介】湖南大学副教授黄礼攸、杨建觉被解聘案

关于第一个问题，湖南大学认为黄礼攸、杨建觉两位副教授"未完成合同约定的岗位职责"，依据《高等教育法》第 51 条之规定应予解聘。而黄礼攸、杨建觉的诉讼代理人认为，湖南大学终止与被代理人的人事聘用关系严重违法，理由之一是《教师法》第 37 条规定："教师有下列情形之一的，由所在学校、其他教育机构或者教育行政部门给予行政处分或者解聘：（一）故意不完成教育教学任务，给教育教学工作造成损失的；（二）体罚学生，经教育不改的；（三）品行不良、侮辱学生，影响恶劣的。"而黄礼攸、杨建觉并不存在《教师法》中规定的解聘情形。事实上，除《教师法》外，《高等教育法》也对高等学校解聘教师作了规定。《高等教育法》第 51 条第 2 款规定，"高等学校应当对教师、管理人员和教学辅助人员及其他专业技术人员的思想政治表现、职业道德、业务水平和工作实绩进行考核，考核结果作为聘任或者解聘、晋升、奖励或者处分的依据"。"未完成合同

约定的岗位职责"属于工作实绩的内容,湖南大学以此为由解聘教师完全合法。实际上,根据体系解释,在认为法条之间存在矛盾时应选择有利于法条生效与社会秩序的解释,《教师法》第37条与《高等教育法》第51条可以认为是特殊规定与一般规定的关系,即在一般情况下,聘任合同期满和双方规定的终止条件出现时校方可以行使解聘权,而故意不完成教育任务等情形只是除此以外的特殊情形,在这三种情形出现时校方同样能行使解聘权。如果只有在第37条规定的情形下校方才能解聘教师的话,也不利于督促教师提高教学质量水平、积极进行科学研究工作,将阻碍我国高等教育事业的发展。

黄礼攸、杨建觉质疑"学校对教师的评价体系"是一个值得重视的问题,其对学校没有建立一套对于美术教师的考核评价系统,在"专职科研岗聘期考核及续聘审批"的过程中被评定为"不合格""不续聘"表示不能接受是有一定道理的。我国现行高校教师考核制度的确存在如功利取向、追求数量、片面粗放、"一刀切"等问题,高校教师的考核并不科学合理。在案例中,杨建觉致力于湖南古街、古镇、古城的保护与复兴,黄礼攸创作艺术作品百余件,参加全国及省级专业展览20余次,给湖南大学带来良好声誉。诸如建筑类和美术类这种较为特殊的专业教师的考核应与其专业特性相符合,应建立符合专业具体情况的评价体系,而不应采用"一刀切"的方式,与其他专业教师相同地通过课题、论文等进行评价。结合各专业的特点建立起以教学、科研和社会服务为中心的综合评价体系,这不仅将提高教师的积极性,也有利于建立良好的校方和教师的关系。

关于第二个问题,案件讨论的另一处焦点是五人聘任委员会的合法性问题。湖南大学的五人委员会从2009年开始履职,组成人员为校长、常务副校长、学院院长加两名专家,该委员会每月接受学院的材料并进行审议,行使教育科研系列教师聘任与解聘的权力,实际上形成了一种行政聘任的方式。《高等教育法》第41条规定了高等学校校长的职责,高等学校的校长全面负责本学校的教学、科学研究和其他行政管理工作,高等学校的校长主持校长办公会议或者校务会议行使聘任与解聘教师以及内部其他工作人员的权力。很显然,根据该条规定,校长有权决定高校教师的聘任与解聘,但是必须以主持召开校长办公会议或校务会议的形式。换句话说,校长的教师解聘权实际上不是单独行使的,而是通过校长办公会议或校务会议的方式行使的。从《高等教育法》第41条的法律规定看,湖南大学在解聘教师的过程中存在权力主体不合法的情形。

关于第三个问题,由于我国关于教师解聘程序的规定较为粗疏,特别是法律效力位阶较高的法律规范少,这导致我国高校解聘程序不规范、随意性大。《教师法》《高等教育法》均缺乏直接规范教师解聘过程的规定,仅《关于在事业单位试行人员聘用制度的意见》有少量关于规范解聘制度的内容。此外,高校的独立自治权在得到尊重的同时,也应注重设立配套的制约与监督机制。为此,我国迫切需要通过立法的形式规范高校教师解聘程序,设计包括解聘前置程序、解聘实施程序和解聘后续程序的整体结构。如果解聘前教师出现不良工作业绩的情况,校方必须给予警示,并提供培训机会与岗位调整的机会;解聘决定必须有充足确凿的证据,并听取人事部门、工会组织等机构的意见,由高校聘任委员会作出决定；解聘后尽快处理经济补偿、档案转移等问题，防止出现纰漏导致问题遗留。

关于第四个问题，针对高校教师解聘的法律救济，《最高人民法院关于人民法院审理事业单位人事争议案件若干问题的规定》（以下简称《规定》）第1条规定："事业单位与其工作人员之间因辞职、辞退及履行聘用合同所发生的争议，适用《中华人民共和国劳动法》的规定处理。"而《中华人民共和国劳动法》（以下简称《劳动法》）中关于劳动纠纷解决规定在第77条，即"用人单位与劳动者发生劳动争议，当事人可以依法申请调解、仲裁、提起诉讼，也可以协商解决。"由该司法解释可知，高校与教师之间的劳动纠纷可以通过调解、仲裁、诉讼和协商解决。但《教师法》第39条规定："教师对学校或者其他教育机构侵犯其合法权益的，或者对学校或者其他教育机构作出的处理不服的，可以向教育行政部门提出申诉，教育行政部门应当在接到申诉的三十日内，作出处理。"由于最高人民法院的司法解释的效力低于《教师法》的相关规定，在高校教师与高等院校的纠纷解决当中，应当优先适用《教师法》。

如果适用《教师法》，那么高校教师与其所在高校发生纠纷时即应当向教育行政部门提出申诉。实践中发生的聘任合同纠纷，大部分教师也确是选择向教育行政部门申诉，湖南大学副教授被解聘事件中两名副教授在与校方协调不成后亦向教育部申诉。然而，由于《教师法》第39条有关"教育行政部门"具体是指教育部还是高校所在地教育行政部门并不确定，实践中导致申诉存在着申诉受理机构不明确的问题。2016年9月27日，北京市第一中级人民法院对湖南大学两名副教授的起诉作出驳回起诉的裁定，原因是根据1995年颁布的《国家教育委员会关于〈中华人民共和国教师法〉若干问题的实施意见》的规定，教师对于学校或者其他教育机构提出的申诉，由其所在区域的主管教育行政部门受理，因此教育部无法定受理职责。然而同样的情况，在2000年中国农业大学职工田向荣因不服中国农业大学对其作出的"自动离职"处理决定，向教育部提出申诉的事件中，当时法院认为教育部有受理教师及教育辅助人员申诉的法定职责。因此，同样针对教育部直属高校提出的申诉，究竟由教育部还是由高校所在区域教育行政部门受理却有着两种截然不同的结果，对此应尽快出台相关法律法规，使被侵犯权益的教师得到及时有效的救济，使教师的合法权益得到切实有效的保障。

【实践·反思·探究】

1. 如何认识教师职称授予行为的法律性质？
2. 如何看待高校教师聘任制度的改革？
3. 如何正确处理高校与教师的聘任合同纠纷？

【推荐阅读】

1. 李宝斌. 转型时期通往教育自觉的高校教师评价［M］. 北京：中国社会科学出版社，2014.

2. 周景坤，等. 教学型高校教师区分性评价研究［M］. 北京：中国社会科学出版社，2020.

3. 张日颖. 高校教师循证评价与科研评估［M］. 沈阳：辽海出版社，2018.

第五章　高校教师的权利与义务

【知 识 导 图】

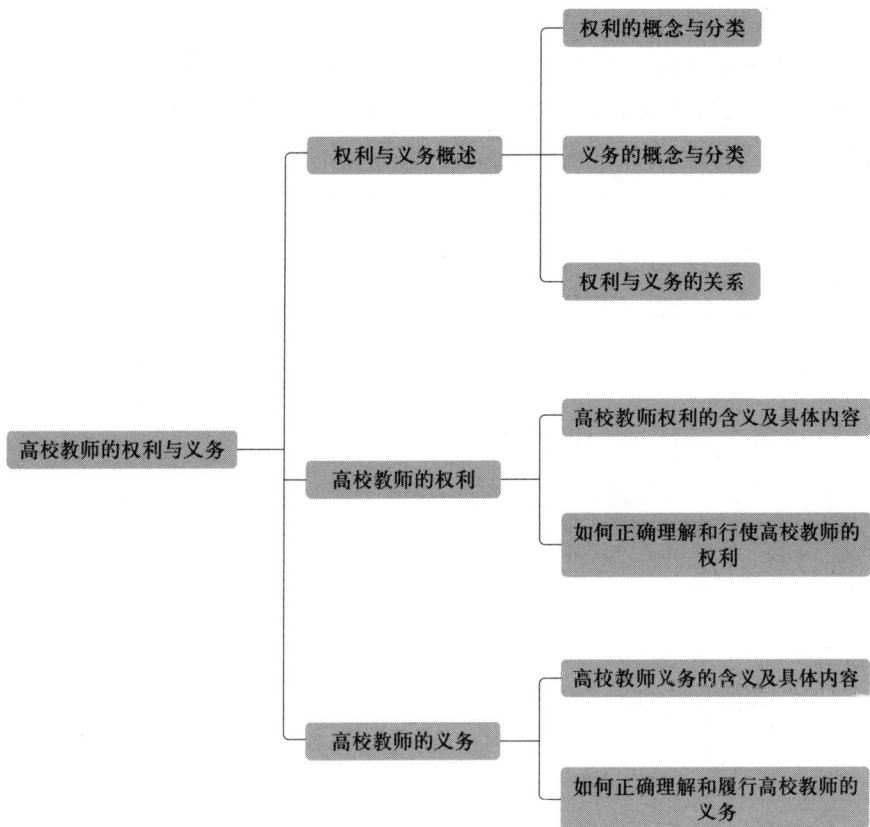

"三寸粉笔，三尺讲台系国运；一颗丹心，一生秉烛铸民魂。"这是习近平总书记对教师的高度评价。高校教师应充分了解其权利与义务，严格以法律规范要求自己，正确行使法律赋予的权利，认真履行法律要求的义务。

第一节　权利与义务概述

法是以权利和义务为机制调整人的行为和社会关系的。权利与义务贯穿法律现象中具有逻辑联系的各个环节、法律的一切部门和法律运行的全部过程。权利与义务是一切法律规范的核心内容，是构成法律有机体的基本细胞。权利与义务是法的历史起点，是对法律现象的最简单的抽象和规定，是法律领域的一切矛盾、冲突和纠纷的中心问题。高校教师在工作中遇到的法律问题范围比较广泛，要准确把握高校教师的权利与义务，有必要对权利与义务这对法律基本范畴的有关知识作比较全面的了解。

一、权利的概念与分类

（一）权利的概念

"权利"一词在不同的领域有不同的意义，法理学上探讨的权利主要是法律权利。法律权利是规定或隐含在法律规范中、实现于法律关系中的，主体以相对自由的作为或不作为的方式获得利益的一种手段。其特点如下：

① 权利的本质由法律规范所决定，得到国家的认可和保障。当人们的权利受到侵犯时，国家应当通过制裁侵权行为以保证权利的实现。

② 权利是权利主体按照自己的意愿来决定是否实施的行为，因而权利具有一定程度的自主性。

③ 权利是为了保护一定的利益所采取的法律手段。因此，权利与利益是紧密相连的。而通过权利所保护的利益并不总是本人的利益，也可能是他人的、集体的或国家的利益。

④ 权利总是与义务人的义务相关联的。离开了义务，权利就不能得以保障。

（二）权利的分类

根据不同的标准，可以对公民的权利进行不同的分类。

① 依据公民所参与的社会关系的性质，可以划分为属于政治生活的权利和一般民事权利。前者如各项政治和社会的自由权利等；后者如财产权等。

② 依据承担义务人的范围，可以分为绝对权和相对权。绝对权又称对世权，所要求的义务的承担者不是某一人或某一范围的确定的人，而是一切人，如物权、人身权等。相对权，又称对人权，所要求的义务的承担者是一定的个人或某一集体，如债权、损害赔偿请求权等。

③ 依据权利发生的因果联系，可以划分为原权和派生权，派生权也称救济权。原权指基于法律规范之确认，不待他人侵害而已存在的权利，也称第一权利，如所有权等；派生权指由于他人侵害原权利而发生的法律权利，也称第二权利，如因侵害物权而发生的损

害赔偿请求权。

④ 依据权利间固有的相互关系，可以划分为主权利和从权利。主权利是指不依附其他权利而可以独立存在的权利，如对财物的所有权；从权利是指以主权利之存在为前提的权利，它的产生、变更和消灭均从属于主权利的存在，如抵押权等。

二、义务的概念与分类

（一）义务的概念

义务是"权利"的对称，又称"社会责任""直接社会义务"。社会普遍认为的义务是指为了满足一定社会关系的参加者享受直接社会权利，其他人应做出的一定作为或不作为，这是客观的社会规律、人们日常的生产活动和生活活动以及其他各种条件直接作用的结果，一般为习惯、道德等社会规范所确认。这种意义上的义务是法律义务的直接基础和社会内容，与"法律权利"相对应，又称"法律义务"。法律义务是设定或隐含在法律规范中、实现于法律关系中的，主体以相对抑制的作为或不作为的方式保障权利主体获得利益的一种约束手段。

（二）义务的分类

根据不同标准可以对公民的义务进行不同的分类，具体如下。

① 政治生活的义务和一般民事关系的义务。如交纳捐税、服兵役，是政治生活的法律义务；抚养子女、履行债务，是一般的民事法律义务。

② 积极义务和消极义务。积极义务即必须做出一定行为的义务，如纳税、抚养的义务；消极义务即不做出一定行为的义务，如不得侵入他人住宅的义务。

③ 绝对义务与相对义务。绝对义务，又称对世义务，指对一般人承担的义务，如不得侵害法律所保护的任何公民的基本权利。相对义务，又称对人义务，指对特定人承担的义务，如债务人只对债权人承担清偿债务的义务。

④ 第一义务与第二义务。这一区别的标准与权利中的原权与派生权的划分相当。第一义务对应原权而存在，即不侵害他人权利的义务；第二义务对应派生权而发生，即由于侵害他人权利而发生的义务。

三、权利与义务的关系

对于权利与义务的关系，可以从以下四个方面理解。

（一）结构上的对立统一关系

权利与义务是对立的：一个表征利益，一个表征负担；一个是主动的，一个是受动的。但是，权利与义务又是统一的、相互依存和相互贯通的。相互依存表现为权利与义务不可能孤立地存在和发展，它们的存在和发展都必须以另一方的存在和发展为条件；相互贯通表现为权利与义务的相互渗透、相互包含以及一定条件下的相互转化，可以说没有无义务的权利，也没有无权利的义务。

（二）数量上的等值关系

权利与义务在数量上是等值的。首先，一个社会的权利总量和义务总量是相等的。在一个社会中，无论权利与义务怎样分配，不论每个社会成员具体享有的权利和承担的义务怎样不等，也不管规定权利和规定义务的法条数量是否相等，在数量关系的"绝对值"上，权利与义务总是等值或等额的。其次，在具体法律关系中，权利与义务互相包含。权利的范围就是义务的界限，义务的范围也就是权利的界限。因而，一方面，权利主体超越义务范围，要求义务主体去从事"超法义务"或"法外义务"就是非法主张，义务主体有权拒绝；另一方面，权利主体有资格要求义务主体不折不扣地履行义务，以保障其权利的实现。

（三）功能上的互补关系

权利与义务各有其独特的功能，而总体上它们的功能又是互补的：① 权利直接体现法律的价值目标，义务保障价值目标和权利的实现。② 权利与义务都有指引人们行为的功能，但它们指引行为的方式和结果不同。权利提供不确定的指引；义务提供确定的指引。权利指引给人们留下较大的自我选择余地，其预设的法律后果带有较大的不确定性；而义务指引要求人们抑制法律禁止的行为，必须依法作出法律要求的行为，不容个人任意选择，因而能够产生确定的结果。

（四）地位上的主次关系

在权利与义务的体系中，权利与义务的地位不是平等的，而是有主要与次要、主导与非主导之分。主要的、主导的地位，称为"本位"。由于各个历史时期的社会经济、文化、政治的性质和结构不同，法律的价值取向也不同，权利与义务何者为本位是不断变化着的：古代法律以义务为本位，现代法律是或应当是以权利为本位，其主要特征是在权利与义务的关系上，权利是目的，义务是手段，法律设定义务的目的在于保障权利的实现。

第二节　高校教师的权利

高校教师与其他教师在法律层面上别无二致，但由于其特殊的社会责任，高校教师需要对自身的权利与义务有更加深刻的认识。各级政府和社会各界要依法保障、维护高校教师的合法权益，高校教师也应懂得并学会利用法律武器来捍卫自己的合法权益。

一、高校教师权利的含义及具体内容

（一）教师权利的含义

法律意义上的教师权利，是指教师及其他教育工作者能够做出或不做出一定行为，以及要求他人相应做出或不做出一定行为的许可和保障，并为法律所确认、设定和保护。

教师权利由三部分构成：① 教师实施某种行为的权利，亦称积极行为的权利。如从事科学研究、学术交流、参加学术团体、在学术活动中充分发表意见的权利，也称学术自由权。② 教师要求义务人履行法律义务的权利，如按时获取工资报酬的权利。③ 当教师的权利受到侵害时，有权诉诸法律要求确认和保护其权利。如教师申诉制度就是由《教师法》确立的一项保障教师与教育教学有关的权利的法律救济手段。

（二）教师权利的具体内容

教师权利包括两个方面的内容：一是教师作为公民所具有的《宪法》中规定的基本权利，如平等权、政治权利、社会经济权利、文化教育权、人身自由权、监督权等。二是《教育法》《教师法》中规定的教师作为专业人员的特定权利。教师在教育教学活动中享有由《教育法》《教师法》等国家法律赋予的权利，是由国家对教师在教育教学活动中可为或不可为的许可和保障。

我国《教育法》第 33 条规定："教师享有法律规定的权利，履行法律规定的义务，忠诚于人民的教育事业。"教师的具体权利是由《教师法》规定的。《教师法》第 7 条规定："教师享有下列权利：① 进行教育教学活动，开展教育教学改革和实验；② 从事科学研究、学术交流，参加专业的学术团体，在学术活动中充分发表意见；③ 指导学生的学习和发展，评定学生的品行和学业成绩；④ 按时获取工资报酬，享受国家规定的福利待遇以及寒暑假的带薪休假；⑤ 对学校教育教学、管理工作和教育行政部门的工作提出意见和建议，通过教职工代表大会或者其他形式，参与学校的民主管理；⑥ 参加进修或者其他方式的培训。"本书将这些权利概括为：教育教学权、学术研究权、学生管理权、报酬待遇权、民主管理权、进修培训权。

二、如何正确理解和行使高校教师的权利

（一）教育教学权

高校教师享有的教育教学权，实际上是教育自由，也称教师专业自主权。所谓教育自由是指教师在贯彻教育法律法规和教育方针政策的前提下对受教育者施以教育的自由。

第二次世界大战后，美国、德国、日本等国家均逐步接受有关教师学术自由，以及教材选择、教学方法选择、考试评定等教育自由的主张，并通过教育法等予以保障。1966年联合国教科文组织专门会议通过的《关于教师地位的建议》提出：教师在履行职责上享有学术自由。有资格对最适合于学生的教具及教法作出判断，在选择和使用教材、选择教科书以及运用教育方法方面起主要作用；教师及教师专业组织应参加新的课程、教科书及教具的开发工作；任何领导监督制度都不得损害教师的自由、创造性和责任；教师有权利对自认为不恰当的工作评定提出申诉；教师可以自由采用据认为有助于评价学生进步的成绩评定技术等。这也就是说，教师作为学校生活的主要参与者，影响学校发展方向和日常生活的重要决定。在课堂教学情境中，教师具有课程与教学的自主权，在课程设计、教学过程、学生动机、学生管理、学生评价等方面享有法理权威，无论是同事还是行政人员都不能妨碍这种权威。例如，观察学生、组织教学方案、选择教学材料、呈现教学材料、安排教学活动、训练学生行为、提供激发与鼓励、布置教学环境、评价学生成绩、评估教学策略等都是教师专业工作的范围，在此范围内完全由教师专业团体成员自行评估，无须外人干扰。

不仅如此，由于教育是教师对学生施加影响的一种精神活动，教师与学生都是活生生的人，因此，教师必须根据自己和学生的具体情况对教育活动进行科学的构思与灵活的安排，这就需要教师付出创造性劳动。故教师必须享有一定程度的自主权。换言之，必须赋予教师在符合社会要求的前提下，进行各种教育选择的权利。美国卡耐基教育和经济论坛"教育作为一种专门职业"工作组提出：专业工作是以专家对他们本行的工作有特殊的专业知识和判断力为特征的。由于他们被认为具有专业知识和判断力而受到尊敬，而且也是由于只有他们才具有这样的能力，所以专业人员在工作中享有较多的自主权。他们制订评价工作的质量标准；他们决定衡量本专业领域中工作人员的业务能力的标准；并且，他们在对采用什么样的方案来培训本专业领域的人才有主要的发言权。处在教学第一线的教师是教育改革的关键，应该具备相应的专业自主权。只有在教师发现问题、解决问题的基础上才能最终保证教育改革的持续进行。

我国宪法条文中，没有教育自由的规定，但是《教师法》规定的教师享有教育教学权，实际上就是教育自由。因为教育教学权主要是教师可以依据其所在学校的教学计划、教学工作量等具体要求，结合自身的教学特点自主地组织课堂教学；可以按照课程标准的要求确定教学内容和进度，并不断完善教学内容；可以针对不同的教育对象，在教育教学的形式、方法、具体内容等方面进行改革、探索和完善。《教师法》中这一教育教学权的规定，适用于各级各类学校教师，就是说中小学教师也享有一定的教育自由。但是中小学教师的教育自由是有限制的，如一般采用通用教材、对"教什么"还缺少发言权。而对高校教师来说，教育自由的范围要广泛得多，例如教材的选编、教学内容的确定、教学环节的安排和更新、学生创新能力和实践能力的培养及考查方法等，高校教师都有其自主权。总的来说，高校教师的教育自由是与其学术自由相联系的，而这一点是中小学教师所不具备的。但是高校教师的教育自由也不是没有限制的，其限制主要体现在：不得有损害国家利益和不利于学生健康成长的言行。具体来说，高校教师的教学内容、学术观点不能有悖于四项基本原则，不能有悖于我国宪法及法律规定，不能有悖于党和国家的教育方针，不能宣传邪教及封建迷信，不能传播黄赌毒及犯罪的技术方法。2021 年 4 月 19 日，习近平总书记在清华大学考察时强调，教师"要坚定信念，始终同党和人民站在一起，自觉做中国特色社会主义的坚定信仰者和忠实实践者"①。

（二）学术研究权

学术研究权可以理解为学术自由。学术自由概念来源于古希腊哲学家的自由思想。现代意义的学术自由则多受人文主义、启蒙运动的影响，尤其是德国教育家洪堡的学术自由理念。洪堡主张对人进行完全的人本教育，使人的个性充分发展，反对当时封建专制和学校对学生思想与自由的限制，反对国家干预教育，提倡教育和教学上的自由。1988 年 9 月，一个致力于教育、发展和人权的非政府组织——世界大学服务处（World University Service）在秘鲁首都利马召开大会，并通过了《利马宣言》。在《利马宣言》中，学术自由被定义为学术团体成员，个人或集体，通过研究、学习、讨论、教学、讲座、写作、生产、创作等方式，发展追求和传播知识的权利。一般认为，学术自由基本要素为：教师和研究人员探索知识的权利，以及在免受政治、宗教或社会习俗迫害的情况下选择所从事研究和教学的权利。

《宪法》第 47 条规定的从事科学研究的自由相当于或包含了学术自由。《高等教育法》第 10 条规定："国家依法保障高等学校中的科学研究、文学艺术创作和其他文化活动的自由。在高等学校中从事科学研究、文学艺术创作和其他文化活动，应当遵守法律。"《教师法》第 7 条第 2 项的规定又把学术自由的内容具体化为：教师在完成规定的教育教学任务的前提下，有权进行科学研究，有权将教育教学中的成功经验或专业领域中的研究成果撰写成学术论文、著书立说；有权在学术研究中发表个人观点、开展学术争鸣；有权参加依法成立的学术团体，并在其中从事学术交流活动。

如同任何权利与自由都不是绝对的一样，高校教师的学术自由也是有限制的。在我国，在高等学校中从事科学研究、文学艺术创作和其他文化活动，应当遵守法律。应当遵循四项基本原则，以不得损害国家的、社会的、集体的利益和其他公民的合法利益和自由为限。

（三）学生管理权

1. 高校教师既是教育者又是管理者

高校教师既是教育者，又是管理者。2014 年 9 月 9 日，习近平总书记在同北京师范

---

① 坚持中国特色世界一流大学建设目标方向　为服务国家富强民族复兴人民幸福贡献力量［N］.人民日报，2021-4-20（1）.

大学师生代表座谈时指出："一个优秀的老师，应该是'经师'和'人师'的统一，既要精于'授业''解惑'，更要以'传道'为责任和使命。好老师心中要有国家和民族，要明确意识到肩负的国家使命和社会责任。"[①]2016 年 12 月 7 日，习近平总书记在全国高校思想政治工作会议上发表重要讲话时指出："教师做的是传播知识、传播思想、传播真理的工作，是塑造灵魂、塑造生命、塑造人的工作。教师不能只做传授书本知识的教书匠，而要成为塑造学生品格、品行、品位的'大先生'。"[②] 因此，高等学校的育人工作，也要着眼于学生的全面发展，要树立这样一个崇高的目标。管理也是育人，高校教师对学生的管理不同于中小学教师，也不同于高校中的辅导员、班主任和其他行政管理人员。高校教师对学生的管理，主要体现在教育教学过程中，既向学生传授科学技术知识，又关心学生的思想进步、身心健康和生活情况，使学生在品德、智力和体质等方面得以全面发展。总之，对学生而言，高校教师是管理者，必然享有一定的管理学生的权利。

2. 高校教师管理学生的具体内容

一是指导学生的学习。"教是为了不教"，教师除了要教学生"学会"外，更重要的是教学生"会学"。教师在教学过程中要因材施教，根据学生的个性、基础、能力、态度等，指出学生学习方面的长处和弱点，对学生的学习方法、学习内容、学习时间安排等提出建设性、指导性意见。二是指导学生的发展。学生的发展主要指学生的思想品德、能力和个性等方面的不断进步。育人的目的是要促进学生的全面发展，既包括专业素质的培养，也包括思想道德素质和身心素质的提升。高校教师要落实立德树人根本任务，通过教育管理严格要求学生学会做人，发扬中华民族优良传统，批评不良行为。高校教师也有权通过各种课内外活动，促进学生实践能力和创新能力的发展。高校教师有权根据学生的个性，指导和矫正学生的发展方向。三是评定学生的品德和学业成绩。说到德育，说到大学生思想政治教育，不少人可能以为那只不过是学生工作队伍的职责，只不过是辅导员和"两课"教师的职责。其实这是长期以来存在的一种片面的认识。应当说，广大教职员工都负有对大学生进行思想政治教育的重要责任。高校所有课程都具有育人功能，所有教师都负有育人职责。因此，高校教师要全面地看待育人工作，全面地看待学生的思想政治教育，要树立"两个所有"的意识，树立"人人都是德育工作者"的"全员育人"新观念。当然，高校专业课教师与辅导员和班主任对学生思想品德的评定方式不同，高校教师对学生思想品德的评定，主要是在期末和毕业前，向有关部门提供情况介绍。评定学业成绩包括平时测验、提问和期中、期末考试等。教师评定学生的思想品德和学业成绩，既要本着实事求是的原则，又要注意学生发展进度、改进的态度和力度，注意调动学生成材的积极性。

---

① 习近平.做党和人民满意的好老师：同北京师范大学师生代表座谈时的讲话［M］.北京：人民出版社，2014：3.

② 教育部课题组.深入学习习近平关于教育的重要论述［M］.北京：人民出版社，2019：56.

（四）报酬待遇权

参加社会劳动的公民有权根据所提供的劳动数量和质量获得相应的报酬。劳动报酬是劳动者付出一定的劳动而获得的物质补偿，其形式包括工资、奖金、津贴等。其中最主要的是工资。《劳动法》第46条规定，"工资分配应当遵循按劳分配原则，实行同工同酬。工资水平在经济发展的基础上逐步提高。国家对工资总量实行宏观调控。"第47条规定，"用人单位根据本单位的生产经营特点和经济效益，依法自主确定本单位的工资分配方式和工资水平。"为了保障劳动者取得报酬权，我国实行最低工资保障制度。《劳动法》还规定，工资应当以货币形式按月支付给劳动者本人。不得克扣或者无故拖欠劳动者的工资。劳动者在法定休假日和婚丧假期间以及依法参加社会活动期间，用人单位应当依法支付工资。福利待遇是除劳动报酬以外的各种优惠，其目的是提高劳动者的生活水平，减轻负担，以便精力充沛地进行工作。报酬待遇权不仅是宪法赋予公民的基本权利，更是保障劳动者生产和再生产的客观需要。

1. 高校教师取得报酬的形式

（1）工资

《教师法》第25条规定，"教师的平均工资水平应当不低于或者高于国家公务员的平均工资水平，并逐步提高。建立正常晋级增薪制度。"在工资制度方面可实行结构工资制、职务工资制、等级制等。应该注意的是，随着人事制度改革的深入发展，工资制度也必将进行改革，改革的方向是反对平均主义，贯彻按劳、按贡献分配原则，实行多劳多得、贡献大者多得。

（2）津贴

津贴包括为补偿教师特殊劳动消耗而建立的津贴，如班主任津贴、兼课教师津贴等；为保障教师实际收入和补偿教师生活额外支出而建立的津贴，如地区生活费补贴等；为鼓励教师提高教学科研水平和给优秀教师建立的津贴，如书报费、科研津贴、特殊贡献教师政府津贴等；为保障教师身体健康而建立的津贴，主要面向接触有毒、有害物质或其他有损身心健康岗位的教师。

（3）边、少地区补贴

《教师法》第27条规定："地方各级人民政府对教师以及具有中专以上学历的毕业生到少数民族地区和边远贫困地区从事教育教学工作的，应当予以补贴。"

随着科技的进步和社会的发展，知识型劳动已成为新时代劳动的主导特征，成为经济增长的主要动力，成为社会财富的主要创造者。知识工作者的劳动价值越来越得到社会的认可，知识作为生产要素参与分配的程度也越来越高。为了满足高校教师的需求，高校要实施"全面薪酬战略"，把短期激励和长期激励有机地结合起来，理顺工资关系，调整工资结构，改革工资管理体制，选择合理的分配方式，建立有效的激励机制。只有这样，高校才能在人才市场上保持竞争优势，稳定师资队伍，吸引社会上的优秀人才，从而实现新时代人才强国的战略目标。

2. 高校教师的其他待遇

（1）住房

《教师法》第 28 条规定："地方各级人民政府和国务院有关部门，对城市教师住房的建设、租赁、出售实行优先、优惠。"

（2）医疗保健

《教师法》第 29 条规定："教师的医疗同当地国家公务员享受同等的待遇；定期对教师进行身体健康检查，并因地制宜安排教师进行休养。医疗机构应当对当地教师的医疗提供方便。"

（3）养老保险

《教师法》第 30 条规定："教师退休或退职后，享受国家规定的退休或退职待遇。县级以上地方人民政府可以适当提高长期从事教育教学工作的中小学退休教师的退休金比例。"

（五）民主管理权

1. 参与学校民主管理是教师的一项基本权利

《宪法》第 2 条规定："中华人民共和国的一切权利属于人民。人民依照法律规定，通过各种途径和形式，管理国家事务，管理经济和文化事业，管理社会事务。"第 41 条还规定："中华人民共和国公民对于任何国家机关和国家工作人员，有提出批评建议的权利；对于任何国家机关和国家工作人员的违法失职行为，有向有关国家机关提出申诉、控告或者检举的权利。"根据《宪法》的规定，在学校里，教师有参与管理的权利。从高校教师在学校中的地位和作用来看，学校的任何工作都离不开教师的参与，教师既是教育者，又是管理者。

国外高等教育有着"教授治校"的传统。从我国高等教育史来看，早在 20 世纪初，蔡元培执掌北京大学时就已奠定了"教授治校"的基础。清华大学早期办学时也有类似萌芽，梅贻琦任校长后也完全接受了"教授治校"的方针，并全力加以扶植。一般来说，教授治校的组织基础是教授会、评议会和校务委员会同时存在。教授会由全体教授、副教授组成。而评议会是这个体制的核心，是校内最高的决策、立法和审议机构，以校长、教务长、秘书长、各学院院长及教授互选出的评议员若干人组成。各院院长都由教授会从教授中推荐，教务长习惯上也由教授中聘任。这样一来，评议会实际上就是教授会的常设机构，教授治校的作用就通过评议会的职能体现出来。由校长主持并由教务长、各学院院长参加的校务委员会会议是行政的审议机构，它的主要职能是议决一切常规的校务行政事宜，协调各学院、学系之间的问题等。教授治校的具体模式可能有所不同，但教授治校作为我国高校基层民主建设的一种拓展，其方向和作用不可低估。

2. 参与管理的形式与内容

高校教师参与民主管理的权利可以依照法律由个人行使，如通过行使选举权和被选举权，通过对学校领导和部门负责人提出批评和建议、控告或者检举等来实现。也可以通过教职工代表大会或本单位教职工会议的形式，行使教师参与民主管理的权利。教师有权也应通过各种形式积极参与学校管理，例如，听取校长的工作报告，讨论学校的发展规划、改革方案、教职工队伍建设等重大问题，并提出意见和建议；讨论内部管理体制改革方案、教职工奖金津贴发放办法，以及其他与教职工收入有关的基本规章制度；讨论教职工的住房、医疗以及其他有关的集体福利事项；监督学校各级领导干部，可以进行表扬、批评、评议、推荐，必要时也可以建议上级机关予以晋升、嘉奖，或予以处分、免职；通过学术组织，行使学术管理的权利，为学校行政决策提供咨询；等等。

（六）进修培训权

国家赋予教师进修培训权，是教师的职业需要，也是当今时代的要求。一方面，高校教师是一种特殊的职业，教师自身的思想道德、精神文明水平，不仅关系个人素质，而且直接关系到教育质量，关系到整个社会的思想道德状况和精神文明发展。特殊的工作性质、工作对象和工作岗位，要求高校教师思想素质上要做到"两个高于"：一是要高于社会大众，二是要高于中小学教师、专职科研人员等其他知识分子，这是由高校在整个教育系统中的"龙头"地位决定的。另一方面，针对当前和以后教学内容和课程体系的改革，以及信息时代新教学手段、技术的应用等，要求高校教师不仅要有更高更新的专业知识、人文素养和信息识别加工能力，而且要具备深厚的教育科学理论和高超的教育技能，这样才能适应由"教书"向引导学生"学会学习、学会创造"的育人方向发展，才能胜任高等教育的重任。

教师进修培训权的实现，需要很多配套政策和条件，主要包括：① 各级教育行政部门和学校应当制订教师培训规划，有计划地安排教师的岗前和转岗培训、继续教育以及骨干教师培训等。② 各级人民政府和有关部门应当办好师范院校和教师进修院校，为广大教师提供进修培训基地。③ 著名大学、科研院所等机构积极承担培训教师的任务。④ 加强国际、校际交流与合作，公派教师出国、出校讲学或者从事科学研究。⑤ 国家机关、企事业单位和其他社会组织应当为教师的社会调查和社会实践提供方便，给予协助。

高校教师进修培训的内容一般包括：思想政治教育和师德修养的提高，基础知识和专业知识的扩展和更新，教育科学理论和教育教学能力、科研能力、计算机应用能力、外语能力、现代化教育技术能力的提高，学历层次的提高等。高校教师的进修培训要与教学、科研工作紧密结合，高校可以根据教师职务岗位职责要求，确定进修的主要形式和具体要求。

第三节　高校教师的义务

高校教师的权利与义务是统一的、不可分割的，高校教师在明确自己应享有的权利的同时，还必须明确自己应履行的义务，因为权利的实现总是以义务的履行为条件的。

一、高校教师义务的含义及具体内容

（一）教师义务的含义

同教师权利一样，教师义务也分为两部分。一是教师作为公民应承担的《宪法》所规定的基本义务，如维护国家统一和全国各民族团结的义务，遵守宪法的义务，维护祖国的安全、荣誉和利益的义务，依照法律纳税的义务等。二是作为教师应承担的义务，这是《教师法》里面规定的，是教师的特定义务，它是基于教师这一特定的职业性质而产生和存在的，是与教师职务和职责紧密相连的。这两部分义务既有联系又有区别。教师作为公民应承担的基本义务，有一部分体现在教师的特定的义务中，教师的一部分特定义务是基本义务的具体化、职业化；两者也各有一部分是独立的，互不重复。

仅就教师的特定义务而言，教师义务是指教师依照《教育法》《教师法》及相关法律法规，从事教育教学必须承担的责任，表现为教师在教育教学活动中必须作出一定行为或不得作出一定行为的约束。它由法律规定，并以国家强制力保障其履行，通常有三种形式。

1. 积极义务和消极义务

积极义务即必须作出一定行为的义务，例如教师必须遵守宪法、法律和职业道德，为人师表。消极义务即不得作出一定行为的义务，例如教师不得对学生实施体罚、变相体罚或者其他侮辱人格尊严的行为。

2. 绝对义务和相对义务

前者是指一般人承担的义务，又称一般义务、对世义务，其特点是无特定的权利人与之相对，适用于社会上的每一个人。它的内容通常不是积极的作为，而是消极的不作为。例如教师不得损害他人的名誉。相对义务又称特殊义务、对人义务、特定义务，其特点是义务主体有特定的权利人与之相对。它的内容是要根据权利主体的合法要求作出一定的行为。例如教师应当履行聘约，完成合同中规定的任务。

3. 第一义务和第二义务

前者是指不侵害他人权利的义务，如教师尊重学生人格。后者是指由于侵害他人权利而发生的义务，如教师殴打学生致残，就要承担相应的法律责任。

（二）教师义务的具体内容

教师的特定义务在《教师法》第8条中作了具体规定，包括：① 遵守宪法、法律和职业道德，为人师表；② 贯彻国家的教育方针，遵守规章制度，执行学校的教学计划，履行教师聘约，完成教育教学工作任务；③ 对学生进行宪法所确定的基本原则的教育和爱国主义、民族团结的教育，法制教育以及思想品德、文化、科学技术教育，组织、带领学生开展有益的社会活动；④ 关心、爱护全体学生，尊重学生人格，促进学生在品德、智力、体质等方面全面发展；⑤ 制止有害于学生的行为或者其他侵犯学生合法权益的行为，批评和抵制有害于学生健康成长的现象；⑥ 不断提高思想政治觉悟和教育教学业务水平。本书将这些义务概括为：遵纪守法的义务、教育教学的义务、思想教育的义务、尊重学生人格的义务、保护学生权益的义务、提高专业水平的义务。

二、如何正确理解和履行高校教师的义务

（一）遵纪守法的义务

遵纪守法不仅是对教师的要求，更是对我国每个公民的基本要求。我国现行《宪法》第 53 条规定："中华人民共和国公民必须遵守宪法和法律，保守国家秘密，爱护公共财产，遵守劳动纪律，遵守公共秩序，尊重社会公德。"高校教师的遵纪守法义务是宪法规定的公民义务的具体体现，其内容主要有以下四个方面。

1. 遵守宪法

宪法是我国的根本大法，具有最高的法律效力。高校教师在自己的工作中，必须以宪法的规定作为行为准则。正确行使宪法赋予公民的权利并履行宪法规定的义务，任何人不得有超越宪法之上的特权。

2. 遵守法律

这里所说的法律是广义上的法律，包括宪法以外的由全国人大颁布的法律、国务院颁布的行政法规、国务院各部委发布的规章、地方性法律法规以及我国参与签订的国际条约等。

3. 遵守职业道德

职业道德是指从事正当的社会职业，并在履行其职责过程中，在思想和行为上应当遵循的道德原则和规范。教师职业道德的基本要求是：爱国守法、敬业爱生、教书育人、严谨治学、服务社会、为人师表等。教师职业道德具有先进性，应当比其他职业道德要求更高、更先进。教师职业道德具有示范性，教师的言谈举止、为人处事，乃至气质、性格等，都对学生起着熏陶、感染和潜移默化的作用。教师职业道德具有继承性和稳定性，是中华民族优秀传统美德长期积淀、继承、发展的结果。教师职业道德具有奉献性，教师的工作虽功在千秋，却难以取得立竿见影的收效，特别是在当今体制转轨，各种利益调整、碰撞的新形势下，更需要以无私奉献为基础的职业道德情操。习近平总书记多次强调要把师德师风建设摆在首要位置，2014 年 9 月 9 日，习近平总书记在同北京师范大学师生代表座谈时指出："教师的职业特性决定了教师必须是道德高尚的人群。合格的老师首先应该是道德上的合格者，好老师首先应该是以德施教、以德立身的楷模。"[1]2016 年 12

---

① 习近平. 做党和人民满意的好老师：同北京师范大学师生代表座谈时的讲话［M］. 北京：人民出版社，2014：7.

月 7 日，习近平总书记在全国高校思想政治工作会议上强调："要加强师德师风建设，坚持教书和育人相统一，坚持言传和身教相统一，坚持潜心问道和关注社会相统一，坚持学术自由和学术规范相统一，引导广大教师以德立身、以德立学、以德施教。"①2018 年 5 月 2 日，习近平总书记在北京大学师生座谈会上的讲话指出："评价教师队伍素质的第一标准应该是师德师风。师德师风建设应该是每一所学校常抓不懈的工作，既要有严格制度规定，也要有日常教育督导。我们的教师队伍师德师风总体是好的，绝大多数老师都敬重学问、关爱学生、严于律己、为人师表，受到学生尊敬和爱戴。同时，也要看到教师队伍中存在的一些问题。对出现的问题，我们要高度重视，认真解决。要引导教师把教书育人和自我修养结合起来，做到以德立身、以德立学、以德施教。"②2021 年 3 月 6 日，习近平在看望参加全国政协十三届四次会议的医药卫生界、教育界委员时强调："做好老师，就要执着于教书育人，有热爱教育的定力、淡泊名利的坚守，就要有理想信念、有道德情操、有扎实学识、有仁爱之心。广大思想政治理论课教师，政治要强、情怀要深、思维要新、视野要广、自律要严、人格要正。要把师德师风建设摆在首要位置，引导广大教师继承发扬老一辈教育工作者'捧着一颗心来，不带半根草去'的精神，以赤诚之心、奉献之心、仁爱之心投身教育事业。"③高校教师尤其要做到谦虚谨慎、发扬民主、善于合作、勤奋刻苦、实事求是、学风严谨，坚决反对弄虚作假和学术腐败。

4. 为人师表

这是教师的职业要求，也是教师的工作性质所决定的。因为教师的一言一行都会对学生产生潜移默化的影响，所以教师本人必须做出表率。为人师表对教师提出了多方面的要求，主要包括思想品质、政治素质、工作态度、钻研业务、生活作风、服饰打扮、言谈举止等方面。2019 年 3 月 18 日，习近平总书记主持召开学校思想政治理论课教师座谈会时强调："亲其师，才能信其道。要有堂堂正正的人格，用高尚的人格感染学生、赢得学生，用真理的力量感召学生，以深厚的理论功底赢得学生，自觉作为学为人的表率，做让学生喜爱的人。"④

（二）教育教学的义务

《教师法》第 7 条第 1 项规定教师有权"进行教育教学活动，开展教育教学改革和实验"。如同受教育权、劳动权等既是宪法规定的公民的基本权利，又是公民必须履行的宪法义务一样，教育教学既是教师的权利，又是教师的义务。教师的权利与义务是交叉的，

---

① 教育部课题组 . 深入学习习近平关于教育的重要论述［M］. 北京：人民出版社，2019：226.

② 习近平 . 在北京大学师生座谈会上的讲话［M］. 北京：人民出版社，2018：9.

③ 把保障人民健康放在优先发展的战略位置　着力构建优质均衡的基本公共教育服务体系［N］. 人民日报，2021-3-7（1）.

④ 习近平 . 习近平谈治国理政：第 3 卷［M］. 北京：外文出版社，2020：330.

这种交叉性是指教师的某些权利与义务是统一的。法律上赋予的权利，其本身也是义务；法律上规定的义务，其本身也是权利。

《教师法》第 8 条第 2 项规定的教育教学义务，主要内容包括以下几方面。

1. 贯彻国家的教育方针

教育方针是国家根据政治、经济和社会发展的要求，为实现教育目的而规定的教育工作的总方向，是教育政策的总概括。它指明了教育指导思想、培养人才规格及实现教育目的的基本途径等。高校教师是教育方针的具体执行者，在教育教学工作中必须贯彻国家的教育方针，为社会主义现代化建设服务、为人民服务，与生产劳动和社会实践相结合，使受教育者成为德、智、体、美、劳等方面全面发展的社会主义建设者和接班人。

2. 遵守规章制度，执行学校的教学计划

这里的规章制度主要是指关于教育教学方面的规章制度，是学校根据国家和主管的教育行政部门的有关规定而制定的规范性文件，包括教师任职条件和工作任务、工作量、考核办法的规定等。学校的教学计划是教师教学工作的指导性文件，包括招生、专业和课程设置、教材选编、教学方法、课时安排、考试评价、课外活动、实习见习等。教师在教育教学工作中必须自觉遵守有关规章制度，执行学校的教学计划，并以此安排好、组织好自己的教育教学工作。

3. 履行教师聘约，完成教育教学工作任务

教师与学校签订聘任合同，明确规定双方的权利、义务和责任，实际上就是建立了法律上的一种合同关系。教师应当按照聘约的规定完成教育教学工作任务。如果教师不能完成约定的任务，那么就要承担违约责任，学校可以根据约定对其予以解聘。

《高等教育法》第 52 条还规定："高等学校的教师、管理人员和教学辅助人员及其他专业技术人员，应当以教学和培养人才为中心做好本职工作。"高校教师要把主要精力用在教育教学上，而不能热衷第二职业，主要从事其他工作。

（三）思想教育的义务

我国的教育是社会主义性质的教育，教师不仅要传授科学文化知识和技能，而且要注意对学生进行思想教育。教师既要教书又要育人，教师不仅是"经师"，而且是"人师"，是人类灵魂的工程师。

2004 年 9 月，中共中央、国务院下发了《关于进一步加强和改进大学生思想政治教育的意见》。2017 年 2 月，中共中央、国务院印发《关于加强和改进新形势下高校思想政治工作的意见》指出，要强化思想理论教育和价值引领。把理想信念教育放在首位，切实抓好马克思列宁主义、毛泽东思想学习教育，广泛开展中国特色社会主义理论体系学习教育，深入学习习近平总书记系列重要讲话精神，引导师生深刻领会党中央治国理政新理念新思想新战略，坚定中国特色社会主义道路自信、理论自信、制度自信、文化自信。要培育和践行社会主义核心价值观，把社会主义核心价值观体现到教书育人全过程，引导师生

树立正确的世界观、人生观、价值观，加强国家意识、法治意识、社会责任意识教育，加强民族团结进步教育、国家安全教育、科学精神教育，以诚信建设为重点，加强社会公德、职业道德、家庭美德、个人品德教育，提升师生道德素养。2016 年 9 月 9 日，习近平总书记在北京市八一学校考察时强调："希望广大教师认清肩负的使命和责任，教育和引导学生热爱祖国、热爱人民、热爱中国共产党，教育和引导学生心中要有国家和民族、意识到肩负的责任，牢固树立为祖国服务、为人民服务的意识，立志成为党和人民需要的人才。"①

高等学校各门课程都具有育人功能，所有教师都肩负育人的职责和义务。广大高校教师要以高度负责的态度，率先垂范、言传身教，以良好的思想、道德、品质和人格给大学生以潜移默化的影响。2014 年 9 月 9 日，习近平总书记同北京师范大学师生代表座谈时的讲话指出："广大教师要用好课堂讲坛，用好校园阵地，用自己的行动倡导社会主义核心价值观，用自己的学识、阅历、经验点燃学生对真善美的向往，使社会主义核心价值观润物细无声地浸润学生们的心田、转化为日常行为，增强学生的价值判断能力、价值选择能力、价值塑造能力，引领学生健康成长。"② 因此，高校教师要把思想政治教育融入大学生专业学习的各个环节，渗透教学、科研和社会服务等各个方面。把思想价值引领贯穿教育教学全过程和各环节，形成教书育人、科研育人、实践育人、管理育人、服务育人、文化育人、组织育人的长效机制。要充分发掘和运用各学科、各类课程蕴含的思想政治教育资源，在传授专业知识过程中加强思想政治教育，使学生在学习科学文化知识过程中，自觉加强思想道德修养，提高政治觉悟。

（四）尊重学生人格的义务

从法律角度来讲，教师和学生都是普通公民，他们的法律地位是平等的，他们的人格尊严是平等的。《宪法》规定："中华人民共和国公民的人格尊严不受侵犯。"这里包括学生的人格尊严不受教师侵犯。教师尊重学生人格的义务主要包括以下三方面。

1. 关心、爱护全体学生

要求教师对全体学生一视同仁、平等相待，不得因为民族、性别、贫富、长相、学习成绩、思想表现、城乡身份等歧视任何学生；不得置学生于危及人身安全和健康的校舍或其他教育教学设施中活动；在学生患病或出现事故时，教师应积极采取措施救治，不得置之不理。

2. 尊重学生人格

《宪法》规定："公民的人格尊严不受侵犯，禁止用任何方法对公民进行侮辱、诽谤和

---

① 教育部课题组 . 深入学习习近平关于教育的重要论述［M］. 北京：人民出版社，2019：131.

② 习近平 . 做党和人民满意的好老师：同北京师范大学师生代表座谈时的讲话［M］. 北京：人民出版社，2014：6.

诬告陷害。"人格尊严是人格权的基础，具体包括生命健康权、名誉权、姓名权、肖像权等。人格尊严还与私生活权的保护有着密切的联系。因此，教师尊重学生人格，主要包括以下五方面：① 教师不得体罚、变相体罚学生，情节严重触犯法律的，要依法追究法律责任。② 教师不得侮辱、谩骂、讽刺、挖苦学生。③ 教师不得泄露学生隐私。如教师不得干涉学生的通信自由，不得拆阅学生信件等。④ 教师不得侵占、剥夺学生科研成果的署名权。如"博士生发表论文，导师必须为第一作者"的规定，实则是教师侵占了学生的知识产权。⑤ 教师不得强迫或引导学生做丧失人格尊严的事情。

3. 促进学生全面发展与个性发展

高等教育既要促进学生在德、智、体、美、劳等方面全面发展，又要尊重学生的个性发展，坚持个性发展和全面发展相统一。高校教师要树立以人为本、服务学生的理念，引导学生发展特长、成长成才。2021 年 9 月 8 日，习近平总书记在给全国高校黄大年式教师团队代表的回信中写道："好老师要做到学为人师、行为世范。希望你们继续学习弘扬黄大年同志等优秀教师的高尚精神，同全国高校广大教师一道，立德修身，潜心治学，开拓创新，真正把为学、为事、为人统一起来，当好学生成长的引路人，为培养德智体美劳全面发展的社会主义建设者和接班人、全面建设社会主义现代化国家不断作出新贡献。"

（五）保护学生权益的义务

教师保护学生的合法权益主要包括以下四方面。

1. 受教育权的保护

受教育权是学生最基本的权利。侵犯学生的受教育权在中小学比较多见，如学校随意开除学生，教师把犯错误但并没影响课堂纪律的学生撵出教室，不让迟到的学生进教室听课等。在大学里这些问题比较少见，但也时有发生侵害学生受教育权的现象。例如，考试过于严格，致使很多学生由于考试不及格而被留级甚至退学；教师发现学生考试作弊行为，加重处理，或者退学，使学生拿不到毕业证书、学位证书；论文答辩由于人为因素没有通过等。对此，教师应公平公正地对待学生，积极维护学生的受教育权。

2. 制止有害于学生的行为

有害于学生的行为包括两个方面：一是身体健康方面，例如体罚或变相体罚，让学生在危及人身安全和健康的场所活动，让学生参加有害于身体健康的劳动，违反规定加重学生学习负担等。二是心理健康方面，例如歧视学生、侮辱学生造成心理负面影响，向学生讲授封建迷信、恐怖、淫秽故事等。有害于学生的行为可能来自校内，也可能来自校外，无论来自哪里，教师都有义务加以制止。

3. 制止其他侵犯学生合法权益的行为

这些行为常见的包括滥收费，例如不合理地收取学生的转学费、补考费、留级费，强迫学生订购各种学习资料、报纸杂志等；滥罚款，例如宿舍卫生不合格罚款、吐痰罚款等。对这些行为，教师应采取一定方式加以制止。

4. 批评和抵制有害于学生健康成长的现象

有害于学生身心健康成长的现象有很多，如扰乱学校教学秩序，在校内或周边乱设摊点，诱骗大学生参与传销等非法活动等。特别是"黄""赌""毒"对青年大学生更具危害性，对此，教师有义务给予批评和坚决抵制。

（六）提高专业水平的义务

随着时代的发展，社会的进步，特别是知识经济时代的到来，我国高等教育的发展对高校教师的学历、专业水平提出了更高的要求；科学技术的不断进步，也对教师掌握先进教学手段提出了更高的要求；实施素质教育，不但要求高校教师不断提高自身素质，同时还要不断学习教育科学知识，掌握教育规律。面对新形势下的挑战，高校教师只有不断提高自己的思想政治素质和业务水平，才能满足学生的求知需求，才能立足于高校讲台，有所作为，为我国培养出更多的高水平专门人才。党的十八大以来，以习近平同志为核心的党中央高度重视教师队伍建设问题，始终把教师队伍建设作为重要的基础性工程来抓。习近平总书记曾在不同场合多次强调教师工作的重要意义，对广大教师提出殷切希望。2020年9月9日，在第三十六个教师节到来之际，习近平总书记代表党中央，向全国广大教师和教育工作者致以节日的祝贺和诚挚的慰问，强调指出："希望广大教师不忘立德树人初心，牢记为党育人、为国育才使命，积极探索新时代教育教学方法，不断提升教书育人本领，为培养德智体美劳全面发展的社会主义建设者和接班人作出新的更大贡献。"[1]2021年4月19日，习近平总书记在清华大学考察时强调："教师要成为大先生，做学生为学、为事、为人的示范，促进学生成长为全面发展的人。要研究真问题，着眼世界学术前沿和国家重大需求，致力于解决实际问题，善于学习新知识、新技术、新理论。"[2]

教师提高专业水平主要是两个方面：其一，提高思想政治觉悟。高校教师的思想水平和政治素养，直接影响和关系到学生的思想政治觉悟。因此，高校教师必须坚定正确的政治方向，拥护四项基本原则，学习和宣传马列主义、毛泽东思想、邓小平理论、"三个代表"重要思想、科学发展观、习近平新时代中国特色社会主义思想，强化爱岗敬业精神和教师的职业道德修养等。其二，提高教育教学业务水平。高校教师要不断更新自己的知识，扩大知识面，适应教材的变化和学生对知识的渴求；不断学习和掌握教育学、心理学方面的知识，懂得教育规律，逐渐成为教育行家；不断学习计算机、外语方面的知识，适应信息时代、改革开放对教师提出的要求。总之，高校教师只有不断提高教育教学业务水平，才能更好地完成高等教育的历史使命。

高校教师提高专业水平主要有两个途径，一是高校教师自主学习，主动提升。高校教

① 习近平向广大教师和教育工作者致以节日祝贺和诚挚慰问［N］.人民日报，2020-9-10（1）.
② 坚持中国特色世界一流大学建设目标方向　为服务国家富强民族复兴人民幸福贡献力量［N］.人民日报，2021-4-20（1）.

师应该根据工作需要和自己思想、业务水平的现状，制订进修提高计划，自我加压，积极进取，采取有效举措，不断提高自己。二是高等学校贯彻有关法律法规精神，对教师提高水平给予有效的制度安排。2018年5月2日，习近平总书记在北京大学师生座谈会上指出："建设政治素质过硬、业务能力精湛、育人水平高超的高素质教师队伍是大学建设的基础性工作。要从培养社会主义建设者和接班人的高度，考虑大学师资队伍的素质要求、人员构成、培训体系等。"[①]高等学校应遵照习近平总书记的指示精神，对教师进修培训权利的实现进行制度安排和配套落实。

【案例评析】

请扫描二维码并阅读案例，思考以下问题：

（1）张军等人更改2018年该院硕士研究生复试分数的行为侵犯了考生的什么权利？

（2）对于涉案人员进行处理的党规国法依据是否充分？

【案例简介】华南理工大学张军等人违规更改研究生复试分数事件

评析：

关于第一个问题，华南理工大学计算机科学与工程学院张军等人更改2018年该院硕士研究生复试分数，侵犯了考生的获得公正评价权和受教育权。根据《教育法》第43条规定，受教育者享有在学业成绩和品行上获得公正评价的权利。此项权利被称为"获得公正评价权"。学业成绩可以包括全国硕士研究生招生考试等教育考试中的成绩。张军等人更改2018年该院硕士研究生复试分数，使得考生的成绩与事实不符，侵犯了考生的获得公正评价权。考生参加全国硕士研究生招生考试，是希望获得攻读研究生学位的机会，在学校里继续接受教育。考生能否最终被录取，复试成绩十分重要。部分复试学生的复试分数被调低后，可能就会失去继续深造的机会，因此，更改硕士研究生复试分数严重侵犯了考生的受教育权。

关于第二个问题，在统筹推进依规治党和依法治国的时代背景下，华南理工大学作出处理的依据是《中国共产党纪律处分条例》《普通高等学校招生违规行为处理暂行办法》《事业单位工作人员处分暂行规定》等规定。张军等人滥用职权，违规违法，事实清楚，证据充分，理应接受党规国法的惩罚。练伟杰、余志文和杨毅仁身为中共党员，在受到相应行政处分的同时，也受到了开除党籍的严厉党纪处分。此次事件情节非常严重，影响十分恶劣，暴露出涉案大学落实全面从严治党责任不到位，对考试招生工作重视程度不够，组织领导不力，制度执行不严，监督管理缺位。全国硕士研究生招生考试社会关注度极高，其公平公正影响巨大。今后，需要进一步严格考试招生管理，切实维护考生合法权益，从而更好地维护教育公平公正。

---

① 习近平.在北京大学座谈会上的讲话［M］.北京：人民出版社，2018：8.

【实践·反思·探究】

1. 高校教师如何在教学科研中正确行使自己的权利和履行自己的义务?

2. 高校教师如何加强师德师风建设?

【推荐阅读】

1. 曹子建,李志平.我国高校教师的权利义务[M].成都:四川大学出版社,2012.

2. 中国高等教育学会"高校教师教学发展研究"专家工作组.全国普通高校教师教学发展分析报告(2020版)[M].杭州:浙江大学出版社,2022.

第六章　高校教师与学校的法律关系

【知识导图】

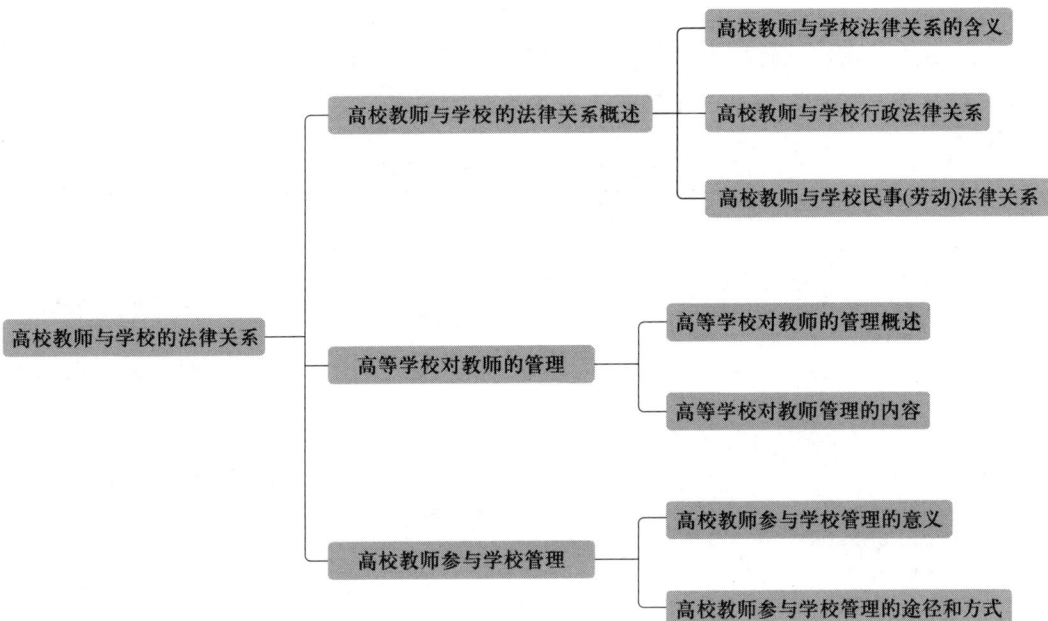

随着人事制度的改革，从最初的教师任命制度转换为现在的教师聘任制度，高校教师与学校之间也产生了新的法律关系，在这一关系下，双方更加平等和自主。

第一节　高校教师与学校的法律关系概述

高等学校与教师之间的法律关系具有双重性，既有通过行政任务形式使用和管理教师的任命制的行政法律关系，又有双方地位平等、各自具有相应权利与义务的聘任制的民事法律关系。

一、高校教师与学校法律关系的含义

高校教师与学校法律关系是指由法律所调整的高等学校与教师之间的权利与义务的关系。由于高等学校法律地位的特殊性及教师的职业特性，高等学校与教师之间的法律关系具有双重性，这在第三章高等学校法律关系中已有论述。一方面，高等学校具有授权行政主体地位，高等学校与教师之间是一种领导与被领导、管理与被管理的关系，高等学校对教师有领导权和管理权，同时也有维护教师合法权益的义务；教师对高等学校有接受领导和管理的义务，同时也有监督和参与学校管理的权利。另一方面，高等学校具有民事法人地位，在聘任制下教师与学校双方在平等地位上签订聘任合同，以聘书或者聘任文件的形式明确双方的权利与义务和违约责任。

高校教师与学校法律关系具有以下特征。

第一，法定性。高校教师与学校法律关系的主体、客体、内容是法定的。高等学校有权对教师进行管理，有权聘任教师，这都是高校办学自主权的要义之一，但同时也是基于我国《教育法》《教师法》《高等教育法》的规定，例如，对高校教师职称审定权是基于《教育法》《高等学校教师职务试行条例》的规定，高等学校实行教师聘任制是基于《教育法》《高等教育法》的规定。

第二，非单一性。高校教师与学校法律关系既有行政性质，也有民事性质（包含劳动法性质），呈现出多样化、交叉性的特征。高等学校对教师的管理关系与聘任关系并存，在实施教育活动的过程中，高等学校有权对教师进行领导和管理，教师必须接受和服从；教师也有权参与和监督高等学校管理，且与高等学校之间存在以聘任为特征的民事（劳动）法律关系。

第三，特殊性。高校教师与学校法律关系具有特殊性主要是因为高等学校特殊的法律地位及教师的职业特性。高等学校与教师承担着教书育人、培养高级专门人才的重任，其工作关系着国家前途和命运，因此法律赋予其特殊的法律地位，两者法律关系也与一般法律关系不同。例如，学校在聘任合同下仍有权对在聘教师的政治思想、业务水平、工作态度、工作成绩进行考核，实施包括奖励、处分在内的管理活动；教师则在认真履行职责、遵守学校规章制度、执行学校的教学计划、履行教师聘约、完成教育教学任务的条件下有充分的自主权，对学校的教育管理工作提出意见和建议，参与学校管理。

　　明确高校教师与学校法律关系具有重要意义。首先，高校教师与学校法律关系是高等学校法律关系的重要一环，正确看待高校教师与学校法律关系有利于正确定位学校法律地位，有利于高等学校正确实施管理。其次，明确高校教师与学校法律关系是保障教师权益的有效途径，教师是人类灵魂的工程师，担负着教书育人的重要使命，必须充分保障教师的合法权益。最后，明确并正确处理高校教师与学校法律关系是建立现代学校制度、推进高等教育改革的一项重要使命，高等教育改革是一项系统工程，必须做好各个方面的工作，高校教师与学校法律关系理应正确对待。

二、高校教师与学校行政法律关系

　　高校教师与学校行政法律关系是指高等学校经授权取得行政主体资格依法对高校教师进行行政管理所形成的法律关系，这一法律关系包括以下内容。

（一）作为授权主体的高等学校的权力与职责

　　1. 高等学校的权力
　　基于授权，高等学校享有以下权力。
　　（1）高校教师任职资格审定权
　　根据《高等学校教师职务试行条例》第15条规定："助教任职资格，由学校教师职务评审委员会或评审组审定。讲师任职资格，由学校教师职务评审委员会审定，报省、自治区、直辖市或主管部委教师职务评审委员会备案；没有成立教师职务评审委员会的学校由教师职务评审组评议，报省、自治区、直辖市或主管部委教师职务评审委员会审定。""部分高等学校教师职务评审委员会，经国家教育委员会会同省、自治区、直辖市、主管部委批准，有权审定副教授任职资格，或有权审定副教授、教授任职资格。"由此可见，高等学校拥有助教、讲师的任职资格审定权，部分高等学校拥有副教授的任职资格审定权，部分高等学校拥有副教授、教授的任职资格审定权。
　　（2）教师考核、表彰、奖励和惩罚权
　　《教师法》第22条规定："学校或者其他教育机构应当对教师的政治思想、业务水平、工作态度和工作成绩进行考核。"第33条规定："教师在教育教学、培养人才、科学研究、教学改革、学校建设、社会服务、勤工俭学等方面成绩优异的，由所在学校予以表彰、奖励。"第37条规定："教师有下列情形之一的，由所在学校、其他教育机构或者教育行政部门给予行政处分或者解聘：故意不完成教育教学任务给教育教学工作造成损失的；体罚学生，经教育不改的；品行不良、侮辱学生，影响恶劣的。"
　　（3）其他管理权
　　《教师法》第5条规定："学校和其他教育机构根据国家规定，自主进行教师管理工作。"

2. 高等学校的职责

高等学校的职责有：提供符合国家安全标准的教育教学设施和设备及必需的图书、资料和其他教育教学用品，以保障教师教学活动的顺利开展；鼓励和帮助教师在教育教学、科学研究中的创造性；支持教师制止有害于学生的行为或者其他侵犯学生合法权益的行为；接受教师申辩，依法处理教师纠纷等。

（二）作为行政相对人的教师的权利与义务

1. 作为行政相对人的教师的权利

依据《教师法》的规定，作为行政相对人的教师享有下列权利：① 参与管理权，教师可"通过教职工代表大会或者其他形式，参与学校的民主管理"。② 监督权，教师依法"对学校教育教学、管理工作和教育行政部门的工作提出意见和建议"。③ 业务进修权，国家建立了教师业务进修培训制度，教师有权参加业务进修以提高自己教书育人的水平。④ 申辩权，《教师法》第 39 条规定："教师对学校或者其他教育机构侵犯其合法权益的，或者对学校或者其他教育机构作出的处理不服的，可以向教育行政部门提出申诉，教育行政部门应当在接到申诉的三十日内，作出处理。"⑤ 法律、法规规定的其他权利。

2. 作为行政相对人的教师的义务

作为行政相对人的教师应履行如下义务：① 遵守宪法、法律和职业道德，为人师表。② 贯彻国家教育方针，遵守规章制度，执行学校教学计划。③ 教育学生、关爱和尊重学生。④ 不断提高思想政治觉悟和教育教学水平。

三、高校教师与学校民事（劳动）法律关系

高校教师与学校民事（劳动）法律关系主要体现在聘任制下教师与学校的合同关系。高等学校教师聘任制是指高等学校与教师在平等自愿的基础上，由高等学校根据教育教学需要设置一定的工作岗位，按照教师的职责、任职条件和任期聘请教师担任相应职务的一项制度。《教师法》第 17 条规定："学校和其他教育机构应当逐步实行教师聘任制。教师的聘任应当遵循双方地位平等的原则，由学校和教师签订聘任合同，明确规定双方的权利、义务和责任。"《高等教育法》第 48 条明确规定："高等学校实行教师聘任制。教师经评定具备任职条件的，由高等学校按照教师职务的职责、条件和任期聘任。高等学校的教师的聘任，应当遵循双方平等自愿的原则，由高等学校校长与受聘教师签订聘任合同。"实行教师聘任制，破除教师职务终身制，有利于建立公平、平等、竞争、择优的教师人才选拔机制，建立能上能下、奖优罚劣的竞争激励机制，促进人才的合理流动，充分调动广大教师的工作积极性和创造性，优化高校教师队伍结构，不断提高办学效益和办学水平。

在聘任制下，高等学校和教师通过聘任合同确立双方的法律关系。聘任双方在平等地位上基于独立而结合，基于意见一致或相互同意而成立合同。聘任合同对双方都具有约束

力，以聘书的形式明确双方的权利、义务和违约责任。双方的权利与义务是对等的。聘任制下高校教师与学校民事（劳动）法律关系主要包括以下内容。

（一）聘任制下高等学校的权利与义务

1. 聘任合同中高等学校的权利

一般来说，聘任合同中高等学校的权利包括：① 组织和实施教学活动权，聘任合同下学校仍是教育教学活动的组织者。② 对教师进行考核的权利，聘任合同下学校有权对教师的德、能、勤、绩进行考核，以保障教学秩序和教学质量。③ 合同变更和解除权，无特殊理由高校不得随意变更合同、解聘教师，但在特殊情况下，高校享有合同变更权。④ 其他权利。

2. 聘任合同中高等学校的义务

一般来说，聘任合同中高等学校的义务包括：① 按合同规定为教师提供教学、科研、进修、交流等条件的义务。《高等教育法》第 51 条规定："高等学校应当为教师参加培训、开展科学研究和进行学术交流提供便利条件。"② 支付教师劳动报酬的义务。③ 保障教师福利待遇的义务。④ 不随意变更合同的义务，一般情况下无特殊理由不得辞聘或解聘教师。⑤ 合同规定的其他义务。

（二）聘任制下高校教师的权利与义务

1. 聘任合同中高校教师的权利

一般来说，聘任合同中高校教师的权利包括：① 教育教学权，这是指高校教师有权按合同规定从事具体的教育教学工作并在教育教学实践的过程中不断探索新思路、新方法，改进教学方式等。② 科研学术活动权，高校教师从事科学研究、进行学术交流、参加专业性学术团体和活动是其重要权利。③ 指导和评价学生权，高校教师对学生进行指导和评价是应有的职责，也是教师的权利，同时还是具体的教育措施。④ 获得工资福利权，高校教师有权依照合同规定取得其工资等报酬，享受国家规定的福利待遇。⑤ 合同变更和解除权，教师在完成合同义务后可以辞聘，可以自主决定工作去向。⑥ 按合同规定的其他权利。

2. 聘任合同中高校教师的义务

一般来说，聘任合同中高校教师的义务包括：① 履行聘约，保质保量地完成教育教学工作任务。② 在聘任期间，无特殊理由一般不能辞聘或解聘，确需变动时，应提前与合同另一方当事人商议，双方达成一致协议后，方可变更和解除。③ 按合同规定的其他义务。

（三）聘任合同双方的法律责任

高等学校的法律责任主要有：在聘任过程中，高等学校行使权利不当，聘任的程序和方法违反法律的有关规定，造成高校教师的合法权益造成损害，高等学校应承担相应的法律责任；在聘任期间，高等学校未尽合同规定的义务，违反合同的规定，造成合同无法执行并给高校教师造成损失，应承担相应的法律责任；没有正当理由，缺乏充足的依据，解聘教师，侵犯教师的合法权益，应承担相应的法律责任。

作为受聘人的高校教师，其法律责任主要有：聘任合同签订后，不履行合同规定的义务，给学校的教育教学工作造成损失的，应承担相应的法律责任；在聘任期间，教师因种种原因，主动请求用人单位解除聘任合同，给用人单位造成损失的，应依照聘任合同和相应规定，承担相应的法律责任。

目前，由于多方面的原因，聘任制还存在一些不足亟须完善。很多高校也进行了有益的探索，积累了很多经验。概括起来有以下几点：第一，学校人员要定编，经费总额要包干。高等学校要制订合理的学校人员编制标准，严格考核，精简人员，提高每一位教师负担的学生人数。因此，学校主管部门应根据学校发展规划、办学规模、人员现状，逐年核定学校人员编制。第二，要定岗定责，明确各岗位任务。真正意义上的教师聘任制是严格以岗位需要来进行的，设岗既是推行教师聘任制的基础和前提，又是实施教师聘任制的关键所在。高等学校要从自身实际出发，做到按需定岗、以岗择人。岗位职责是受聘者应尽的责任，制定时应尽可能具体明晰，要明确各职务教师每年的教学工作量、科研任务、学科建设等各项职责。第三，要实行全员聘任，优化组合。第四，打破终身制，逐步建立起"能进能出、能上能下、能高能低"的激励竞争机制和约束机制。

在教师聘任过程中，还要处理好以下几个关系：一是双向选择与按需择优相结合。既要尊重学校选择教师的权利，也要尊重教师选择学校的权利；公开招聘，签订合同，明确职责。二是相对稳定与合理流动相结合。在相同条件下，应首先聘任本校原有教师。三是试聘、待聘与转聘、调离相结合，对落聘教师区分不同情况，做好思想工作。四是推行结构工资制，优质优酬。实行教职工聘任制是调动教职工积极性的基础，改革工资分配制度是落实教职工积极性的重要手段。一些改革试点单位主要采取结构工资制度，即打破原有平均分配工资的做法，按基础工资、工龄教龄工资、职务课的工资、考绩效益工资、物价补贴工资等方面，根据多劳多得、优质优酬的原则，发放工资报酬。

第二节　高等学校对教师的管理

《高等教育法》对高校教师资格制度、职务制度、聘任制度、考核制度等作出了原则规定，要求将高校教师管理纳入法制轨道，其目的是建设一支具有良好政治业务素质、结构合理、相对稳定的教师队伍。

一、高等学校对教师的管理概述

高等学校对教师的管理是以高等学校这个特定组织作为管理者，以高等学校教师这个特定群体作为被管理者，运用科学的原理和方法，遵照国家的法律、方针、政策，为实现教育目标而进行的一系列活动。具体是指学校确立教师的职责和权利，依法对教师进行的培训、奖励、考核等内容。高等学校对教师的管理是高校管理的一部分，《教育法》《高等教育法》赋予了高等学校一定程度的自主权，高等学校依法对教师进行管理是行使其自主权的体现。《教育法》《教师法》《高等教育法》以及其他相关规定是高等学校对教师管理的依据。

二、高等学校对教师管理的内容

（一）教师培训

《教师法》第19条规定："各级人民政府教育行政部门、学校主管部门和学校应当制定教师培训计划，对教师进行多种形式的思想政治、业务培训。"第20条规定："国家机关、企业事业单位和其他社会组织应当为教师的社会调查和社会实践提供方便，给予协助。"

教师参加培训既是权利也是义务。按照《教师法》的规定，教师享有参加进修和其他方式培训的权利，同时又负有"不断提高思想政治觉悟和教育教学业务水平"的义务。培训层次包括：① 常规教师进修（访问学者、进修学者、学位班、助教班、单科进修等）；② 高级研讨班；③ 学术支边活动；④ 教师岗前培训；⑤ 高校教师资格认定的高等教育学、高等教育心理学培训；⑥ 新课程教师培训等。

（二）教师考核

《教育法》第35条规定："国家实行教师资格、职务、聘任制度，通过考核、奖励、培养和培训，提高教师素质，加强教师队伍建设。"《教师法》第五章专门对教师的考核作出了规定。教师考核是指各级各类学校和其他教育机构以《教育法》《教师法》为依据，按照关于教师考核规定的内容、原则、程序、方法对教师进行考查和评价，以激励教师忠于职责，为教师的职务聘任、晋升工资、实施奖惩、培养培训等教师管理工作提供事实依据。

1. 教师考核的标准及原则

依据《教师法》第23条的规定，"考核应当客观、公正、准确"，因此教师考核的标准和原则是客观、公正、准确。客观是指对教师的考核要从客观实际出发，实事求是地对教师作出合理的评价，防止凭主观印象来考核教师。公正是指对教师的评价程序、办法、标准应该是相同的，不能对待不同的教师适用不同的标准、程序或尺度。公正与否关系到教师考核工作的成败，应严肃对待。准确则是在客观、公正的基础上对教师作出与其实际表现相符合的评价，杜绝夸大或缩小。教师考核结果应和教师的受聘任教、晋升工资、奖惩挂钩，和教师的切身利益相结合。教师考核就是按照教师任职条件和教师职责，通过定性和定量相结合的手段对教师的工作进行考查和评定。通过对教师的考核，一方面使领导对教师的政治素养、业务能力情况有全面的了解，为教师的安排使用、职务升迁、工资待遇、职称评定、奖励惩罚、培养进修等提供依据；另一方面使教师对自身有全面的认识，以便发扬优点，改正缺点，总结经验，提高教育教学质量和效益。

2. 教师考核的内容

依据《教师法》第23条的规定，考核的内容包括政治思想、业务水平、工作态度和工作成绩四个方面。政治思想方面，要考核教师对国家路线、方针、政策的态度；对社会主义事业的态度；对教育对象的态度；对教师集体的态度以及对自身提高的态度等。业务水平方面，要考核教师的素养和专业基础；教学内容的科学性、思想性；教学方法的灵活性、创造性；对教材和学生的分析能力、组织能力、语言表达能力等。工作态度方面，要考核教师接受任务的情况；出勤、出力的情况；遵纪守法的情况等。工作成绩方面，要考核教师完成工作量（包括课时工作量、兼职工作量、社会活动工作量）的情况；工作成果（学生进步程度、工作经验总结质量、科研论文数量质量、改革实验成果）的情况等。

3. 教师考核的方法

教师考核的方法包括：① 上级主管部门对教师的考核；② 教师自我评定；③ 教师之间的互评；④ 学生对教师的评价。

此外，教师考核的结论必须客观、公正、准确。考核结论应建立在定性分析和定量分析相结合的基础上。在考核过程中，凡能够定量的因素，如工作量、出勤率等应尽可能定量处理。但教育工作是非常复杂的精神生产，许多因素如思想观点、劳动态度、奉献精神等，很难用简单的数量来表示。因此，在使用定量分析的同时，也要坚持定性分析的方法。在形成考核结论时，要防止排斥定量和盲目定量的倾向。为了使考核结论起到导向、激励的作用，对于教师的实绩要充分肯定；对于教师的缺点，如果不是十分突出的原则性问题，就不宜过分指责。

4. 教师考核的意义

考核有利于教师素质的提高，考核是对教师德、能、勤、绩的全面考核，有助于教师全面提高水平和素质。考核有利于调动教师的积极性，考核结果是教师任教、提升、奖罚的依据，与教师的切身利益相关，因而可以激发教师奋发向上、努力钻研业务。考核有利于教师人尽其才，通过考核，可以客观了解教师的情况，根据教师水平、特点的不同，安排不同的岗位。

（三）教师奖励

对教师进行奖励有利于鼓励教师积极上进、终身从教，有利于加强教师队伍建设、促进教育教学质量的提高。《教师法》第七章对教师奖励作了专章规定。其中第 33 条规定："教师在教育教学、培养人才、科学研究、教学改革、学校建设、社会服务、勤工俭学等方面成绩优异的，由所在学校予以表彰、奖励。国务院和地方各级人民政府及其有关部门对有突出贡献的教师，应当予以表彰、奖励。对有重大贡献的教师，依照国家有关规定授予荣誉称号。"

1. 教师奖励的级别

根据规定，学校、国务院和地方各级人民政府及其有关部门都可以给予教师以相应的奖励。对在教育教学、培养人才、科学研究、教学改革、学校建设、社会服务、勤工俭学等方面作出优异成绩的教师，所在学校应予以表彰、奖励；对有突出贡献的教师，国务院和地方各级人民政府及其有关部门予以表彰、奖励；对有重大贡献的教师，如在教育教学、科学研究等方面，依照国家有关规定授予荣誉称号。

2. 教师奖励的形式

《教师法》第 34 条规定："国家支持和鼓励社会组织或者个人向依法成立的奖励教师的基金组织捐助资金，对教师进行奖励。"国家鼓励海内外人士设立相应的教师奖励基金或向依法成立的奖励教师的基金组织捐助资金，如"霍英东教育基金会高等院校青年教师基金及青年教师奖"等。国内企业、个人也可以以一些形式奖励教师。

3. 教师奖励的原则及作用

对教师的奖励要坚持物质奖励和精神奖励相结合的原则，只有这样才能真正起到激发教师工作积极性的作用。物质奖励包括奖金、实物、提升工资或为受奖教师提供学习、进修机会等。精神奖励是一种荣誉，如授予相应的荣誉称号。

第三节　高校教师参与学校管理

高校教师参与学校管理具有十分重要的意义。高校教师参与学校管理既是依法治校、实现学校决策科学化、高效化的需要，也是教师自我发展的需要。

一、高校教师参与学校管理的意义

《教育法》第 31 条规定："学校及其他教育机构应当按照国家有关规定，通过以教师为主体的教职工代表大会等组织形式，保障教职工参与民主管理和监督。"《高等教育法》第 43 条规定："高等学校通过以教师为主体的教职工代表大会等组织形式，依法保障教职工参与民主管理和监督，维护教职工合法权益。"这是我国高校教师参与学校管理的法律依据。高校教师依法参与学校管理具有重要的现实意义。

第一，高校教师参与学校管理是现代高校民主管理的重要途径和方式，是学校管理的重要组成部分，也是实现依法治教的途径之一。现代社会是民主社会，建立现代学校制度必须实行民主管理。教师作为高校成员，是教育法律关系主体之一，理应享有参与学校管理的权利。倡导教师参与学校管理，能够改变过去单一的行政管理方式，充分调动广大教师的积极性。高校教师参与管理与决策，证明他们不仅是执行学校任务的人，还是可以影响学校全局的人，这就充分激发了高校教师的主人翁精神，有利于其发挥其主动性和创造性，促进高校民主建设。

第二，高校教师参与学校管理有利于学校管理决策的科学性、前瞻性。高校教师是高等学校特有的人力资源。高校教师是高水平的知识分子，掌握最先进、最前沿的科学文化知识与技能，具有丰富的理论知识体系，其本身的优秀素质决定了其具备强烈的责任感。吸收高校教师加入管理队伍必然对管理决策的科学性、前瞻性发挥积极作用。

第三，高校教师参与学校管理是教师成长和自我发展的重要途径。一方面，教师在参与管理中充分认识到管理工作的重要性和自身的不足，从而完善自我、不断进步；另一方面，教师在参与管理工作中发挥自己的才能，展现自身优势，发掘潜能，逐渐成熟，进而成为学校管理人才，在学校管理岗位上走下去。

第四，高校教师参与学校管理是维护教师合法权益的有效手段。由教师直接参与管理，商议和制定有关自身切身利益的规章制度，对学校管理进行监督或评议，提出维护自身合法权益的意见或建议等都是教师维护自身合法权益的体现。

第五，高校教师参与学校管理是高等教育改革的重要保障。首先教师参与学校管理是高等教育改革的重要举措。我国高等教育正处于改革时期，高校管理是其中的重要一环。作为担负着为社会培养人才重任的高校，其管理和决策的效能优劣，将在很大程度上决定着人才培养工作的成败，也决定着高等教育改革的成败。而高校教师参与管理又是保障高校管理与决策科学化的重要前提。因此，高校教师参与学校管理是高等教育改革的重要保障，必须吸纳广大教师参与管理。

二、高校教师参与学校管理的途径和方式

（一）基本途径

《教育法》《高等教育法》都规定了以"教职工代表大会等组织形式"依法保障教职工参与学校管理。因此，高校教师参与学校管理主要是通过教职工代表大会的途径。高等学校教职工代表大会制度（以下简称教代会）是高等学校实行民主管理的基本形式和基本制度，是教师参与学校民主管理、进行民主监督的基本组织形式。

1. 工作机构

按照《教育法》《高等教育法》和《学校教职工代表大会规定》的相关规定，学校工会委员会承担教代会工作机构的任务。其主要职责是做好大会的筹备工作和会务工作，组

织选举教职工代表，征集和整理提案，提出大会方案和主席团人选建议名单，负责教代会闭会期间的日常工作。

2. 教代会的召开

教职工代表大会每 3 年或 5 年为一届，定期开会，每学年至少开 1 次。遇有重大事项，经学校、学校工会或 1/3 以上教职工代表大会代表提议，可以临时召开教职工代表大会。教职工代表大会的选举和表决，须经教职工代表大会代表半数以上通过方为有效，教代会在其职权范围内决定的事项非经教代会同意不得修改。

3. 教代会的领导体制

教代会接受党委领导，支持校长行使职权，维护行政系统权威。校长尊重教代会行使民主监督的权利，定期向教代会汇报工作，接受教代会检查和监督。

4. 教代会的职权

教代会具有以下职权：① 听取学校章程草案的制定和修订情况报告，提出修改意见和建议；② 听取学校发展规划、教职工队伍建设、教育教学改革、校园建设以及其他重大改革和重大问题解决方案的报告，提出意见和建议；③ 听取学校年度工作、财务工作、工会工作报告以及其他专项工作报告，提出意见和建议；④ 讨论通过学校提出的与教职工利益直接相关的福利、校内分配实施方案以及相应的教职工聘任、考核、奖惩办法；⑤ 审议学校上一届（次）教职工代表大会提案的办理情况报告；⑥ 按照有关工作规定和安排评议学校领导干部；⑦ 通过多种方式对学校工作提出意见和建议，监督学校章程、规章制度和决策的落实，提出整改意见和建议；⑧ 讨论法律法规规章规定的以及学校与学校工会商定的其他事项。

5. 教代会的代表

凡与学校签订聘任聘用合同、具有聘任聘用关系的教职工，均可当选为教代会代表，教代会代表实行任期制，任期 3 年或 5 年，可以连选连任。教代会代表以教师为主体，教师代表不得低于代表总数的 60%，并应当根据学校实际，保证一定比例的青年教师和女教师代表。

（二）其他途径和方式

教代会是高校教师参与学校管理的基本途径，根据《高等教育法》的规定，教师还可以通过其他的途径和方式参与学校管理，具体包括以下四个方面。

1. 批评、建议、信访、听证会、意见征求会等形式

通过批评、建议、信访、听证会、意见征求会等形式参与学校管理工作和有关规章的制定。学校建立顺畅的言论通道是以上这几种形式的保障。批评、建议等都不是正式途径，因此，学校要积极配合方能显示出以上途径的实际效用。学校不定期地召开各种非正式会议，鼓励教师畅所欲言，接受批评和建议，教师也主动提出对学校的建设性意见，这样就会实现参与管理的目的。此外，教师通过信访的途径将意见和建议反馈给上级，也是

一种参与管理的方式。高等学校具有授权行政主体的地位，享有一定的行政权，因此，在高校中的听证程序是有存在的必要的；高校教师可以通过听证会的形式参与到管理工作中来。意见征求会则是典型的吸收教师参与管理的方式。

2. 设立校长信箱或校长接待日制度

通过设立校长信箱或校长接待日制度参与学校管理。设立校长信箱或校长接待日，为教师提供了一个与学校最高行政领导直接对话的机会，有助于教师与校长直接交流、对学校的管理和决策提出建设性意见，是教师参与学校管理的良好途径，同时也是教师维护自身合法权益的方式之一。

3. 专设学校发展规划处或学校管理工作组

通过专设学校发展规划处或学校管理工作组的方式吸收那些具有远见卓识，处在学术、管理前沿，有开拓进取精神和责任心的教师参与学校管理，或者鼓励教师主动参与。这样教师可以把学校管理当作自己的本职工作，充分发挥自己的特长和优势，了解学校信息和发展动态，借鉴国内外高校管理的成功经验，及时准确地调整管理方式，为学校管理出谋划策。

4. 从教师中选拔干部

通过从教师中选拔干部的方式直接让教师参与学校管理。高等学校中有些部门的领导岗位，学术要求较强，如教务处、科研处等，这就需要选派有一定学术地位和眼光的专家、学者及教师担任该类职务，这样可以充分发挥他们在学术方面的特长，对一些重要事务如教学工作安排、科研工作开展等作出科学、合理的决策，从而推动学校管理工作的顺利进行。

总之，高等学校与高校教师作为教育法律关系的主体，基于各自的法律地位和身份，在教育活动中有着密切的联系，高等学校与高校教师之间既存在行政法律关系，也存在民事（劳动）法律关系。高等学校依法对高校教师实施管理，高校教师也通过多种途径和方式参与学校管理，共同为我国高等教育事业作出积极贡献。

【案例评析】

请扫描二维码并阅读案例，思考以下问题：

（1）张在元教授与武汉大学是聘任关系还是人事关系？

（2）非全职员工是否应该享受全职员工的医疗待遇？

（3）在张在元教授病床前，武汉大学能否宣布合同终止？

（4）张在元老师后续治疗费用该由谁承担？

【案例简介】武汉大学解聘重病教授
张在元案

评析：

第一个问题涉及谁该为张在元教授养老送终和谁该为张在元教授求医问药两个重要方面，张在元教授和武汉大学是非全日制聘任关系。

2000年以来，全国高校普遍开展人事制度改革，引进"外脑""外专"成为各大高校提升教学水平、与国际接轨的重要手段。武汉大学属于事业单位编制的教职工，可以享受校内教职工住房及公费医疗等福利。张在元教授虽然曾经在武汉大学任教，但在1988年辞职离开学校，此时其人事关系已经不在武汉大学了，即武汉大学已经没有其编制了。2005年4月，张在元教授再次被武汉大学聘任为城市设计学院院长兼教授，聘期四年。学校在聘任张在元教授的合同中，双方明确约定，张在元教授每年在学校工作时间不少于120天，学校为张在元教授提供每月1万元的酬劳。

2003年，劳动保障部《关于非全日制用工若干问题的意见》规定：非全日制用工是劳动者在同一用人单位平均每日工作时间不超过5小时累计每周工作时间不超过30小时的用工形式。从事非全日制工作的劳动者，可以与一个或一个以上用人单位建立劳动关系。《中华人民共和国劳动合同法》（以下简称《劳动合同法》）第68条对此作了修改，改为"一般平均每日工作时间不超过4小时，每周工作时间累计不超过24小时"。按照上述规定，每年52周×24＝1248小时，如果每年工作1248小时以下，则为非全日制员工。

按照张在元教授与武汉大学的合同，武汉大学要求张教授的工作时间为每年至少120天即960小时。如果没有证据证明实际工时超过1248小时（2008年前为1560小时），张在元教授与武汉大学应该属于非全日制劳动关系。与此同时，他本人还是"喜马拉雅空间设计"公司的创办人与领衔设计师。也就是说，张在元教授身上存在多重劳动关系，因此，张在元教授与武汉大学应该属于非全日制聘任关系。正是由于武汉大学在人事体制上的"双轨制"，增加了今天张在元教授事情的复杂性。

针对第二个问题，《劳动法》第72条规定，"用人单位和劳动者必须依法参加社会保险，缴纳社会保险费"。国家规定单位应该为全日制劳动者缴纳各种保险，但是张在元教授在武汉大学不是全日制劳动者，而是非全日制劳动者。武汉大学是否必须为张在元教授缴纳各种保险，至今无法律明文规定。现在的高校在用人制度方面已经比较灵活了，即便人事关系不在学校里，教师同样可以出任学院院长这样的重要职务。全职教授属于本单位职工，有正式编制，享受事业单位的待遇和福利。学校与这些教授也会签订5～10年的聘任合同。在此期间，教授如果患大病，除享受国家和所在城市规定的社会医疗保险外，还可以享受学校之前统一购买的大病保险、工会补贴等。而兼职教授属编制外人员，学校与其聘任合同中会明确规定一年中在校工作时间和薪酬，不享受校内教职工住房及医疗等福利。

劳动保障部《关于非全日制用工若干问题的意见》第11条规定："从事非全日制工作的劳动者可以以个人身份参加基本医疗保险。"《武汉市城镇灵活就业人员基本医疗保险办法》规定："本办法所称城镇灵活就业人员，是指本市以非全日制、临时性或弹性工作等灵活形式就业的人员。"在武汉市社保实践中，往往被称为"个人流动窗口"，在这个窗口参加养老、医疗保险的人员非常之多，包括未就业大学生、失业人员、离开单位一时未找到工作人员、非全日制员工、个体户老板等，其中对于离开国有单位的人员，还依法承认原工龄。张在元教授如果没有在其他单位参保，本人又在武汉，完全可以在这个"流动窗口"参加养老、医疗保险，缴费数额为社会平均工资的26%，退休时、患大病时依法享受城镇职工的社会保险待遇。

据悉张在元教授本身就有一家自己的公司，按照我国现在的法律规定，如果一个人有两个单位的话，他的社保由谁交纳，由双方来约定，也就是合同约定。如果张在元教授办了社保，其巨额医疗费用中的绝大部分将由大病医疗保险基金支付。而现实是他没有参加社保，即在两个单位都没交医保的他就成了医保覆盖的空白区。

针对第三个问题，武汉大学的做法是合法的。就本案而言，武汉大学在双方合同到期时可以终止合同。《劳动合同法》第44条规定：劳动合同期满的劳动合同可以终止，但《劳动合同法》第45条又规定：劳动合同期满，有本法第42条规定情形之一的，劳动合同应当续延至相应的情形消失时终止。《劳动合同法》第42条第3款规定劳动者患病或者非因工负伤，在规定的医疗期内的是不可以终止合同的。因此，这里就存在合同期满和规定的医疗期的关系问题：如果合同期限届满但在规定的医疗期内，则不能终止合同，如果过了医疗期，则可以终止合同。

《企业职工患病或非因工负伤医疗期规定》第3条规定，企业职工因患病或非因工负伤，需要停止工作医疗时，根据本人实际参加工作年限和在本单位工作年限，给予3个月到24个月的医疗期：实际工作年限10年以下的，在本单位工作年限5年以下的为3个月；5年以上的为6个月；实际工作年限10年以上的，在本单位工作年限5年以下的为6个月，5年以上10年以下的为9个月；10年以上15年以下为12个月；15年以上20年以下的为18个月；20年以上的为24个月。由此条款可知，医疗期的最长期限为2年。在国家未就事业单位职工医疗期作出规定之前，事业单位可以参照《企业职工患病或非因工负伤医疗期规定》执行。

在本案中，张在元教授2006年患病，到2009年4月已经患病接近三年，超过了法律规定的最长医疗期2年。因此，武汉大学在合同期满时是可以终止合同的，其做法是符合法律规定的。而且，湖北省劳动厅《关于全面实行劳动合同制若干问题的处理意见》第20条："劳动合同期满，双方没有及时续签劳动合同又未办理终止手续形成事实劳动关系的，视为续订劳动合同，期限同前一劳动合同期限。"照此条款，如果武汉大学没有及时终止劳动合同，哪怕劳动关系超期一天，也视为双方续订了劳动合同，合同期限还是4年，一直到2013年。所以，武汉大学的做法是完全符合法律规定的。

针对第四个问题，张在元教授的医疗费用应由其本人承担支付。张在元教授与武汉大学的关系是非全日制合同聘任关系，在合同中，双方明确约定，张在元教授每年在学校工作时间不少于120天，学校为张在元教授提供每月1万元的酬劳（包含养老、医疗、失业以及工伤等保险和公积金中单位承担部分，若因个人未投以上各保险和公积金所引起的后果均由张在元教授个人承担）。按照合同规定，武汉大学没有责任负担张在元教授的医疗费用，因此，张在元教授的后续医疗费用应由其个人来负责。另外，按照湖北省有关规定，养老保险可以补办。张在元教授可以向湖北省社保部门申请补办养老保险、补缴养老保险费，时间可以上溯到 1996 年 1 月 1 日。在依法参加养老保险的同时参加医疗保险，缴费 6 个月之后可享受医疗保险待遇。武汉大学在补办补缴问题上可予以支持和帮助。如果由于法定原因不能补办补缴，无法享受城镇职工的社保待遇，那么可以退而求其次，在张教授的户籍所在地办理城镇居民基本医疗保险，享受居民医保待遇。

【实践·反思·探究】

1. 如何完善高校教师考核制度？

2. 如何提高高校教师参与学校管理的有效性？

3. 怎样处理高校教师参与学校管理中的法律纠纷？

【推荐阅读】

1. 李洪深. 应用型高校教师绩效管理［M］. 北京：经济管理出版社，2020.

2. 何祥林，周东明，何静. 高校民主管理路径研究［M］. 北京：社会科学文献出版社，2019.

3. 万玮. 学校管理的本质［M］. 上海：上海教育出版社，2019.

第七章 高校教师与学生的法律关系

【知识导图】

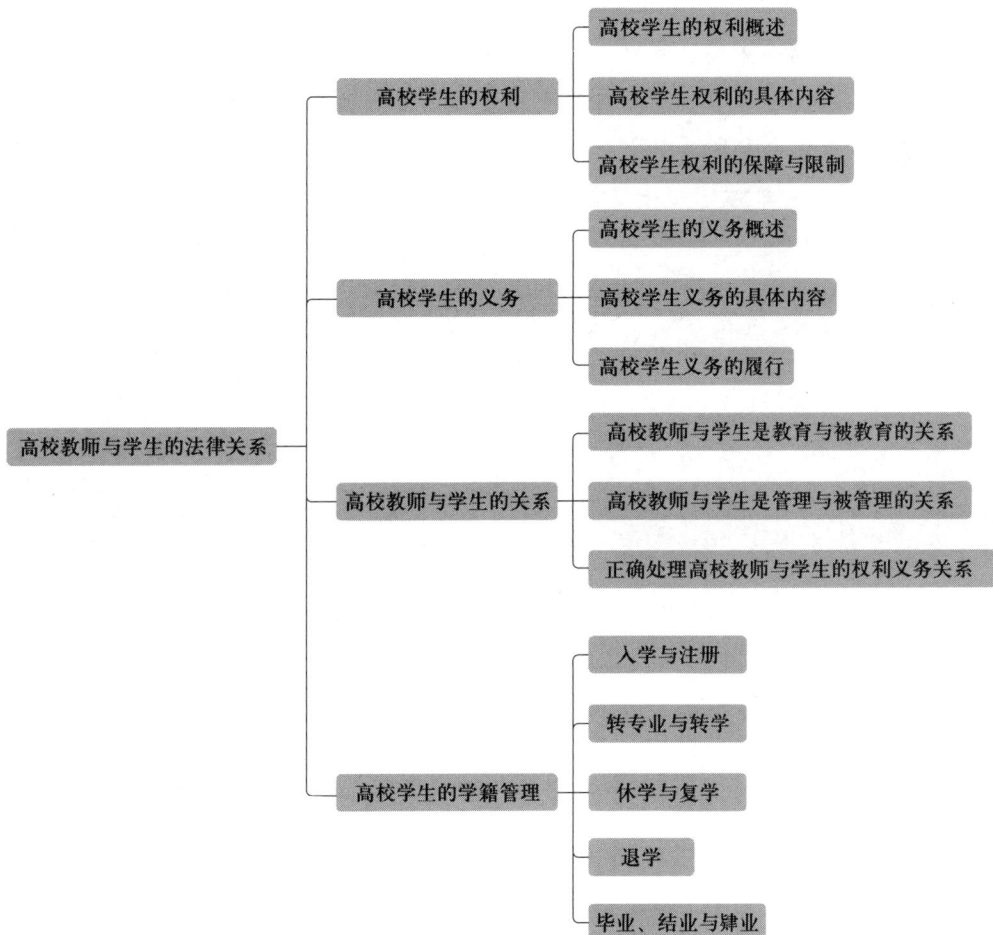

高校教师与学生的法律关系
- 高校学生的权利
  - 高校学生的权利概述
  - 高校学生权利的具体内容
  - 高校学生权利的保障与限制
- 高校学生的义务
  - 高校学生的义务概述
  - 高校学生义务的具体内容
  - 高校学生义务的履行
- 高校教师与学生的关系
  - 高校教师与学生是教育与被教育的关系
  - 高校教师与学生是管理与被管理的关系
  - 正确处理高校教师与学生的权利义务关系
- 高校学生的学籍管理
  - 入学与注册
  - 转专业与转学
  - 休学与复学
  - 退学
  - 毕业、结业与肄业

高校教师与学生的关系既是教育与被教育的关系，也是管理与被管理的关系。教师有教师的职责，学生有学生的权利，正确把握两者之间的关系，对于教学相长具有十分重要的作用。

第一节　高校学生的权利

高等学校的学生基本上已年满 18 岁，他们不仅享有一般受教育者的权利、高等教育受教育者享有的附加权利，也享有公民的基本权利、有关民事权利和利益。

一、高校学生的权利概述

从教育学的角度来看，所谓学生，一般是指在初等学校、中等学校、高等学校和研究机构中学习或者以学习为主要任务的儿童、少年和青年。按学习的阶段划分为小学生、中学生、大学生和研究生等。同时，学生也用来泛指一切受教育的人，是受教育者的另一种称谓，其对象不仅包括儿童、青少年，也包括成年人。随着终身教育的兴起，学生概念的外延不断扩大。

从教育法学或者从法学的角度来看，学生的本质属性应包括三个层面：一是国家社会成员，是国家公民；二是在依法成立或者法律认可的学校及其他教育机构按规定条件具有或者获得学籍的公民；三是在学校及其他教育机构中接受教育的公民。因此，学生的法律概念可以这样表述：学生是在依法成立或者国家法律认可的学校及其他教育机构按规定条件具有或者取得学籍，并在其中接受教育的公民。

在高等教育领域，学生是在依法成立或者国家法律认可的高等学校及其他高等教育或者研究机构中按规定条件具有或者取得学籍，并在其中接受高等教育的公民。在这里，学生是高等学校及其他高等教育或者研究机构的教育对象，是教育活动的参加者，他们和教师一样都是教育法律关系的主体，即教育权利的享有者和教育义务的承担者。

在教育法律关系中，学生是主体之一，而权利与义务又是法律规范的核心内容。因此，在大量的教育法律法规中，都对学生的权利与义务作了规定。将学生的权利与义务规定在教育法律法规中，具有重要的作用和意义。

第一，有利于维护学校的教育教学秩序。秩序表明的是社会活动的有序状态，这种状态往往要由法律来设定。法律设定社会秩序的途径是通过立法确定人们所享有的权利和应履行的义务，并通过保障权利人利益的获得和义务人义务的履行来达到秩序状态。

第二，有利于维护学生的正当权益。如果把学校与学生的关系理解为一种单纯的管理与被管理的关系，学生的正当权益则不能受到充分重视。随着我国民主法治建设的发展，如何在维护学校教育教学秩序的同时尊重和保护学生的正当权益这一议题提上了日程。在国家教育法律法规中明确学生的权利，有利于界定学生的权利范围，有利于学校在教育教学管理中自觉维护学生的合法权益。

第三，有助于协调学校和学生之间的关系。学校与学生的关系经由法律调整成为特定的法律关系。在这种法律关系中，双方均享有各自的权利，履行各自的义务。任何一方都不得只享有权利而不承担义务，也不能只承担义务而不享有权利。同时，双方在行使权利时都不能侵害相对一方的权利，都必须将尊重对方权利作为己方行使权利获得利益的前提。因此，明确学生的权利和义务，有助于形成并协调学校和学生之间的合理关系。

对高校学生来说，关于权利的法律规定大体上有如下三部分。

（一）作为一般受教育者所享有的权利

《教育法》第43条对此作了规定，即"受教育者享有下列权利：（1）参加教育教学计划安排的各种活动，使用教育教学设施、设备、图书资料；（2）按照国家有关规定获得奖学金、贷学金、助学金；（3）在学业成绩和品行上获得公正评价，完成规定的学业后获得相应的学业证书、学位证书；（4）对学校给予的处分不服向有关部门提出申诉，对学校、教师侵犯其人身权、财产权等合法权益，提出申诉或者依法提起诉讼；（5）法律、法规规定的其他权利。"

以上权利可归纳为：参加教育教学活动权，获得学金权，获得公正评价权，获得学历证书、学位证书权，申诉起诉权。

（二）作为高等教育受教育者享有的附加权利

这部分权利主要是在《高等教育法》中规定的，其中第54条第2款规定："家庭经济困难的学生，可以申请补助或者减免学费。"第56条第1款规定："高等学校的学生在课余时间可以参加社会服务和勤工助学活动，但不得影响学业任务的完成。"第57条规定："高等学校的学生，可以在校内组织学生团体。学生团体在法律、法规规定的范围内活动，服从学校的领导与管理。"第59条规定："高等学校应当为毕业生、结业生提供就业指导和服务。"

以上权利可归纳为：申请经济补助权，参加社会服务和勤工助学权，组织社团权，就业权。

（三）作为一般公民所享有的权利

这部分权利就是《教育法》第43条中规定的"法律、法规规定的其他权利"，也就是在《宪法》等法律中规定的权利，其中主要有：① 受教育权。《宪法》第46条规定："中华人民共和国公民有受教育的权利和义务。"《高等教育法》第9条规定："公民依法享有接受高等教育的权利。"② 学术研究权。《宪法》第47条规定："中华人民共和国公民有进行科学研究、文学艺术创作和其他文化活动的自由。"对此，《高等教育法》第10条作了同样的规定："国家依法保障高等学校中的科学研究、文学艺术创作和其他文化活动的自由。在高等学校中从事科学研究、文学艺术创作和其他文化活动，应当遵守法律。"③ 宗教信仰自由。《宪法》第36条规定："中华人民共和国公民有宗教信仰自由。"④人身自由。《宪法》第 37 条规定:"中华人民共和国公民的人身自由不受侵犯。"人身自由除人的身体外,还包括人格尊严、住宅、通信自由和个人隐私不受侵犯。⑤劳动权。《宪法》第 42 条规定:"中华人民共和国公民有劳动的权利和义务。"劳动权主要包括劳动就业权和取得报酬权。⑥监督权。《宪法》第 41 条规定:"中华人民共和国公民对于任何国家机关和国家工作人员,有提出批评和建议的权利;对于任何国家机关和国家工作人员的违法失职行为,有向有关国家机关提出申诉、控告或者检举的权利。"

二、高校学生权利的具体内容

关于高校学生的权利,2017 年 2 月 4 日发布的《普通高等学校学生管理规定》进行了完整的表述:"学生在校期间依法享有下列权利:(一)参加学校教育教学计划安排的各项活动,使用学校提供的教育教学资源;(二)参加社会实践、志愿服务、勤工助学、文娱体育及科技文化创新等活动,获得就业创业指导和服务;(三)申请奖学金、助学金及助学贷款;(四)在思想品德、学业成绩等方面获得科学、公正评价,完成学校规定学业后获得相应的学历证书、学位证书;(五)在校内组织、参加学生团体,以适当方式参与学校管理,对学校与学生权益相关事务享有知情权、参与权、表达权和监督权;(六)对学校给予的处理或者处分有异议,向学校、教育行政部门提出申诉,对学校、教职员工侵犯其人身权、财产权等合法权益的行为,提出申诉或者依法提起诉讼;(七)法律、法规及学校章程规定的其他权利。"

(一)参加教育教学活动权

这是学生最重要、最基本的权利,也是学生受教育权的具体体现。高等学校学生通过国家组织的考试,按照一定标准和程序被学校录取,在履行了缴纳学费及有关费用等义务后,理应享有参加学校教育教学计划安排的各项活动的权利和使用教学资源的权利。所谓教育教学计划安排的活动,主要包括纳入学校教育教学计划的选课、上课、考试、实验、实习、毕业论文(设计)与答辩、讲座以及课外活动;所谓教育教学资源,主要包括教室、实验室、图书馆、资料室(电子阅览室)、体育场馆以及其他有关的教育教学设备和设施。参加学校教育教学计划安排的活动和使用教育教学资源,是学生成为符合社会需要的人才的必要条件,因此,应当成为学生的一项基本权利。

(二)参加社会活动权

人具有社会属性,高校学生也是如此。学生参加社会实践、志愿服务、勤工助学、文娱体育及科技文化创新等活动,有利于全方位深入地了解社会、适应社会,有利于学生的成长、成熟和成才。另外,学生终归要走向社会、服务社会,参加社会活动有利于学生获得就业创业指导和服务,有利于学生为社会作贡献。

（三）获得学金权

高校学生有按照国家有关规定获得奖学金、助学金、贷学金（助学贷款）的权利，该权利就是获得学金权。这"三金"是为了保障学生享有受教育权而设立的，奖学金是鼓励学业优秀的学生，贷学金、助学金是让贫困家庭学生获得均等的教育机会，以保证他们完成相应的学业。

《高等教育法》第55条规定，"国家设立奖学金，并鼓励高等学校、企业事业组织、社会团体以及其他社会组织和个人按照国家有关规定设立各种形式的奖学金，对品学兼优的学生、国家规定的专业的学生以及到国家规定的地区工作的学生给予奖励。"其中，国家奖学金是指为了激励普通本科高校、高等职业学校和高等专科学校学生勤奋学习、努力进取，在德、智、体、美、劳方面全面发展，由中央政府出资设立的用来奖励特别优秀学生的奖学金。国家奖学金也是当前高等学校学生能够获得的荣誉等级最高的奖学金，其评审最为规范，标准最为严格。

国家助学金是为了体现党和政府对普通本科高校、高等职业学校和高等专科学校家庭经济困难学生的关怀，由中央与地方政府共同出资设立的，用于资助家庭经济困难的全日制普通本专科（含高职、第二学士学位）在校学生的助学金。高校学生资助管理机构结合该校家庭经济困难学生等级认定情况，组织评审，提出享受国家助学金资助初步名单及资助档次，报学校领导集体研究通过后，于每年11月15日前，将该校当年国家助学金政策的落实情况按隶属关系报至中央主管部门或省级教育部门备案。

国家助学贷款是党中央、国务院在社会主义市场经济条件下，利用金融手段完善我国普通高校资助政策体系，加大对普通高校贫困家庭学生资助力度所采取的一项重大措施。国家助学贷款是由政府主导、财政贴息、财政和高校共同给予银行一定风险补偿金，银行、教育行政部门与高校共同操作的专门帮助高校贫困家庭学生的银行贷款。借款学生不需要办理贷款担保或抵押，但需要承诺按期还款，并承担相关法律责任。借款学生通过学校向银行申请贷款，用于弥补在校期间各项费用不足，毕业后分期偿还。助学贷款是国家为了帮助家庭经济困难的学生完成学业而采取的一项保障性措施。助学贷款与奖学金不同的是，奖学金是无偿发放给学生的，而助学贷款则是有偿使用，但仍属于资助学生的一种方式。学生助学贷款的实施具有多重意义：对于国家和学校来讲，助学贷款有利于实现高等教育的公平，实现"成本分担"和教育成本的部分回收；对于学生而言，有利于帮助家庭经济困难的学生完成学业，不至于因家庭经济问题而辍学，从而享受平等地接受高等教育的权利。

（四）获得公正评价权

高等学校应当本着对学生认真负责的态度，按照统一的标准和条件，依据学生的实际能力及其表现，对其思想品德、学业成绩等作出恰如其分的评价，不受民族、家庭、性别以及与评价者远近亲疏等因素的影响。能否在对学生的评价中做到客观公正，关系到能否调动学生的积极性，关系到学生之间是否团结，最终关系到能否维护学生的正当权益。因此，学生有权要求学校对自己的能力和实际表现作出公正评价。

在学业成绩和品行上获得公正评价，具体包括两层含义：其一，教育者要采取公正、客观的态度，一视同仁，不分亲疏；尊重学生的平等权利，同等对待每一位学生。其二，对学生学业成绩和品行的评价标准统一，不能以多条标准来评价；课程学业成绩的评价标准要根据教学大纲的要求确定，品行评价标准要根据《高等学校学生行为准则》和学校的有关规定确定。特别是对学生的品行评价，要坚持实事求是的原则，从学生的实际出发，根据评价内容的基本要求，用全面、发展的观点看待学生，使每个学生都得到公正的评价。

（五）获得学历证书、学位证书权

学历证书、学位证书是学生达到一定学识水平的证明，是学生就业或者继续深造的重要依据。为此，国家建立了教育证书制度、考试制度、学位制度等，学生按规定达到一定学识水平即可获得相应证书。

学历证书是实施学历教育的学校和承担研究生教育的科研单位，对完成学制系统内某一教育阶段学习任务的受教育者所颁发的文凭，或者说，它是以上教育机构颁发给学生的受教育程度的凭证。普通高等教育学历证书分为毕业证书、结业证书和肄业证书。凡在学校规定的修业年限内完成教育教学计划规定的内容并达到毕业要求且德、体合格的学生，准予毕业，颁发毕业证书；凡完成教育教学计划规定的内容，但未达到毕业要求的学生，准予结业，颁发结业证书；凡学满一年以上但未达到教育教学计划规定内容停止学业的学生，颁发肄业证书。

学位证书是国家以一定学术水平为标准，颁发给受教育者的反映其专业知识能力和学术水平的凭证。根据现行学位条例的规定，我国学位分为学士、硕士、博士三级。

高等学校的本科毕业生，达到下述学术水平者，授予学士学位：① 较好地掌握本门学科的基础理论、专门知识和基本技能；② 具有从事科学研究工作或者担负专门技术工作的初步能力。

高等学校和科学研究机构的硕士研究生，或者具有硕士研究生毕业同等学力的人员，通过硕士学位的课程考试和论文答辩，成绩合格，达到下述学术水平者，授予硕士学位：① 在本门学科上掌握坚实的基础理论和系统的专门知识；② 具有从事科学研究工作或者独立担负专门技术工作的能力。

高等学校和科学研究机构的博士研究生，或者具有博士研究生毕业同等学力的人员，通过博士学位的课程考试和论文答辩，成绩合格，达到下述学术水平者，授予博士学位：① 在本门学科上掌握坚实宽广的基础理论和系统深入的专门知识；② 具有独立从事科学研究工作的能力；③ 在科学或者专门技术上做出创造性的成果。

2018 年 4 月，教育部公布《学位授予和人才培养学科目录》，我国学位按照下列学科门类授予：哲学、经济学、法学、教育学、文学、历史学、理学、工学、农学、医学、军事学、管理学、艺术学。2020 年 12 月 30 日，国务院学位委员会、教育部正式发布《关于设置"交叉学科"门类、"集成电路科学与工程"和"国家安全学"一级学科的通知》，决定新增设 1 个学科门类、2 个一级学科。学科门类"交叉学科"门类代码为"14"。一级学科"集成电路科学与工程"学科代码为"1401"，"国家安全学"学科代码为"1402"。设置"交叉学科"门类后，我国共设 14 大学科门类，分别为哲学、经济学、法学、教育学、文学、历史学、理学、工学、农学、医学、军事学、管理学、艺术学、交叉学科。

（六）申诉起诉权

申诉起诉权属第二权利，即当学生的合法权益受到侵犯时，学生可以依法向有关部门申请法律救济。申诉起诉权实际上就是获得法律救济的权利。

1. 申诉权

学生对学校及其他教育机构给予的处分不服或者合法权益受到侵犯时，可以向主管学校的教育行政部门提出申诉，说明理由和要求。教育行政部门在接到学生的申诉后，要在规定的时间内进行调查并作出决定。申诉主要包括两项内容：一是申诉事由，二是申诉受理的组织。申诉事由有两类，即处分与处理。处分属于学生行为的调控机制，它与奖励结合在一起对学生的行为发挥着重要的调控作用。处分一般因学生违法、违规、违纪而引起，例如偷窃、打架、赌博、损坏公私财物、破坏公共秩序、考试作弊等。

处理的外延要宽于处分。处分一般针对违法、违规、违纪行为，而处理的对象不一定都是违法、违规、违纪行为。学校对学生的处理行为的范围广泛而且复杂，不可能也没有必要将学校的所有处理行为都纳入申诉的范畴。一般来讲，纳入申诉范畴的处理行为应当是与学生权利和义务有关的行为，例如取消入学资格、退学、休学、复学、评选奖学金和三好学生、免试推荐研究生、颁发学历证书和学位证书等。

学校的以上处分和处理行为，都涉及学生的权利和义务。从权利本位出发，国家和学校在制定学生管理规定时，应当为学生提供权利的救济机制。如果学生对学校的处分或者处理持有异议，可以向有关部门提出申诉。通过学生的申诉，可以监督学校的处分或者处理行为，是否证据充分、依据明确、定性准确、程序正当、处分适当。

关于学生的申诉，有两类组织负责受理，一是提出申诉的学生所在学校，二是学校所在地的省级教育行政部门。学生申诉应当先向所在学校提出，对学校的复查决定有异议的，再向学校所在地的省级教育行政部门申诉。

2. 起诉权

学生的人身权、财产权等合法权益受到学校、教师的严重侵犯后，学生可以向法院依法提起诉讼。

（七）组织社团权

学生社团是指高等学校学生中有相同兴趣、爱好者自愿组织的群众性课外活动团体，一般不受年级、系科限制。学生社团活动内容可涉及文化、艺术、科学技术、体育各方面，活动方式也多种多样，如举办讲座，组织专题讨论，进行社会调查、实践，开展科学实验、文化展览、体育竞赛等。学生社团的机构设置、领导成员一般由参加者民主选举产生。《高等教育法》第57条规定："高等学校的学生，可以在校内组织学生团体。学生团体在法律、法规规定的范围内活动，服从学校的领导和管理。"《普通高等学校学生管理规定》也明确要求学生成立团体应当按学校有关规定提出书面申请，报学校批准。学生团体应当在宪法、法律、法规和学校管理制度范围内活动，接受学校的领导和管理。

（八）法律、法规规定的其他权利

学生除了具有以上权利之外，还享有法律法规所规定的其他权利。主要包括两方面的内容：一是学生享有法律法规规定的一般公民的权利，二是学生享有法律法规所特别规定的学生应当享有的权利，例如《教育法》第37条规定："受教育者在入学、升学、就业等方面依法享有平等权利。"再如《高等教育法》第59条规定："高等学校应当为毕业生、结业生提供就业指导和服务。"以上两类权利，高等学校的学生都可以享有。

在高等学校，学生不仅是接受学校管理的对象，而且也是参与学校管理的主体之一。因此，学生参与学校的民主管理，也是学生的一项权利。学生有义务服从学校的教育教学管理，同时，又有权对学校的教育教学工作、管理工作及其改革提出建议，这是宪法中所规定的民主管理原则在高等学校管理中的具体体现。学生是学校教育教学的对象，对学校工作的质量和效率等具有直接、深切的体会，他们对学校工作的意见和建议往往最为及时。因此，学校应当建立畅通的学生意见反馈渠道，使学生的意见和建议能够及时准确地传递到学校决策与执行的中心。对于学生提出的合理化建议，学校应当采纳。

三、高校学生权利的保障与限制

权利是相对的。一方面，高等学校依照法律采取各种措施保障学生权利的正确行使及实现，如为保障学生参加教育教学活动权的实现，《高等教育法》对设立高等学校的条件及程序进行规范和限制；为保障学生获得公正评价、获得学历证书和学位证书，国家制定《高等学校学生行为准则》作为评价标准，建立教育证书制度，对学生按规定达到一定学识水平应该获得相应证书而没有获得的，学校或者有关发证机构将负有侵权责任；为保障学生的就业权，国家广开就业门路，为高校毕业生选择职业和岗位提供方便，高等学校则提供就业指导和信息等方面的服务。另一方面，高校学生行使权利也受到必要的限制，如对学生的结社自由是有限制的，只能在校内组织学生团体，组织学生团体应遵循法定程序，要有符合法律规定的章程并在法律法规规定的范围内活动，还要服从学校的领导和管理；又如学生勤工助学活动必须在课余时间进行，必须在完成学习任务的前提下，不得影响学业任务的完成。

第二节　高校学生的义务

高等学校的学生不仅要承担作为一般受教育者的义务、高等教育受教育者应承担的义务，还要承担作为一般公民应承担的义务。

一、高校学生的义务概述

所谓义务或者法律义务，是指法律关系主体依法应承担的某种必须履行的责任，也就是法律规范对其必须作出一定行为或者不得作出一定行为的约束。高校学生义务的法律规定，同高校学生权利的法律规定一样，也是由三部分组成的。

（一）作为一般受教育者应承担的义务

《教育法》第 44 条规定："受教育者应当履行下列义务：遵守法律、法规；遵守学生行为规范，尊敬师长，养成良好的思想品德和行为习惯；努力学习，完成规定的学习任务；遵守所在学校或者其他教育机构的管理制度。"

（二）作为高等教育受教育者应承担的义务

这部分义务是在《高等教育法》中规定的。例如，第 54 条规定："高等学校的学生应当按照国家规定缴纳学费。"第 55 条第 3 款规定："获得贷学金及助学金的学生，应当履行相应的义务。"

（三）作为一般公民应承担的义务

这部分义务主要是在《宪法》中规定的，主要有：受教育的义务，维护国家统一和全国各民族团结的义务，维护祖国的安全、荣誉和利益的义务，依照法律服兵役和参加民兵组织的义务等。

二、高校学生义务的具体内容

《普通高等学校学生管理规定》对高等学校学生的义务进行了完整的表述："学生在校期间依法履行下列义务：（一）遵守宪法和法律、法规；（二）遵守学校章程和规章制度；

（三）恪守学术道德，完成规定学业；（四）按规定缴纳学费及有关费用，履行获得贷学金及助学金的相应义务；（五）遵守学生行为规范，尊敬师长，养成良好的思想品德和行为习惯；（六）法律、法规及学校章程规定的其他义务。"

（一）遵守宪法和法律、法规

宪法是国家的根本大法和总章程，它规范国家基本的政治关系和经济关系以及相关制度，规定公民的基本权利和义务等。法律由全国人民代表大会及其常委会制定，具有仅次于宪法的法律效力，规范着多种社会关系。法规主要分为国务院制定的行政法规和具有立法权的地方人民代表大会及常委会制定的地方性法规，人民代表大会也是我国立法体系中的重要组成部分。作为高等学校的学生，在学习、工作和生活中必须遵守宪法和法律、法规的有关规定，违反者将承担相应的法律责任。

高等学校的学生首先是中华人民共和国的公民，作为一名公民，必须遵守宪法和法律、法规，这是公民的基本义务。所谓公民是指具有一国国籍的自然人。我国《宪法》第33条第1款规定："凡具有中华人民共和国国籍的人都是中华人民共和国公民。"在我国，凡具有中国国籍的中国公民，都是宪法规定的基本权利主体，而不受民族、职业、家庭出身、宗教信仰、教育程度、财产状况等因素的限制。公民的基本义务是指宪法规定的公民必须履行的法律责任，并具有如下特征：① 基本义务表明公民的宪法地位。② 基本义务具有制度保障或法律保障的性质。③ 基本义务与基本权利的一体性。义务是一项必须承担的责任，也是一项必须完成的任务，更是一项为履行责任而采取的行动。我国《宪法》规定的公民的基本义务有：维护国家统一和全国各民族团结的义务；遵纪守法和尊重社会公德的义务；维护国家的安全、荣誉和利益的义务；依照法律服兵役和参加民兵组织的义务；依照法律纳税的义务；其他义务，如劳动的义务、受教育的义务、父母抚养未成年子女的义务以及成年子女有赡养扶助父母的义务等。高等学校学生是国家培养的具有社会主义觉悟的高素质公民，更应当自觉遵守这些规定。这是法治社会对公民的基本要求，更是对高等学校学生最基本的行为规范。2021年4月19日，习近平总书记在清华大学考察时强调："广大青年要肩负历史使命，坚定前进信心，立大志、明大德、成大才、担大任，努力成为堪当民族复兴重任的时代新人，让青春在为祖国、为民族、为人民、为人类的不懈奋斗中绽放绚丽之花。"①

（二）遵守学校章程和规章制度

任何社会组织为了维系自身的正常运行，保持有序状态，都要制定相关的管理制度，高等学校也是如此。高等学校在国家制定的法律法规框架下，可以根据具体情况，对其做

---

① 坚持中国特色世界一流大学建设目标方向　为服务国家富强民族复兴人民幸福贡献力量［N］.人民日报，2021-4-20（1）.

必要的延伸和细化，以保证教育教学的正常进行。对于符合法律、法规规定的学校章程、管理制度，如学籍管理制度、教学管理制度、学生管理制度、宿舍管理制度、团体管理制度、校园管理制度等，学生应当遵守。

（三）恪守学术道德，完成规定学业

学习是学生的主要任务。学生接受高等教育的目的是通过学习成为符合社会需要的合格人才。为实现这一目的，学生应当参加学校按照教育教学计划统一安排和组织的各项活动，认真刻苦地学习和研究，恪守学术道德，坚守学术诚信，在学校规定的修业年限内完成学业。

（四）按规定缴纳学费及有关费用，履行获得贷学金及助学金的相应义务

高等学校学生缴纳学费制度，是在我国高等教育体制改革，特别是高校招生就业制度改革的情况下逐步确立起来的。在计划经济时期，高等学校的学生由国家统招统分，学生上学完全免费。这种无偿的学生资助制度对改变大学生的生源结构和保障工农子弟完成学业曾经起到过重要作用。改革开放后，随着高等教育的改革与发展，高等学校开始招收部分自费生和委培生，出现了按国家任务计划招收的学生不交学费或只交少量学费，而按国家调节计划招收的学生需付相应学费的"双轨制"并行的情况。1994年，高等学校开始"双轨制"并轨试点，到1997年，所有高等学校实现招生并轨，除了符合国家有关减免学费规定的学生、享受国家专业奖学金的学生以及按国家任务计划招收的硕士、博士研究生外，统一实行缴纳学费制度。

高等学校实行学生缴纳学费制度，是建立国家、社会、个人教育成本分担机制的需要，是经济体制改革和教育体制改革发展的必然趋势，也是打破国家包办高等教育的一项重要措施。因此《教育法》第54条明确规定："国家建立以财政拨款为主、其他多种渠道筹措高等教育经费为辅的体制，逐步增加对教育的投入，保证国家举办的学校教育经费的稳定来源。"首先，对受教育者而言，高等教育是非义务教育，接受高等教育只是适龄青年中的少部分，从维护社会公平正义的角度出发，国家没有义务承担其全部教育费用。其次，接受高等教育往往较初等教育而言会得到稳定的职业保障、优越的工作条件和较高的经济收入等终身回报，作为对未来受益的一种事先投资，缴纳学费也是一种合理的成本补偿。最后，实行学生缴纳学费制度，对学生认真完成学业具有一定的激励作用，也在一定程度上有利于培养学生的自立自强能力和诚信意识。

高等学校学生除了按国家规定履行缴纳学费的义务之外，还要承担缴纳其他有关费用的义务，例如住宿费、教材费、职业证书的报名考试费等。

如前所述，助学贷款是国家为了帮助家庭经济困难的学生完成学业而采取的一项保障性措施。助学贷款的使用原则是"有贷有还"，因此，享受助学贷款的学生，除了按规定可以减免的学费以外，均应按规定在毕业前或毕业后一定期限内以不同形式偿还助学贷

款。此外，由于助学金的使用原则是"有劳有酬"，因此，获取助学金的学生必须履行相应的义务。

（五）遵守学生行为规范，尊敬师长，养成良好的思想品德和行为习惯

这是对学生行为习惯和思想品德的要求，也是学生应当履行的一项义务。

1. 遵守学生行为规范

学生行为规范是国家、社会、学校对学生行为的期望和要求，这些期望和要求决定着学生行为的总体水平和价值取向，教育部在颁布《普通高等学校学生管理规定》的同时，颁布了《高等学校学生行为准则》（以下简称《准则》）。高等学校应当按照该《准则》的要求规范学生行为，高等学校学生应自觉遵守和践行。《准则》中的有些内容在《教育法》和《高等教育法》中已明确，有些内容甚至在国家颁布的小学生、中学生行为规范中已有明确规定。这表明，一个人良好行为的养成是一个漫长的过程，而且一个人的良好行为不是一件小事，有些行为要求甚至写进了《宪法》，如国家倡导社会主义核心价值观，提倡爱祖国、爱人民、爱劳动、爱科学、爱社会主义的公德（《宪法》第 24 条）。有些行为要求在多部法律中都作了明确规定，如学生要遵守法律、法规和学校的管理制度，在《教育法》和《高等教育法》等法律中有明确规定。因此，高等学校学生要树立正确观念，加强修养，规范行为，特别是对日常行为的规范，要予以足够的重视。

2. 讲究文明礼貌，尊敬师长，尊重教职工的劳动

养成讲究文明礼貌的良好习惯，既是社会对高等学校学生行为的基本要求，也是高等学校学生基本素质和素养的具体表现。尊敬师长是中华民族的传统美德，也是法律法规规定公民应当履行的义务。《教育法》第 4 条第 3 款明确规定："全社会应当尊重教师。"因此，对于已经接受过中小学教育的高等学校学生，更应尊敬师长。同时，学校是教书育人的场所，学生讲究文明礼貌，尊敬师长，尊重教职工的劳动，会激发教职工更大的工作热情，促进教育教学和服务保障质量的提高，使学生得到更好的知识传授和帮助。同时在这些活动中，学生还会获得谦虚、好学、敬业的品质和精神，使自己得到更加全面的发展。

3. 团结同学，关心集体，热爱劳动

首先，处在群体之中，相互团结、相互关爱是学生自身基本的心理与生存需要。其次，关心集体、培养集体荣誉感、提高集体声誉是学生归属感和实现自我价值的需要。最后，热爱劳动、自食其力是学生参与和适应社会最基本的手段和途径。任何一个社会人，都应当以诚实劳动获得合法收益，以合法收益来满足自身的物质和文化需要。现代社会，需要独创能力和首创精神，但同时也需要协作与配合。特别是一些重大的攻关项目和一些重要的发明创造等，都必须相互配合，协同作战，才能完成。

4. 养成良好的思想品德和行为习惯

养成良好的思想品德和行为习惯是高等教育的重要培养目标之一，也是高等学校学生应当履行的一项义务。高等学校学生应当高度重视，加强修养，不断实践，切实养成良

好的思想品德和行为习惯。2014 年 5 月 4 日，习近平总书记在北京大学师生座谈会上指出："青年要从现在做起、从自己做起，使社会主义核心价值观成为自己的基本遵循，并身体力行大力将其推广到全社会去。"①

（六）法律、法规及学校章程规定的其他义务

学生还应履行法律、法规及学校章程规定的其他义务。这些义务，一方面是学生作为公民的义务，例如作为公民，学生有服兵役的义务；另一方面是学生作为高等学校学生所应当履行的义务，例如《高等教育法》第 53 条规定："高等学校的学生应当遵守法律、法规，遵守学生行为规范和学校的各项管理制度，尊敬师长，刻苦学习，增强体质，树立爱国主义、集体主义和社会主义思想，努力学习马克思列宁主义、毛泽东思想、邓小平理论，具有良好的思想品德，掌握较高的科学文化知识和专业技能。"这一规定不仅表明法律法规所规定的义务是更为基本的义务，也使高等学校学生的义务更为完整。

三、高校学生义务的履行

高校学生履行义务须做到以下四点。

（一）学法、懂法、守法

高校学生是社会中的优秀分子，是未来国家建设和社会发展的骨干力量，在遵纪守法方面应该成为公民的典范，要学习《宪法》《教育法》《高等教育法》《教师法》《民法典》等法律，掌握基本的法律常识，树立法律意识和依法办事的习惯，不当"法盲"。对《宪法》《教育法》和《高等教育法》中的权利和义务规定，高校学生要认真遵守，正确行使自己的权利，凡是法律法规授予的权利或允许的规范，应该按照要求去行使；凡是禁止性规范就坚决不能做。

（二）遵守国家《社会团体登记管理条例》

高校学生要遵守国家《社会团体登记管理条例》中关于社会团体核准登记制度、活动原则及法律监督等的具体规定。成立社团不搞校外串联，不在校外发展成员，不得以营利为目的，要服从学校的领导与管理，遵守学校的有关管理制度。学生在校内成立非社会团体性质的组织，如书画社、文学社、诗社、剧社等，或者举办校内报刊，应经学校批准，否则不得成立和开展活动。

---

① 习近平.青年要自觉践行社会主义核心价值观：在北京大学师生座谈会上的讲话［M］.北京：人民出版社，2014：9.

（三）重视思想道德修养

高校学生要树立艰苦朴素的思想，不盲目追求"高消费"；树立诚信观念，贷款要及时还清；毕业论文认真做，不抄袭剽窃；树立团结合作观念，学会与他人合作；树立正确的恋爱观，正确处理学业与恋爱的关系等。

（四）端正学习态度，努力提高自己

高校学生必须端正学习态度，遵守学习纪律，养成良好的学习习惯，科学地安排学习时间，按照专业培养目标的要求，努力提高创造能力和实践能力。使自己在德、智、体等方面得到全面发展，使自己的个性、专长得到更好发展。2016年4月26日，习近平总书记考察中国科技大学时语重心长地说："青年是国家的未来和民族的希望。希望同学们肩负时代责任，高扬理想风帆，静下心来刻苦学习，努力练好人生和事业的基本功，做有理想、有追求的大学生，做有担当、有作为的大学生，做有品质、有修养的大学生。大家要向我国老一辈杰出科学家学习，争取青出于蓝而胜于蓝。"2019年4月30日，习近平总书记在纪念五四运动100周年大会上强调："新时代中国青年要增强学习紧迫感，如饥似渴、孜孜不倦学习，努力学习马克思主义立场观点方法，努力掌握科学文化知识和专业技能，努力提高人文素养，在学习中增长知识、锤炼品格，在工作中增长才干、练就本领，以真才实学服务人民，以创新创造贡献国家！"[①]

第三节　高校教师与学生的关系

在高等学校中，除了同学间的相互接触外，学生同教师的接触最多，关系最为密切。高校教师与学生的关系主要表现为教育上的教育与被教育的关系，管理上的管理与被管理的关系以及法律上的教师、学生的权利和义务的关系。

一、高校教师与学生是教育与被教育的关系

学校教育的根本任务是立德树人，这就决定了高等学校的工作必须紧紧围绕培养人才而展开，而培养人才是通过教师实现的。在教育教学活动中，教师是教育者，学生是受教育者。作为教育者的教师有教育教学权，这是由在教育教学过程中教师所处的主导地位决定的。首先，从教育过程来看，它是教育者有目的、有计划地对学生施加教育的影响过程。合格的高校教师应清楚国家对人才素质的要求，熟悉和了解学生的身心发展特点，具

---

① 习近平.在纪念五四运动100周年大会上的讲话［M］.北京：人民出版社，2019：10.

有渊博的知识和丰富的经验。他们能把教育活动建立在高度自觉的基础上，使学生按照培养目标的要求健康成长。其次，从教学内容来看，它所要解决的主要问题是知与不知、能与不能。只有通过教师的教，学生才能由不知到知、由不能到能。最后，从育人的角度看，教师不仅教书，而且还承担着育人的重要职责。一方面，高校教师有针对性地对学生进行思想教育的效果最好、影响最大。另一方面，高校教师的表率作用所产生的潜移默化的影响会给学生留下终生难忘的印象，对学生成才影响极大。同时，高校教师在同学生的接触过程中，了解和掌握每位学生的情感、兴趣、性格、意志等非智力因素发展情况，从而有针对性地对学生加以引导和指导，鼓励学生活跃思想，开阔视野，敢于创新，增强创造能力。

在教育教学过程中，学生处于主体地位：其一，教师的教是根据学生的需要；其二，教师的教是为了学生的学；其三，教师的教必须有学生的主观努力和积极配合，否则教师也不能把学生教好；其四，学生有受教育权，有权要求教师对其进行教育以及不允许教师采取错误的教育方式，如侮辱人格等。

二、高校教师与学生是管理与被管理的关系

高校教师与学生的关系既是教育与被教育的关系，又是管理与被管理的关系。即教师是管理者，学生是被管理者。

教师对学生的管理，一是使学校形成良好的校风和学风，维护教育教学工作的正常秩序，使教师的教育教学工作能够顺利进行。二是使学生养成良好的学习习惯、生活习惯和行为习惯，促进每位学生的全面发展。可见，教师对学生的管理是育人的一种手段，是为完成育人的任务和目的服务的。当然，教师对学生的管理在一定意义上也可认为是一种教育，即教师对学生的管理一般情况下都应具有教育性。

高校教师对学生的管理有三种情况：一是基层教学组织对学生的教育与管理，二是辅导员、班主任对学生的管理，三是一般任课教师对学生的管理。管理者不同，管理的权限和职责也不同，管理内容也不相同。基层教学组织对学生实施全面管理，包括学籍管理、奖励与处分管理、学业成绩管理、学金管理、学习活动计划管理等，管理的权限也最大。辅导员、班主任对学生的管理范围广、内容具体，包括思想品德教育与管理、学习管理、生活管理、课外活动管理、纪律管理等方面。辅导员、班主任对学生的管理也有一定的权限，可以采取表扬或者批评的手段，也可以对学生的处分或者奖励提出建议和意见。一般教师对学生的管理范围比较窄，多是围绕教育教学工作进行，即为了维护正常的教育教学秩序而进行必要的管理。由于一般教师没有行政权力，因而这种管理更加体现民主、平等的精神，虽然也可以利用批评等手段，但多数情况下是以说服教育为主，以疏导和引导为主。

三、正确处理高校教师与学生的权利义务关系

我国《教师法》《教育法》分别对教师和学生的权利、义务作了具体规定，这些权利和义务之间形成的关系，就是教师与学生的权利义务关系。

（一）正确处理高校教师权利与学生义务的关系

高校教师权利与学生义务的关系，表现为高校学生对高校教师权利的维护，主要有以下三方面。

1. 对教师教育教学权的维护

教育权与受教育权是一个问题的两个方面：有教育权没有受教育权，那么教育权毫无意义；有受教育权而无教育权，那么受教育权形同虚设。依教育权行使主体的不同，教育权可分为国家教育权、父母教育权和教师教育权。受教育者享受教育的权利，同时应履行维护不同主体的教育权的义务。高校学生对教师教育权的维护，主要体现在以下三方面。

（1）尊重教师的劳动

高校教师劳动是繁重的、紧张的、连续性的劳动，劳动时间长、强度高、弹性大，多半是超负荷的劳动。他们在时空观念上没有上下班之分，在场所上没有限定的工作地点，在完成教育教学任务上追求创新、高质量。他们不畏艰苦，一心扑在教育事业上，兢兢业业、呕心沥血，为的是学生能够受到良好的教育，早日成才。他们关心学生，诲人不倦，尊重学生，不辱人格，信任学生，培养自立，处处以身作则，堪为师表。因此，学生应该尊重教师的劳动，成为尊师爱师的模范。

（2）积极配合教师的教学活动

教学是教师与学生的合作，是教师与学生相互联系的活动，教学活动的顺利进行和教学目标的实现，主要看教学活动中教师与学生的参与程度、师生之间的配合与协作和师生关系的融洽。教学活动中，教师处于主导地位，教什么、怎样教都是教师精心设计的，作为学生应该信任和配合教师。为此，学生应该做到：虚心听讲，不说话，不交头接耳，不搞小动作，不打瞌睡；根据教师在讲课中提出的问题积极思考，回答问题，进行讨论和交流；做好预习，课堂上有重点地做好笔记，而不是看别的书或者写一些其他的东西；要及时独立完成作业，而不是抄袭别人的作业；要认真复习功课，迎接考试，而不能平日不努力，考试时投机取巧等。

（3）正确对待教师在教学中存在的问题

高校中由于教师的来源、经历、学历、年龄和教学经验不同，高校教师的业务素质和教学方法有一定的差别，教学效果因人而异。学生尊重、喜欢讲课好的教师，这是人之常情。一些高校为了提高教学质量，在教学上引入竞争机制，实行挂牌式教学，让学生自己选择听哪一位教师的课，也是可取的。学生对某些教师的讲课有意见是正常的，

说明这些教师的确需要提高水平、改进教学。但是学生对教师在教学中存在的问题，应该采取正当的方式加以解决，如找教师谈心，把自己的想法和期望告诉教师。如果属于教师责任心问题，可以开展批评，如果问题比较严重，可向学校有关部门反映情况，采取必要措施。学生不可取的行为是：课堂起哄，扰乱教学秩序，轰教师下台；故意旷课等。

2. 对教师学生管理权的维护

高校教师对学生的管理，主要是两个方面：一是思想政治教育方面的组织与管理，二是教学方面的组织与管理。学生作为被管理者，必须服从教师的管理。

思想政治教育管理主要是辅导员（班主任）和思想政治教育课程教师的权利和职责，当然也是专业教师的一项权利与义务。根据教育部《高等学校课程思政建设指导纲要》，紧紧抓住教师队伍"主力军"、课程建设"主战场"、课堂教学"主渠道"，让所有高校、所有教师、所有课程都承担好育人责任，守好一段渠、种好责任田，使各类课程与思政课程同向同行，将显性教育和隐性教育相统一，形成协同效应，构建全员全程全方位育人大格局。深入贯彻落实习近平总书记关于教育的重要论述和全国教育大会精神，贯彻落实中共中央办公厅、国务院办公厅《关于深化新时代学校思想政治理论课改革创新的若干意见》，把思想政治教育贯穿人才培养体系，全面推进高校课程思政建设，发挥好每门课程的育人作用，提高高校人才培养质量。课程思政建设内容要紧紧围绕坚定学生理想信念，以爱党、爱国、爱社会主义、爱人民、爱集体为主线，围绕政治认同、家国情怀、文化素养、宪法法治意识、道德修养等重点优化课程思政内容供给，系统进行中国特色社会主义和中国梦教育、社会主义核心价值观教育、法治教育、劳动教育、心理健康教育、中华优秀传统文化教育。

教师教学管理的主要任务是在教学过程中，根据一定的目标、原则和方法，去计划、组织、控制和协调教学过程的人员、场所、设施、时间和信息，建立正常稳定的教学秩序，保证教学过程的畅通，确保教学任务的完成。不同类型课程教师的教学管理方法和手段是不同的，对此，学生应当做或者不应当做的行为也是不同的。例如讲述课，教师主要是根据学生听课的表现，管理好课堂纪律，对此，学生应当做的行为就是积极配合、认真听讲，而不是说笑、吵闹、睡觉或者搞一些其他小动作。又如讨论课，教师的教学管理是分好讨论小组，引导学生开展讨论或者辩论，对此，学生应该按照教师的要求去做，围绕讨论话题积极发言，而不是不发言或者东拉西扯、应付了事。再如参观教学、教学见习和实习，教师的教学组织与管理包括地点场所安排、生活安排、教学安排和作息时间安排等。对此，学生应该服从教师的教学管理、生活管理、纪律管理，而不能无组织、无纪律，自行其是。

3. 对教师人身权的维护

高校学生对教师人身权的维护，主要包括两个方面：其一，尊重教师人格。为此，学生要关心教师的身体状况，在教育教学活动中发现教师生病或者劳累要加以适当照顾；对教师有意见，应采取个别交谈的方式消除矛盾，而不能打骂教师、顶撞教师；尊敬教师，不给教师起外号，不议论、宣扬教师的个人隐私等。其二，正确行使评价权、监督权。在学校组织的教学质量检查和教学评估中，学生对教师的教学评价占了较大比重。学生在评价教师教学时，要以学校制定的评价标准为尺度，采取实事求是的态度，真实地反映情况，而不要以报复的心态或者吹捧的心态对不同教师说短论长。平日向有关部门反映教师的教学情况也要坚持实事求是的原则，正确行使监督权。

（二）正确处理高校学生权利与教师义务的关系

高校学生权利与教师义务的关系体现在高校教师对学生权益的维护上，具体包括高校教师对学生受教育权的维护和高校教师对学生人身权的维护。

1. 高校教师对学生受教育权的维护

高校教师对高校学生受教育权的保护或维护，主要体现在以下四方面。

（1）不得阻碍学生参加教育教学活动

例如不得以惩罚剥夺学生的受教育权；不得以任何理由阻止、妨碍学生的正常学习；不得随意缩减教学计划规定的教学时数和教学内容；不得随意取消必要的教学环节和降低教学要求等。

（2）不得把学生当作自己的雇工使用

近年来，一些学校的学生（主要是硕士生、博士生）因不满成为导师的劳动力而联名要求更换导师的事件说明，目前高校中学生为教师"打工"的现象是存在的。我们应该全面和辩证地看待这种情况。如果确实存在教师侵犯学生受教育权的现象，特别是研究生培养环节以干代学的情况，应当引起足够重视，同时也要处理好学生的学习和完成科研课题任务的关系。

（3）高校教师不得对学生乱收费、乱罚款

没有经过国家有关部门的批准，任何人都没有收费权、罚款权。高校教师更不能接收个别学生的钱物，从而采取某些不公正的行为，使其他学生受到不公正的待遇。

（4）对学生的评价要采取公正的态度

高校教师对学生的评价既坚持标准、严格要求，又不是随心所欲。为此，高校教师在学业评价上要坚持以教学大纲为标准，考试时不出偏题、怪题。特别是期末考试，考试成绩关系学生的升留级、是否毕业，教师的出题和判分非常重要。教师不能过于严苛，让很多学生不及格，从而留级或者失去毕业的资格，或是在升学、毕业的问题上设下障碍。高校教师在对学生思想品德的评价上，不得侮辱学生人格，使学生受到委屈，从而影响学生的学习。对学生的违纪行为，要分析具体情节和程度，而不能不分青红皂白地一律认为是品行不良进行处分，甚至是开除学籍。

2. 高校教师对学生人身权的维护

高校教师对学生人身权的维护，主要包括以下三方面。

（1）尊重学生人格

高校教师不得体罚学生，尊重学生的名誉权、荣誉权、姓名权等。高校教师要特别注意不能在全体学生面前呵斥、嘲笑某一学生，不能用污言秽语谩骂学生，更不能捏造事实诽谤学生。

（2）防止学生伤害事故的发生

近几年，全国各级各类学校的在校学生伤害事故频繁发生。为了积极预防、妥善处理在校学生伤害事故，保护学生的合法权益，教育部颁布了《学生伤害事故处理办法》，对发生学生伤害时各方面的责任作出了具体规定。其中应由学校承担责任的有 12 种情况。基于这 12 种情况，高等学校中由于教师工作不当可能引起的学生伤害事故有以下几种情况：教师向学生提供的实验器具、材料等不符合国家或者行业的有关标准、要求的；教师组织学生参加教育教学活动或者校外活动，未对学生进行相应的安全教育，并未在可预见的范围内采取必要的安全措施的；教师违反有关规定，组织或者安排学生从事不宜参加的劳动、体育运动或者其他活动的；学生有特异体质或者特定疾病，不宜参加某种教育教学活动，教师知道或者应当知道，但未予以必要的注意的；学生在校期间突发疾病或者受到伤害，教师发现，但未根据实际情况及时采取相应措施，导致不良后果加重的；教师体罚或者变相体罚学生，或者在履行职责过程中违反工作要求、操作规程、职业道德或者其他有关规定的；教师在负有组织管理学生的职责期间，发现学生行为具有危险性，但未进行必要的管理、告诫或者制止的。另外，教师实施与其职务无关的个人行为，或者故意实施违法犯罪行为，造成学生人身损害的，也要承担相应的责任。高校教师对学生生命权、身体权、健康权的维护，就是要注意以上各种情况，以预防为主，采取有效措施，避免学生伤害事故的发生。

（3）维护学生的隐私权

高校教师对学生隐私权的维护包括三方面：一是维护学生的通信自由。通信自由是指公民通过书信、电话、网络等手段，根据自己的意愿自由通信不受他人干涉的自由。其主要内容是通信秘密，具体包括：公民的通信他人不得扣押、隐匿、毁弃；通信、通话的内容他人不得私自拆阅或者窃听。担当辅导员或者班主任的高校教师，不得以任何理由侵犯学生的通信自由和通信秘密。二是维护学生的住宅安全权。住宅安全权是指公民居住、生活的场所不受非法侵入和搜查。对高校学生来说，主要是居住的宿舍不受非法侵入、个人物品不受搜查。高校教师不得以查收学校禁用物品、"了解情况""破案"等为借口，不经有关部门批准擅自侵入学生宿舍。三是维护学生的恋爱自由。我国《民法典》规定的婚姻自主权，从广义而言，包括四个方面，即恋爱决定权以及订婚、结婚、离婚决定权。就恋爱而言，并不产生法律上的后果，因而法律并不对恋爱进行规范，而由道德规范去调整。高校学生正处于恋爱的生理年龄，恋爱现象日趋普遍。高校教师对此应有正确认识，对能够促进身心发展和学业长进的恋爱，不能加以指责、管得过多；对影响学习或者有其他不良影响的恋爱，可以给予必要的提醒和引导。

总之，高校教师与学生是高校的重要组成部分，他们不仅是高校的构成主体，还是重要的教育法律关系主体。在高等学校中，教师与学生的联系极为密切。在学校教育中，教师处于主导、主动的地位。为了能够正确处理与学生之间的种种关系，高校教师必须了解学生所享有的各种权利和应尽的义务，以便更好地履行自己的职责，维护学生的合法权益。

第四节　高校学生的学籍管理

学籍是指一个人属于某学校的一种法律上的身份或者资格。一个学生一旦具有某所大学的学籍，通常情况下就应享有该校各项规定的权利，并履行该校规定的各项义务。只有这样，学生才能获得在该校学习、生活以及学业期满符合条件取得该校颁发的毕业证书、学位证书的资格。

所谓学籍管理，是指对取得学习资格的学生，从入学注册、升（留）级、转专业与转学、休学、停学、复学、退学、开除、毕业与毕业资格审查等方面，根据国家的教育政策和法律法规、教育自身规律及学生身心发展特点制定出规章制度，并依此实施的管理。

学籍管理是学校管理的一项重要内容。学籍管理直接关系到学生的学习资格和学习状态及结果的认定，是确保学校教育教学秩序和学生学习生活秩序的重要措施。一般来说，高校学籍管理具体工作由学校学生管理职能部门和教务行政部门负责。高校教师有时需要配合学校相关部门开展学籍管理工作，因此也应该了解学籍管理的具体规定。《普通高等学校学生管理规定》将专科生、本科生、研究生等在校学生的学籍管理统一规范，为高等学校对各类学生的统一管理提供了条件。高校教师应该了解学籍管理的具体规定。

一、入学与注册

（一）入学

1. 入学手续的办理

高等学校的学生必须按照国家招生规定录取，按学校的有关要求和规定期限到录取的学校报到，办理入学手续，取得学籍。

学生取得某所高等学校学籍最重要的前提是必须参加国家规定的入学考试或者国家规定的学校考核并且符合录取要求。通过这些方式进入高等学校的学生也必须在生源所在地的省级高校招生办公室备案。只有备案的学生才有资格取得学籍。

学生被录取后，应当按照学校的有关规定按期报到。不按期报到者，学校可按自动放弃入学资格处理。但在处理不报到问题时，须区别情况妥善处理。

①学生无故逾期不报到。属于学生个人故意或者过失的主观原因，应由学生承担责

任，学校可以作自动放弃入学资格处理。

②学生因故不能按期报到。例如，学生患病、意外受伤或者父母患病确需要本人照顾等，在这种情况下，学生应及时向学校请假，并附医院、原所属单位或者街道、乡镇证明。假期期满，学生应到校报到。凡未请假或者请假逾期者，亦可作自动放弃而取消入学资格。

③学生因不可抗力原因不能按期报到。所谓不可抗力，是指学生意志以外的不可预见、不可避免或者不能克服的客观因素，如地震、台风、洪水等自然灾害。因不可抗力导致学生不能按期到校报到，学生可以在该因素消除后及时到校报到，并向学校说明理由，经核实后学校应当为其办理入学手续。

2. 复查入学资格

学生入学后，学校应当在 3 个月内按照国家招生规定进行复查。复查内容主要包括以下方面：① 录取手续及程序等是否合乎国家招生规定；② 所获得的录取资格是否真实、合乎相关规定；③ 本人及身份证明与录取通知、考生档案等是否一致；④ 身心健康状况是否符合报考专业或者专业类别体检要求，能否保证在校正常学习、生活；⑤ 艺术、体育等特殊类型录取学生的专业水平是否符合录取要求。

复查中发现学生存在弄虚作假、徇私舞弊等情形的，确定为复查不合格，应当取消学籍；情节严重的，学校应当移交有关部门调查处理。复查中发现学生身心状况不适宜在校学习，经学校指定的二级甲等以上医院诊断，需要在家休养的，可以按照规定保留入学资格。

（二）注册

办理注册手续是学校学籍和学生管理的重要组成部分，既是学生维持学籍的一种手段，也是学校管理工作的需要。学生每学期开学都要注册一次，注册具有连续性，不得中断，从入学第一学期开始，直到完成学业前最后一个学期为止。

每个新学期开始，学生必须按照学校所规定的时间持有效证件到校办理注册手续。只有完成注册，才可获得在校继续学习的资格。如果学生遇到意外情况，如地震、台风、洪水或者患病及其他正当原因不能如期注册，学生必须向学校请假，履行暂缓注册手续。超过学校规定期限未注册又无正当事由的学生，可视为放弃学籍，按自动退学处理。

下列情况不予注册：其一，未按学校规定缴纳学费。对于家庭经济困难、确实无力缴纳学费者，经学校核准，可申请助学贷款或者其他形式资助，办理有关手续后方可注册。其二，不符合学校的注册条件。

二、转专业与转学

（一）转专业

一般来说，为了保证学校正常的教育教学秩序和我国高校目前的专业学科状况及其办学条件，学生应当在被录取的专业完成学业。有一部分学生在高考填报志愿时，不能对自己的兴趣、爱好、个性特长进行准确的把握，往往在考上大学并通过一段时间的学习后，才发现自己真正的兴趣所在，才认识到最适合自己学的专业并不是所报考的专业，由此产生转专业的愿望。当然，也有一些学生是因渴望从冷门专业转向热门专业而提出转专业的要求。还有一些学生是由于身体的原因，如考入化工专业后，发现自己对某种或者多种气味过敏，难以继续学业；有的学生因意外情况的发生或者身体健康的变故，无法继续在原专业学习等，因此需要转专业。

从积极方面来看，允许学生转专业，对于充分调动学生的学习积极性，鼓励学生发展个性和特长，避免"一考定终身"，具有十分重要的意义。但是，一般而言，多数高等院校有一般专业和重点专业之分，录取分数有高低之分，如果允许学生入校后自由转专业的话，会造成新的不公平。由于社会的人才需求不同，有热门专业和冷门专业之分，如果无限制的转专业，学生都转向热门专业，就会形成新的就业难题，同时造成国家需要的冷门专业人才短缺。此外，不同专业受师资力量和教学实际条件所限，一般也难以实现学生的大规模调整，不能任由学生进出增减。

因此，高等学校应当制定学生转专业的具体办法，建立公平、公正的标准和程序，健全公示制度。凡学生要求转专业的，需由本人提出申请，并按学校规定的程序批准和办理。

（二）转学

1. 转学的条件

（1）患病

凡学生患有导致其难以在原专业学习的各类疾病或者生理缺陷，经学校指定医疗单位检查证明后，学校应当将其转入其他适合其学习的专业或者学校学习，以体现对这部分学生的关怀。

（2）确有特殊困难

指"患有某种疾病或者生理缺陷"之外的其他困难，如学生不服当地水土、家庭发生变故而无法继续学习等。在这种情况下，可以同意学生转学。

2. 不得转学的条件

根据《普通高等学校学生管理规定》第22条，学生有下列情形之一，不得转学：① 入学未满一学期或者毕业前一年的；② 高考成绩低于拟转入学校相关专业同一生源地相应年份录取成绩的；③ 由低学历层次转为高学历层次的；④ 以定向就业招生录取的；⑤ 研究生拟转入学校、专业的录取控制标准高于其所在学校、专业的；⑥ 无正当转学理由的。

学生申请转学，必有特定的原因，入学不到一学期，还不能充分确定学生是否适应在本校学习。因此，对入学未满一学期学生的转学不予批准。

由招生时所在地的下一批次录取学校转入上一批次学校、由低学历层次转为高学历层次的、研究生拟转入学校和专业的录取控制标准高于其所在学校和专业的不予批准。此规定主要是维护高校招生制度的公平性和严肃性，以防止学生转学形成不正之风。

定向生是指为满足边远地区、艰苦行业等地方或者单位的人才需要，在录取时给予优惠政策，并通过合同形式明确其毕业后到这些地方或者单位工作的学生。作为定向生，其就学期间的培养费用由国家承担。委托培养学生是指为满足社会某些特殊单位的人才需要，通过合同形式明确毕业后到这些单位工作的学生。委培生就学期间的培养费用由委培单位承担，目前这种形式主要在研究生教育层次。定向生或者委培生和高等学校必须遵守和履行所签署的定向或者委培合同，学生不得申请转学，学校也不得受理和批准其转学。

所谓无正当转学理由是指除上述所列事项之外无具体的非转学不可的事由。此规定有利于限制学生不正当的转学要求，同时也有利于规范学校本身的教学管理行为。我国高等教育考生填报志愿、全国统一考试、择优录取的入学制度决定了高校学生转学必须要有一定的条件，这也是教育的公平公正性所要求的。

3. 转学程序

转学程序主要分为以下两种情况：省内转学和跨省转学。

（1）省内转学

在省、自治区、直辖市范围内转学的学生，在学生本人提出申请，并经转出校和拟转入校两校同意之后，由转出校报所在地省级教育行政部门确认转学理由正当，书面回复认可意见于两校后，再由两校办理转出转入手续。转出校提交省级教育行政部门的材料包括：学生申请书、学生原始录检表、转出校同意函、拟转入校同意函、学生成绩单、学生表现鉴定书、学校指定医疗单位诊断书等。

（2）跨省转学

凡申请跨省、自治区、直辖市转学的学生，在经转出校和拟转入校同意之后，转出校报所在地省级教育行政部门确认转学理由正当，再由后者商转入地省级教育行政部门，按转学条件确认转学理由正当，同意转学后，函复转出地省级教育行政部门，同时抄送两校，再由两校办理转出转入手续。学生跨省转学，转出校提交省级教育行政部门的材料同上。

另外，须转户口的由转入地省级教育行政部门将同意转学文件抄送转入校所在地的公安机关。

三、休学与复学

（一）休学

所谓休学，是指具有某校学籍的学生因某种原因暂时中断学业，待导致休学的原因排除之后，再复学继续学习的学籍管理制度。

休学分为两类。一是学生申请休学，属于学生的主动行为，在学校规定范围内的由学校予以批准。二是学校认为应当休学，一般是在学生因某种原因无法坚持学习，而本人又不想休学，出于对学生的爱护和正常教育教学秩序的维护，学校要求其休学。在许多情况下，休学往往是学生和学校共同行为的结果，即首先由学生提出休学申请，然后由学校予以批准。

至于休学的次数和期限则由学校具体规定，国家不做统一要求。但根据我国高等学校教学学年安排的实际情况以及实际管理经验，学生休学一般以一年为期，实行学分制的学校可以半年为期。休学期满仍需要继续休学的学生，须办理继续休学手续。

需要注意的是，学生分阶段完成学业的必须以休学为保障条件，即学生分阶段完成学业时，必须提出休学申请并获批准，否则将失去学籍，不能继续学业，而且学生分阶段完成学业或者休学必须限制于学校规定的最长年限内，否则，其要求应视为无效。

另外，休学学生应当按学校规定的程序办理休学手续后离校，回父母或者自己家庭所在地，学校保留其学籍。学生休学期间，不得返校上课、考试，不享受在校学生待遇，即不参加奖学金、三好学生的评选、不享受国家补贴、学杂费减免、助学贷款和勤工助学等待遇。如果学生因患病休学，其医疗费按学校规定处理。

（二）复学

学生休学期满，如果要继续学业，应当在学期开学前在学校规定的时间内提出复学申请，经学校复查合格，方可复学。休学学生只有提出复学申请并经学校批准同意复学的，才能获得继续学习的资格。

学生提出复学申请，学校要予复查，这是一项基本要求。因病休学的，要看学生是否康复，能否正常学习。无论何种原因休学，在休学期间是否遵纪守法，相应的行为表现是否符合大学生的行为规范等，学校都要予以了解，符合要求者才能复学。

四、退学

（一）退学条件

根据《普通高等学校学生管理规定》第 30 条的规定，学生有下列情形之一，学校可予退学处理：（1）学业成绩未达到学校要求或者在学校规定的学习年限内未完成学业的；（2）休学、保留学籍期满，在学校规定期限内未提出复学申请或者申请复学经复查不合格的；（3）根据学校指定医院诊断，患有疾病或者意外伤残不能继续在校学习的；（4）未经批准连续两周未参加学校规定的教学活动的；（5）超过学校规定期限未注册而又未履行暂缓注册手续的；（6）学校规定的不能完成学业、应予退学的其他情形。

学生本人申请退学的，经学校审核同意后，办理退学手续。

学业成绩未达到学校的要求而作退学处理，这是学校一种必要的管理手段，既是对学生的关心爱护，也是督促学生刻苦学习的有效激励机制。同时，无论是实行学年制还是弹性学制，学生在校学习都应有规定年限。凡在学校规定的在校最长年限内（含休学）仍未完成学业，学校不能按结业对待，而只能对其作退学处理。

在学籍管理方面对休学学生由休学转为退学，须有两个条件：休学、保留学籍期满，在学校规定期限内未提出复学申请或申请复学经复查不合格。为了保障学生复学的权利，学校应当做到：第一，明确规定休学学生的复学期限；第二，采取书面形式告知休学学生复学的具体时间和复学时应当出具的报告（材料）及其他相关要求。

注册是一种资格的认可。入学注册是进入学校取得学生资格即学籍的认可；学期注册既是学籍的延续，又是学期学习资格的再认可。学生在学校规定的时间未注册而又无正当事由的即视同自动放弃学籍，学校可作退学处理，进而维护学校正常的教育教学秩序。

（二）退学程序

《普通高等学校学生管理规定》第 31 条的规定：退学学生，应当按学校规定期限办理退学手续离校。退学的研究生，按已有毕业学历和就业政策可以就业的，由学校报所在地省级毕业生就业部门办理相关手续；在学校规定期限内没有聘用单位的，应当办理退学手续离校。退学学生的档案由学校退回其家庭所在地，户口应当按照国家相关规定迁回原户籍地或者家庭户籍所在地。

退学会使学生失去学籍，无法继续在校学习，涉及学生的切身利益，因此，学校对学生作出退学处理，要由校长会议决定。校长会议包括校长办公会或者受校长委托、学校制度规定的由相应校领导主持召开的会议。学校作出退学处理决定后，应当出具退学决定书并送交学生本人，同时报学校所在地省级教育行政部门备案。设置备案程序，是使教育行政部门及时了解高校学生的情况，以做管理研究或者决策分析，同时也是教育行政部门进行学籍变动数据处理的必备条件。

五、毕业、结业与肄业

（一）毕业

毕业是指具有学籍的学生学业期满，完成学校规定的学习任务，达到相应的培养标准，结束一个阶段的学习，获得相应的学历证书。由于毕业生的整体水平是衡量一个学校或者某一教育层次教育教学质量的重要标准，尤其是高等教育毕业生的水平更是反映一个国家教育体系的质量和声誉，因此学生取得毕业资格必须达到规定的基本条件。

第一，毕业生应当在学校规定的学习年限内，完成教育教学计划规定的内容，达到毕业要求。学习期满仍未完成或者未达到毕业要求的，不予毕业和颁发毕业证书。

第二，毕业生应当在德、智、体等方面达到毕业要求。《高等教育法》第53条规定，高等学校的学生应当遵守法律、法规，遵守学生行为规范和学校的各项管理制度，尊敬师长，刻苦学习，增强体质，树立爱国主义、集体主义和社会主义思想，努力学习马克思列宁主义、毛泽东思想、邓小平理论，具有良好的思想品德，掌握较高的科学文化知识和专业技能。

学生在修完教育教学计划规定的全部内容，考核及格，并且德、智、体等方面达到毕业要求的情况下，可以在该教育阶段结束时享有获得相应证书的权利。至于毕业的具体标准及要求，由学校规定。

（二）结业

所谓结业，是指学习期满学生结束学业。毕业和结业的共同之处是在规定的学习期内同样修完教育教学计划规定的内容；不同之处是毕业者学业成绩和相应的环节达到毕业要求，而结业者是有少数课程（一般为1～2门）不及格但不属于留级范围，或者未修满规定的学分又不宜留校继续修读，又或者毕业设计（论文）未通过。结业学生应获得结业证书并办理离校手续后离开学校。

学生结业后，是否可以就不及格的课程补考或者重修，毕业设计或者论文及答辩不符合学校要求的，是否可重新进行毕业设计或者撰写毕业论文并进行论文答辩，由学校自行规定。如果结业后学校允许学生补考、重修或者补做毕业设计、论文答辩，合格后学生可获得毕业证书。毕业证书中的毕业时间按发证日期填写。

（三）肄业

因各种原因，学生未能完成学校教育教学计划所规定的内容而退学，在这种情况下，作为学生的一项权利，学校应当为其颁发记录实际学习年限的证书，即肄业证书。

学生取得肄业证书的条件为：第一，在校修业一学年以上，对于未达一学年者，学校则可根据实际情况进行处理，例如出具学生在校学习成绩单或者证明等；第二，因各种原因退学而不是休学；学校对处于休学期的学生不能颁发肄业证书。

【案例评析】

请扫描二维码并阅读案例，思考以下问题：

（1）法院是否应当受理此案？

（2）法院直接判令学校颁发给刘燕文博士毕业证书，并要求北京大学重新审查刘燕文的博士学位授予问题，是否侵犯了学术自由？

（3）北京大学学位评定委员会所作出的不授予刘燕文博士学位的决定是否符合法定程序？

【案例简介】

刘燕文诉北京大学案

（4）学位评定委员会委员在作出评定表决时是否允许"弃权"？

（5）学生作为受教育者，面对教育管理者单方作出的决定，是否享有被告知权和申辩权？

评析：

针对上述第一个问题，我们认为，法院对此案应当受理。原因在于：其一，高等学校在授予学位时，是依授权的行政主体，因而是行政诉讼被告；其二，有关是否授予学位的行政行为，并不是内部行政行为，而是针对行政相对人即学生所作的外部行政行为；其三，高等学校是否授予学位的具体行政行为，事关学生的受教育权及其相关合法权益，应当受到法律的监督，并应当纳入司法审查的范围。

关于第二个问题，我们认为，法院的司法审查并未侵犯学术自由。高等学校授予学生学位的自由，并不是无限度的，因为它涉及学生的切身利益，这种自由应该是受监督的，法院只是行使了法律监督的职责。诚然，博士论文的评审是一项高度专业性的工作，应当留给专家去评定。对这种有关学术领域的专业性问题，法院应当节制手中的司法审查权力而不应当过深干预。但是，在法官的专业能力以内的事实问题和法律问题，法官则不得放弃其审查行政行为合法性的神圣职责。在博士学位评审问题上，法官可以也应当审查学位评定委员会的职权、组成人员、决定程序、表决方式和结果等问题。

关于第三个问题，我们认为，北京大学学位评定委员会所作出的不授予刘燕文博士学位的决定是不符合法定程序的。根据我国《学位条例》的规定，学位评定委员会负责对学位论文答辩委员会报请授予硕士学位或者博士学位的决议，作出是否批准的决定。决定以不记名投票方式，经全体成员过半数通过。可见，学位评定委员会的决定有两种，即批准的决定和不批准的决定，此其一。其二，对于"决定……经全体成员过半数通过"，应当理解为：批准的决定应当经过半数的赞成票才能通过，反之，不批准的决定应当经过半数的反对票才能通过。而事实上，校学位评定委员会共有21名委员，对刘燕文论文的反对票只有7票，远未达到全体成员（21位）的半数，甚至没有达到出席人员（16位）的半数，因此不能作出不批准的决定。

关于第四个问题，我们认为，虽然没有相关的法律条文规定委员可以或者不可以投弃权票，但是，学位评定委员会的委员在进行学位评定时不得投弃权票。原因在于：对于本案中的学位评定，其面对的是不可回避的、同时又是普通人所无法解决的高度技术性的问题，校学位评定委员会的委员们就是被遴选出来解决这一特定问题的。法律赋予他们的不仅是一项权利，而且意味着给予他们不可转让、不可抛弃的重大职责。投弃权票即是对法定职责的懈怠和放弃，这是法律所绝对不能容许的。

关于第五个问题，我们认为，当教育管理者对学生作出不利的决定时，应当遵循正当程序。从充分保障学位申请者的合法权益这一原则出发，当教育管理者对学生作出不利的决定时，应当引入正当程序原则。一方面，须严格规定教育管理者的义务和责任，要求其承担告知、说明理由以及送达书面决定的义务，并规定违反此义务的法律责任；另一方面，应当明确学生的申辩权，允许当事人提出申辩意见，从而充分尊重与保障当事人的合法权益。

【实践·反思·探究】

1. 高校学生享有哪些权利？他们如何行使这些权利？
2. 高校学生有哪些义务？他们如何履行这些义务？
3. 高校教师如何维护学生的权利？

【推荐阅读】

1. 教育部《普通高等学校学生管理规定》
2. 李晓燕.学生权利和义务问题研究［M］.武汉：华中师范大学出版社，2008.
3. 德沃金.认真对待权利［M］.信春鹰，吴玉章，译.上海：上海三联书店，2008.

第八章 高校教师与社会的法律关系

【知识导图】

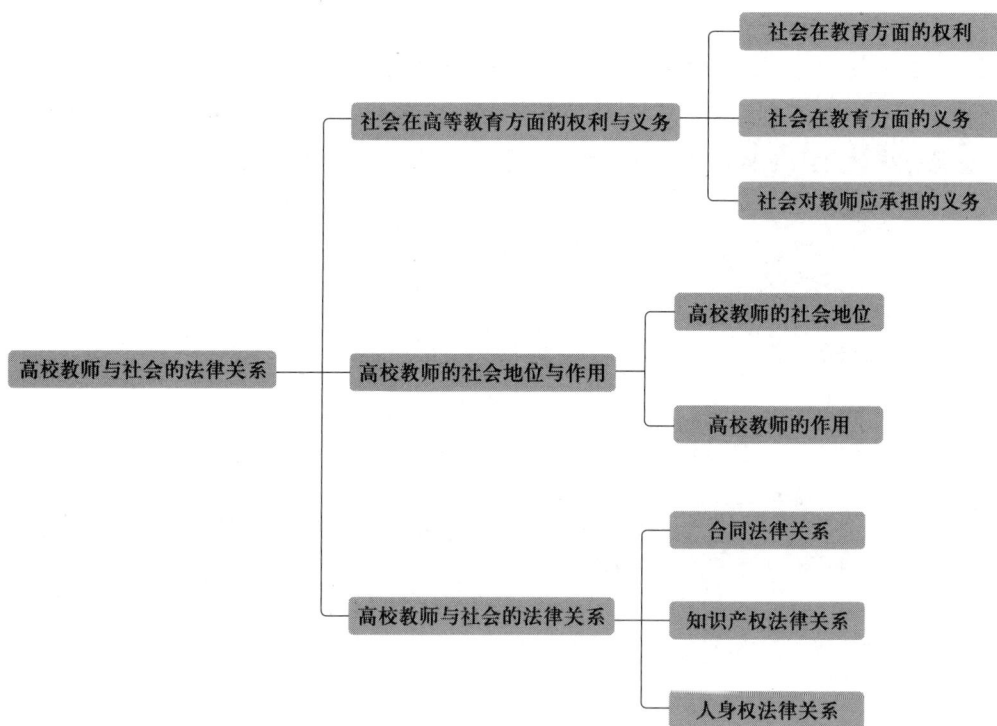

高校教师的职能不仅是传统的科学研究和人才培养，还在于通过知识转化、科技成果转让等为国家的发展提供直接的社会服务。因此，明确高校教师在社会服务中的角色与职责对于当今社会发展有着至关重要的意义。

第一节　社会在高等教育方面的权利与义务

随着全球经济一体化进程的不断加快，人们越发强烈地认识到，教育发展和科技进步已成为各国在国际竞争中保持强劲动力的内生力量和战略性支柱。现代社会的发展离不开教育，教育对一国政治、经济、文化等事业的发展具有无法替代的促进作用；同时，教育在社会中运行，是社会系统中不可或缺的重要组成部分，教育总是伴随社会进步而不断向前推进的，教育离不开社会，教育发展的过程也正是社会不断参与、渗透和影响的过程。因此，为了有效协调教育与社会的各种关系，必须通过一定的法律制度来明确界定社会在教育方面的权利与义务。对此，我国《教育法》《高等教育法》等多部法律法规都作出了明确的规定。

一、社会在教育方面的权利

（一）兴办教育的权利

由于我国教育财政经费存在一定的局限性，为加大对教育的投入，满足人们对教育资源的需求，国家积极鼓励和大力支持各种社会力量依法兴办教育。《教育法》第 26 条规定："国家鼓励企业事业组织、社会团体、其他社会组织及公民个人依法举办学校及其他教育机构。"第 54 条规定："企业事业组织、社会团体及其他社会组织和个人依法举办的学校及其他教育机构，办学经费由举办者负责筹措，各级人民政府可以给予适当支持。"《高等教育法》第 6 条规定："国家鼓励企业事业组织、社会团体及其他社会组织和公民等社会力量依法举办高等学校，参与和支持高等教育事业的改革和发展。"不仅如此，上述法律还对学校及其他教育机构的设立条件和管理体制作出了明确规定。在法律的引导和激励之下，我国社会力量办学逐步兴起。在此基础之上，2016 年 11 月修订的《民办教育促进法》和 2021 年 4 月修订的《民办教育促进法实施条例》通过确认民办教育机构的办学自主权、民办教师的法律地位以及民办学校学生的合法权益，进一步保障了社会办学的权利，使民办教育真正走上规范化、有序化的道路，初步实现了"两条腿走路"的办学方针。

（二）支持教育的权利

教育发展和学校建设始终离不开社会的支持。国家积极鼓励社会力量在力所能及的范围内为学校提供物质和经济方面的支持。对此，《教育法》第 47 条规定："企业事业组织、社会团体及其他社会组织和个人，可以通过适当形式，支持学校的建设，参与学校管理。"当前，支持教育的形式主要有三种：其一，投入建设资金。例如，《教育法》第 60 条规定："国家鼓励境内、境外社会组织和个人捐资助学。"第 62 条规定："国家鼓励运用金融、信贷手段，支持教育事业的发展。"在此精神指引下，《高等教育法》第 60 条规定："国家鼓励企业事业组织、社会团体及其他社会组织和个人向高等教育投入。"其二，设立教师奖励基金。《教师法》第 34 条规定："国家支持和鼓励社会组织或者个人向依法成立的奖励教师的基金组织捐助资金，对教师进行奖励。"其三，设立优秀学生奖学金、贷学金。例如，《职业教育法》第 52 条规定："国家支持企业、事业单位、社会组织及公民个人按照国家有关规定设立职业教育奖学金、助学金，奖励优秀学生，资助经济困难的学生。"其四，向学校及其他教育机构捐赠物品，例如，捐赠图书资料等。

（三）参与学校管理的权利

根据《教育法》第 47 条的规定，社会享有参与学校管理的权利。其形式主要包括：其一，通过参观学校教育科研成果展示、科技展览等活动，对学校提出教学建议；其二，参与学校的教学评估。依据法律授权或者委托的具有一定资历的社会组织，可以依法对学校及其他教育机构的办学条件、办学水平以及教育质量进行单项或者综合的考核和评价，旨在加强社会对学校及其他教育机构贯彻实施《教育法》、依法从事教育活动的监督。其三，参加学校董事会。

（四）产学研合作的权利

《教育法》第 47 条规定："国家鼓励企业事业组织、社会团体及其他社会组织同高等学校、中等职业学校在教学、科研、技术开发和推广等方面进行多种形式的合作。"对此，《高等教育法》第 12 条进一步规定："国家鼓励高等学校之间、高等学校与科学研究机构以及企事业组织之间开展协作，实行优势互补，提高教育资源的使用效益。"据此，社会组织享有与高等学校、中等职业学校进行产学研合作的权利。这主要是为了发挥上述两类学校的人才优势、学术科研优势和资源优势。双方合作的形式包括：其一，在育人方面，既可以由学校和社会联合培养，也可以由学校接受社会委托而单独培养人才。其二，在科研方面，社会既可以与学校联合攻关，也可以通过聘请教师参与有关课题研究，还可以共同建立"科技园""产学研联合体"等。其三，在技术开发和推广方面，社会组织应当积极支持科研成果的中间试验，使之转化为生产力。总之，社会组织与高等学校、中等职业学校进行产学研合作，既有利于充分利用学校的教育科研资源，提高其使用效益，又有利于有效利用社会的财力、物力优势。因此，产学研合作是一项"双赢"的事业。

（五）文化教育的权利

现代教育应当是一种开放式教育，学校只是其中一个主要的阵地。除了学校教育之外，社会同样享有对受教育者进行文化教育的权利。《教育法》第 53 条规定："国家鼓励社会团体、社会文化机构及其他社会组织和个人开展有益于受教育者身心健康的社会文化教育活动。"

二、社会在教育方面的义务

（一）创造良好教育环境的义务

学生的身心发展与教育环境有密切的关系，良好的教育环境是学生健康成长的需要。教育环境包括社会物质环境和精神环境，为了维护良好的教育环境，《教育法》第 46 条规定："国家机关、军队、企业事业组织、社会团体及其他社会组织和个人，应当依法为儿童、少年、青年学生的身心健康成长创造良好的社会环境。"

（二）便利教学活动的义务

《教育法》第 48 条规定："国家机关、军队、企事业组织及其他社会组织应当为学校组织的学生实习、社会实践活动提供帮助和便利。"学生实习和社会实践是教学的必要环节，是教学活动十分重要的组成部分。因此，社会各界应当从支持教育、培养人才的高度对其提供一切可能的便利条件。特别是高等学校组织的学生见习、实习、社会调查、社会宣传以及生产劳动等实践活动，都属于公益性活动，与社会组织之间是互惠互利的。因此，社会组织应当积极配合、提供便利，并且可以在双方平等自愿的基础上签订协议，以建立长期稳定的合作关系。

（三）对师生优待的义务

在开放式教育模式下，应当充分重视社会公共文化体育设施与公共文化传媒对受教育者的教育功能。我国的社会公共文化体育设施包括图书馆、博物馆、科技馆、文化馆、美术馆、体育馆、革命纪念馆和历史文化古迹等。这些对于传承社会文化、建设社会主义精神文明具有重要的作用。与此同时，在信息传递日益迅捷的今天，诸如广播、电视、互联网、书籍、报刊等文化传媒，对于开阔学生的眼界，拓宽学生的知识面，促进学生树立正确的价值观念，提高学生的思想道德素质和科学文化素质，具有无法替代的作用。因此，为了加强社会文化教育力度，社会公共文化设施和文化传媒必须承担向师生实行优待的义务，提供物质上的优惠和尽可能的便利条件。为此，《教育法》第 51 条明确规定："图书馆、博物馆、科技馆、文化馆、美术馆、体育馆（场）等社会公共文化体育设施，以及历史文化古迹和革命纪念馆（地），应当对教师、学生实行优待，为受教育者接受教育提供便利。广播、电视台（站）应当开设教育节目，促进受教育者思想品德、文化和科学技术素质的提高。"这在法律上确认了社会对师生接受社会文化教育所应承担的优待义务。

（四）实行校外教育的义务

校外教育是学校教育的有益补充形式，是社会文化教育的有机组成部分，是教育系统不可分割的构成部分。因此，从这个意义上讲，校外教育既是社会的权利，又是社会所应积极承担的义务。对此，《教育法》第 52 条规定："国家、社会建立和发展对未成年人进行校外教育的设施。"这些校外教育设施主要包括青少年宫、少年儿童活动中心、少年科技站、业余艺校、业余体校等。它们对于青少年学生的健康成长和心智发展具有重要影响。因此，社会组织应同学校相互配合，加强学生的校外教育。

（五）为学生就业创造条件的义务

为保障广大青年学生择业、就业的权利，企业事业组织及其他社会组织，有义务为其提供就业指导、就业信息、就业岗前培训等劳动就业条件。

三、社会对教师应承担的义务

社会在参与和影响教育的过程中，必然会与作为教育活动重要主体的教师发生千丝万缕的联系。因此，社会不仅对教育事业承担一定的义务，还要对教师承担相应的义务。具体包括以下五项义务。

（一）保障教师完成教学任务的义务

教师从事教学活动必须具备一定的教学设施、教学设备、教学资料及其他教学用品。为保证教学活动的正常进行，社会有义务支持教学设施的建设，保证教学设施和教学设备的安全性，对教学所需的教学资料和用品提供必要的物质支持。

（二）便利教师社会实践的义务

教师社会实践活动是教学实践活动不可或缺的组成部分，有利于教师教学、科研创新能力和自身素质的提高。《教师法》第 20 条规定："国家机关、企业事业单位和其他社会组织应当为教师的社会调查和社会实践提供方便，给予协助。"基于此，社会有从人力、物力方面为教师社会实践提供便利的义务。

（三）鼓励和帮助教师从事创新性工作的义务

教师担负着创新知识、传播知识的作用，而这种创造性研究工作离不开社会的尊重、鼓励和帮助。因此，需要社会组织对教师从事创新性工作给予一定的物质鼓励、精神鼓励以及经费上的帮助。

（四）支持教师制止有害于学生的行为的义务

《教师法》第 8 条第 5 项规定教师的义务之一是"制止有害于学生的行为或者其他侵犯学生合法权益的行为，批评和抵制有害于学生健康成长的现象"。为协助教师履行这一义务，社会应当给予教师舆论支持，切实维护学生的合法权益。

（五）表彰和奖励优秀教师的义务

《教师法》第 33 条专门规定："国务院和地方各级人民政府及其有关部门对有突出贡献的教师，应当予以表彰、奖励。对有重大贡献的教师，依照国家有关规定授予荣誉称号。"与这一规定相适应，我国相继颁布了《教学成果奖励条例》《教师和教育工作者奖励暂行规定》等教育行政法规规章，从而确立了规范化的教师表彰和奖励制度。不仅如此，为了在全社会树立尊师重教的良好风尚，国家还积极鼓励社会对有突出贡献的教师进行奖励。对此，《教师法》第 34 条规定："国家支持和鼓励社会组织或者个人向依法成立的奖励教师的基金组织捐助资金，对教师进行奖励。"

第二节　高校教师的社会地位与作用

高校教师的社会地位，归根到底取决于其在社会进步中的重要作用，同时也有赖于尊师重教的良好社会风尚。

一、高校教师的社会地位

（一）我国教师社会地位的历史变迁

教师是人类历史上最古老的职业之一，也是最伟大、最神圣的职业之一。教师的社会地位历来是与教师劳动的社会意义紧密联系的，并深受一定社会政治、经济和思想文化的影响与制约。在不同社会的不同历史时期，教师的社会地位具有很大的差异。

在奴隶社会和封建社会时期，教育一直被奴隶主阶级、地主阶级等统治阶级垄断，官学的教师就是政府的官吏，他们深受统治阶级的推崇。相反，普通教师的劳动和地位却从未获得统治阶级的尊重和认可，他们始终处于被压迫、被剥削的地位。

中华人民共和国成立以后，人民教师的地位获得了前所未有的社会尊重。中国古代"尊师重教"的思想普及于社会所有的教师身上。教师的政治地位有了明显的提高，有的教师成为人大代表，有的教师走上领导岗位。经济待遇方面，教师工资得到国家财政的支持，教师的生活水平随着经济发展而不断提高；教师工作获得广大人民群众的尊重、认可和支持。教师成为具有较高地位的社会群体。为了从根本上保证教师的社会声望与社会地位，1985 年全国人民代表大会常务委员会通过决议，确定每年 9 月 10 日为"教师节"；通过大量的宣传教育活动，力图在全社会重新树立尊师重教的良好风尚。2016 年 9 月 9 日，习近平在北京市八一学校考察时强调："各级党委和政府要满腔热情关心教师，让广大教师安心从教、热心从教、舒心从教、静心从教，让广大教师在岗位上有幸福感、事业上有成就感、社会上有荣誉感，让教师成为让人羡慕的职业。"[①]2018 年 9 月 10 日，习近平总书记出席全国教育大会并发表重要讲话指出："全党全社会要弘扬尊师重教的社会风尚，努力提高教师政治地位、社会地位、职业地位，让广大教师享有应有的社会声望，在教书育人岗位上为党和人民事业作出新的更大的贡献。""随着办学条件不断改善，教育投入要更多向教师倾斜，不断提高教师待遇，让广大教师安心从教、热心从教。"[②]

（二）高校教师社会地位的保障

1993 年 10 月 31 日，第八届全国人民代表大会常务委员会第四次会议通过的《教师法》（2009 年修订），以法律形式正式确立了教师的社会地位。该法第 3 条对教师的身份作出了确认："教师是履行教育教学职责的专业人员，承担教书育人，培养社会主义事业建设者和接班人、提高民族素质的使命。教师应当忠诚于人民的教育事业。"第 4 条进而明确规定："各级人民政府应当采取措施，加强教师的思想政治教育和业务培训，改善教师的工作条件和生活条件，保障教师的合法权益，提高教师的社会地位。全社会都应当尊重教师。"由此，教师的社会地位获得了法律的保障和支撑。改革开放四十多年来，随着人民生活水平和科学文化素质的不断提高，教师职业日益受到人们的广泛认同和尊重，教师的政治地位、社会地位和社会声望正在不断提升。相应地，高校教师的经济收入与生活水平得到了明显的改善和提高。

因此，所谓高校教师的社会地位，是指社会给予高校教师的政治、经济待遇以及对其教学科研工作的认可程度。可以说，我国高校教师社会地位的提高，是与教育法制的逐步完善，以及高等教育在社会发展中的地位不断提高紧密联系的。

1.《教育法》对教育地位与教师社会地位的基本确认

《教育法》明确落实了教育优先发展的战略地位与教师的崇高社会地位。该法第 4 条规定："国家保障教育事业优先发展。全社会应当关心和支持教育事业的发展。全社会应当尊重教师。"

2.《高等教育法》对高等教育发展与高校教师社会地位的明确保障

《高等教育法》第 50 条明确规定："国家保护高等学校教师及其他教育工作者的合法权益，采取措施改善高等学校教师及其他教育工作者的工作条件和生活条件。"

3. 高校教师社会地位的保障与提高是我国科教兴国、人才强国战略的具体体现

伴随知识经济时代的到来，各国均意识到科技、人才、教育对于国家发展的重要性。党的十八大以来，党中央作出人才是实现民族振兴、赢得国际竞争主动的战略资源的重大判断，作出全方位培养、引进、使用人才的重大部署，推动新时代人才工作取得历史性成

---

① 全面贯彻党的教育方针　努力把我国基础教育越办越好［N］. 人民日报，2016-9-10（1）.
② 教育部课题组. 深入学习习近平关于教育的重要论述［M］. 北京：人民出版社，2019：102.

就、发生历史性变革。2021年9月27日至28日，中央人才工作会议在北京召开。习近平总书记出席会议并发表重要讲话，强调要坚持党管人才，坚持面向世界科技前沿、面向经济主战场、面向国家重大需求、面向人民生命健康，深入实施新时代人才强国战略，全方位培养、引进、用好人才，加快建设世界重要人才中心和创新高地，为2035年基本实现社会主义现代化提供人才支撑，为2050年全面建成社会主义现代化强国打好人才基础。高等学校作为国家高素质创新型人才的培养摇篮、输送基地、储备与用武之地，在人才强国战略的实现上肩负着重要的历史使命，全社会都应当从战略的高度重视对高校教师社会地位的提高和保障。

二、高校教师的作用

2021年4月19日，习近平在清华大学考察时强调指出："大学教师对学生承担着传授知识、培养能力、塑造正确人生观的职责。教师要成为大先生，做学生为学、为事、为人的示范，促进学生成长为全面发展的人。要研究真问题，着眼世界学术前沿和国家重大需求，致力于解决实际问题，善于学习新知识、新技术、新理论。要坚定信念，始终同党和人民站在一起，自觉做中国特色社会主义的坚定信仰者和忠实实践者。"[①]高校教师社会地位的崇高性，归根到底取决于其在社会进步中的重要作用。这种作用主要体现在以下三个方面。

（一）教书育人的主力军作用

高校教师是我国高等教育的教育者，肩负着培养适应现代化建设的高素质创新型人才的重任。一方面，高校教师要通过有目的、有计划的教学活动来指导学生对知识的掌握和创新；另一方面，高校教师又要通过自身的品行来影响学生的道德发展，塑造学生的道德品质。

（二）科研创新的生力军作用

高等学校虽然不是专门性的科研机构，但却是科研创新的重要基地。从硬件方面看，高等学校的学科门类齐全，科研设施与图书资料齐备；从软件方面看，高校教师具有较强的基础理论研究能力与应用研发能力，并长期致力于前沿理论的探索研究和高新技术的研制开发，因而具备强大的科研创新优势。高校教师进行科研创新不仅有利于提高自身的教学水平，增强学校的科研学术实力，还有利于增强广大学生的创新意识，从而提高全民族的知识创新能力和科技发展动力。

---

① 坚持中国特色世界一流大学建设方向　为服务国家富强民族复兴人民幸福贡献力量［N］.人民日报，2021-4-20（1）.

（三）国家建设的推动力作用

高校教师作为知识结构完备、创新能力强、思想文化素质高的一类群体，对于国家的物质文明、精神文明和政治文明建设具有强大而稳健的推动作用。首先，高校教师不仅培养了大批应用创新型人才，为社会主义物质文明建设作出贡献，还通过自身的技术研发直接转化为现实生产力，从而创造物质财富。其次，高校教师通过传播和创造知识，传承与发展中华优秀传统文化，促进了社会精神文明建设。最后，高校教师通过探索和钻研社会科学的前沿理论，为社会变革提供坚实的理论支撑，成为推动社会转型的力量源泉。

第三节 高校教师与社会的法律关系

除了教师作为普通公民参与社会活动所形成的普通民事合同关系以外，在社会对高等教育逐渐参与和渗透的过程中，随着社会对高校教师的地位与作用的逐渐认同，高校教师与社会发生着不同层面的接触和不同深度的联系，由此产生了诸多具有不同性质的社会关系。高校教师与社会的法律关系，即是高校教师作为自然人参与社会活动，与不具有行政隶属关系的国家机关、企业事业单位、社会团体及其他社会组织和公民个人之间发生的由不同法律予以调整的、以主体之间的权利与义务关系的形式表现出来的特殊的社会关系。在现阶段，这种法律关系大多属于民事法律关系。随着我国市场体制的建立与完善，以及教育体制改革的深入，这一类法律关系的数量将呈现不断上升的势头，主要包括合同法律关系、知识产权法律关系和人身权法律关系。

一、合同法律关系

所谓合同，是指平等主体的自然人、法人及其他社会组织之间设立、变更、终止民事权利与义务关系的协议。例如，高校教师与企业事业单位及其他社会组织之间在人才培养、专利使用、科技合作等方面签订协议，双方当事人之间就形成了合同法律关系。实践中，这种合同法律关系主要是技术合同法律关系。技术合同是当事人就技术开发、转让、咨询、服务等订立的明确双方权利义务关系的合同，主要包括以下四类。

（一）技术开发合同

技术开发合同即当事人之间就新技术、新产品、新工艺或者新材料及其系统的研究开发所订立的合同。一般来讲，高校教师与社会组织签订的技术开发合同主要包括委托开发合同和合作开发合同。高校教师作为委托开发合同的研发人员，应当按照约定制订和实施研究开发计划，合理使用研究开发经费，按时完成研究开发工作、交付研究开发成果，并向委托人提供有关的技术资料和必要的技术指导，帮助委托人掌握研究开发成果。而高校教师作为合作开发合同的当事人时，则应当依照合同约定进行投资，分工参与研发工作，并协同另一方当事人顺利完成开发工作，同时应保守有关技术秘密。

（二）技术转让合同

技术转让合同具体包括专利权转让、专利申请权转让、技术秘密转让、专利实施许可合同等。高校教师作为技术转让合同的一方当事人，必须保证自己是其所提供技术的合法处分权人，以及该项技术的完整有效，并依照合同约定向对方提供技术资料，进行相关的技术指导。

（三）技术咨询合同

一般而言，技术咨询合同主要包括对特定技术项目提供可行性论证，进行技术预测、专题技术调查以及提供分析评价报告等。高校教师作为技术咨询合同关系的受托人，应当按照约定的期限和要求完成咨询报告或者解答问题。

（四）技术服务合同

技术服务合同即当事人一方利用所掌握的技术知识为对方当事人提供解决技术问题的服务而签订的合同。高校教师作为技术服务合同的受托人，应当按照合同的约定按时保质地解决有关的技术问题。

当然，随着社会的不断发展，现实中正在涌现出一些新的技术合同关系，如科技成果转化合同等。这是对科技成果进行后续试验、开发、利用、推广以至形成新产品、新工艺，发展新产业所涉及的合同。

二、知识产权法律关系

知识产权是民事主体对其创造性的智力劳动成果依法所享有的专有权利。我国民法规定的知识产权主要有著作权、专利权和商标权。为从根本上保护知识产权，我国已经颁布了《著作权法》《专利法》《商标法》《集成电路布图设计保护条例》《反不正当竞争法》等一系列有关的法律、法规。

高校教师作为学术科研的创新主体，在发表科研论文、出版学术专著、转让专利及其他技术成果方面，要与社会发生方方面面的关系，从而形成了知识产权关系。在实践中，高校教师与社会发生的知识产权法律关系，主要集中在著作权和专利权方面。著作权是指作者及其他著作权人依法对文学、艺术和科学、工程技术等作品所享有的各项专有权利。它包括著作人身权和财产权两方面。其中，人身权包括发表权、署名权、修改权、保护作品完整权；而财产权则包括使用权（复制、发行、出租、展览、表演、放映、广播、改编、翻译、汇编等）、收益权和处分权。专利权是指专利权人在法定期限内对其发明创造的成果所享有的专有专用权利。其基本内容包括利用专利的权利和禁止他人利用专利的权利，此外，专利权人还依法享有许可他人实施专利的权利、转让专利权的权利、转让专利申请权的权利以及在专利产品及其包装上标明专利标记和专利号的权利。

为了有效保护高校教师的知识产权，教育部于 1999 年发布了《高等学校知识产权保护管理规定》。该规章第 29 条明确规定："剽窃、窃取、篡改、非法占有、假冒或者以其他方式侵害由高等学校及其教职员工和学生依法享有或持有的知识产权的，高等学校有处理权的，应责令其改正，并对直接责任人给予相应的处分；对无处理权的，应提请并协助有关行政部门依法作出处理。构成犯罪的，应当依法追究刑事责任。"第 32 条进一步规定："侵犯高等学校及其教职员工和学生依法享有或持有的知识产权，造成损失、损害的，应当依法承担民事责任。"

三、人身权法律关系

人身权是指民事主体依法享有的与其人身不可分离而无直接财产内容的民事权利。人身权的范围比较广泛，凡是与自然人的人身或者法人的组织体系紧密联系在一起而又无直接财产内容的权利，均可称为人身权。人身权与权利主体的人身紧密联系，不可分离。它是保障人的精神利益得以实现的法律形式，离开了权利主体的人身，其精神利益便无从附着，保障精神利益的权利也就随之失去了存在的基础。因此，人身权以权利主体的存在而存在。通常情况下，人身权不得以任何形式转让。但是，企业法人、个人合伙和个体工商户的名称权却可以依法转让，这是人身权的一个例外。

人身权包括人格权和身份权。人格权又具体分为物质性人格权和精神性人格权。前者包括生命权、身体权和健康权等；后者则包括姓名权、名称权、肖像权和隐私权等。身份权是指民事主体基于一定的地位、资格或者身份所享有的状态性人身权利。它主要包括亲权、亲属权、监护权等。所谓人身法律关系，即是民法调整一定社会中平等主体之间的人格关系和身份关系而形成的具有民事权利义务内容的一种民事法律关系。高校教师在社会交往中会与其他社会主体之间形成不同种类的人身法律关系，要求高校教师必须尊重其他民事主体的合法人身权，同时，又应当依法维护和保障自身合法的人身权；对于侵犯自身合法权益的行为要敢于和善于通过法律救济的途径保护自己。

【案例评析】

请扫描二维码并阅读案例，思考以下问题：

（1）教师在教育活动中发表错误言论，是否需要承担法律责任？如果是，应承担什么法律责任？

【案例简介】某职业学院一教师发表错误言论引发社会舆论事件

（2）如何理解高校教师的社会责任？

评析：

关于第一个问题，教育部发布的《新时代高校教师职业行为十项准则》（以下简称《准则》）明确要求，各地各校要按照《准则》及相应的处理指导意见、处理办法要求，严格举报受理和违规查处。对于发生《准则》中禁止行为的，要态度坚决，一查到底，依法依规严肃惩处，绝不姑息。《准则》第 3 条规定：教师要传播优秀文化。带头践行社会主义核心价值观，弘扬真善美，传递正能量；不得通过课堂、论坛、讲座、信息网络及其他渠道发表、转发错误观点，或编造散布虚假信息、不良信息。宋某某的行为违反了上述规定，该校完全有权依据有关法律法规以及校纪校规和有关聘用合同的约定，对其进行处理。

关于第二个问题，高校教师作为受教育水平较高的高级知识分子，其专业程度和教育素养都被全社会给予高度的尊重，高校教师在把主要精力投入紧张的教学工作和专业研究领域的同时，也要加强自身的思想政治教育和爱国主义教育。高校教师肩负着培养高素质创新型人才的重任。一方面，高校教师要通过有目的、有计划的教学活动来指导学生对知识的掌握和创新；另一方面，高校教师也要通过自身的品行来影响学生的道德进步，塑造学生的道德品质，在推动社会进步中发挥高校教师应有的重要作用。

【实践·反思·探究】

1. 社会在教育方面的权利与义务有哪些？
2. 国家和社会如何保障高校教师社会地位的落实？
3. 高校教师为社会服务的基本形式有哪些？

【推荐阅读】

1. 劳凯声，等. 我国教师社会经济地位研究［M］. 北京：经济科学出版社，2020.
2. 薄建国，等. 产学研合作法律制度研究［M］. 北京：科学出版社，2020.
3.《中华人民共和国民办教育促进法实施条例》（2021 年 4 月修订）

第九章　高校教师与教育法律责任

【知识导图】

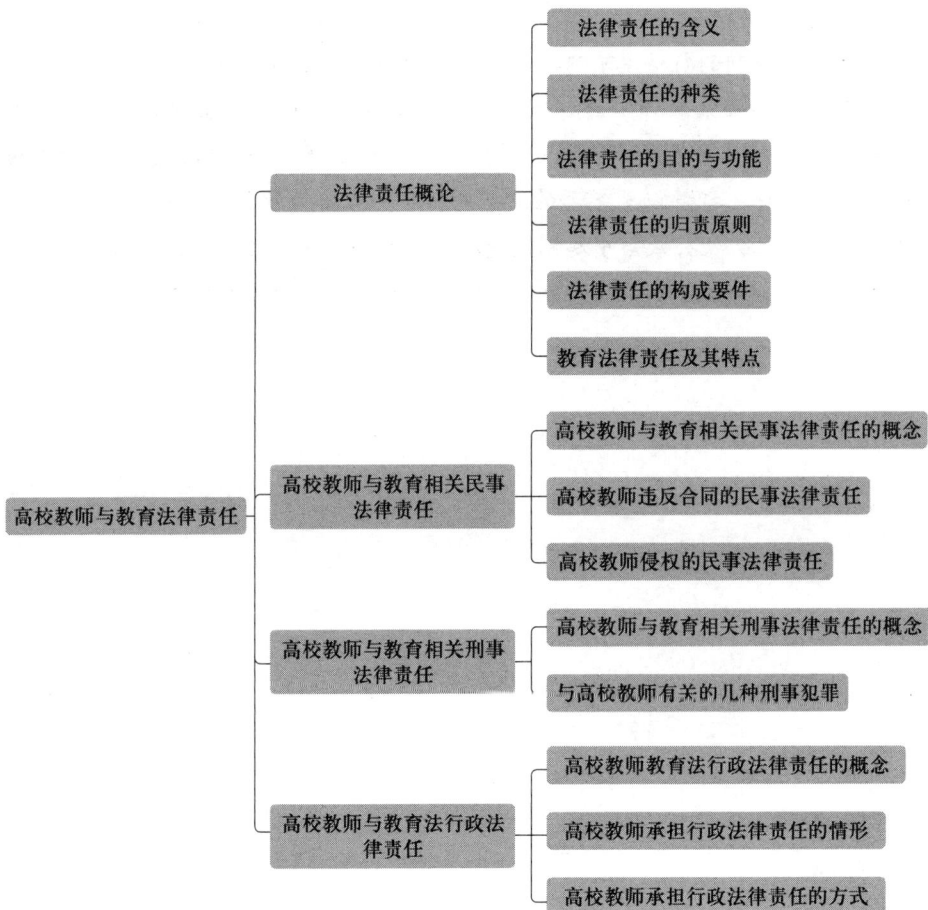

教师对于权利的行使具有选择权，可以放弃行使权利，而义务是无条件的，是必须履行的。如果教师不履行法定义务，就要承担相应的法律责任。高校教师是社会发展的主导力量之一，是有社会良知的知识分子，其责任与使命应该是把自己的知识、智慧以至充溢的思想和精神的人格力量用于造福国家和社会，从而在国家、社会及公众当中起到道德标杆、知识引领、行为示范的作用。

第一节 法律责任概论

在法治社会，相对于政治责任、道德责任来说，法律责任是对行为人行为的最低要求。法律责任同违法行为紧密相连，只有实施某种违法行为的人才承担相应的法律责任。

一、法律责任的含义

广义上的法律责任是指任何组织和公民维护法律尊严、遵守法律的义务，其等同于法律义务；狭义上的法律责任则是指人们对违法行为所应承担的、带有强制性的法律上的责任。在法律领域内，法律责任与法律义务是两个内涵完全不同的法律术语，前者是指因违反了法律，行为人所应承担的相应不良法律后果；后者是指按照法律规定，行为人应当履行某种行为，否则将承担因不适当履行而引起的不良法律后果，这种行为既可以是作为的，也可以是不作为的。按照发生的阶段，法律义务在先，法律责任在后。这两个法律术语，既不能简单地等同，也不能一个为另一个所涵盖。

基于上述理解，可以把法律责任界定为是一种特殊的责任，是指行为人因违反了法律而应承担的不良法律后果。

二、法律责任的种类

依据不同的标准，可以对法律责任进行不同的划分。例如，以责任标的为标准，可以将法律责任划分为人身方面的法律责任（如资格限制、取得或剥夺等），财产方面的法律责任（如罚金、没收财产等）和行为方面的法律责任（如停止侵害、赔礼道歉等）；以责任的履行是作为的还是不作为的为标准，可以将法律责任划分为作为法律责任（如返还财产、赔偿损失等）和不作为法律责任（如限制人身自由、剥夺某种行为能力等）。通常情况下，按照违法行为种类的不同，将法律责任分为违宪法律责任、民事法律责任、行政法律责任和刑事法律责任四大类。

（一）违宪法律责任

违宪法律责任是指与国家机关制定的宪法、法律、法规相违背，或者国家机关、社会组织、公民实施了违反宪法规定的行为，而应承担的法律责任。从广义上来说，一切违法行为都是违宪行为，但并非所有的违法行为都被追究违宪法律责任，一些违法行为由相关的部门法加以追究。宪法只追究破坏其专门调整的国家机关之间相互关系和国家机关与公民之间关系的违法行为的违宪法律责任。这是因为对于这些违法行为，其他部门法无法进行追究，所以只能由宪法加以追究。不同国家对违宪法律责任进行认定和归结的机关并不相同，主要有四种模式：普通法院模式、立法机关模式、宪法法院模式、宪法委员会模式。我国属于立法机关模式，对于宪法责任的认定权和归结权属于全国人民代表大会及其常务委员会。

（二）民事法律责任

民事法律责任是指民事主体因违反民事义务，侵害其他民事主体的财产或人身权益而应承担的民事法律后果。作为法律责任的一种，民事法律责任既具有法律责任的普遍特点，又有其自身独特的法律特征。

根据民事法律责任的性质，可分为财产责任和非财产责任。财产责任是以财产为主要内容的民事责任，其承担方式主要是返还财产、恢复原状、修理、重作、更换、赔偿损失、支付违约金等。非财产责任不以财产为主要内容，其承担方式有停止侵害、排除妨碍、消除危险、赔礼道歉、消除影响、恢复名誉等。

根据企业出资人对企业债务承担责任的范围，可将民事法律责任分为有限责任和无限责任。有限责任是指企业出资人只以投入资金为限对企业债务承担连带责任。无限责任是指企业出资人以自己的全部财产对企业债务承担连带责任。法律上以无限责任为原则，有限责任是例外，以法律或合同的特别规定为限。

根据是否以过错为主观要件，可将民事法律责任分为过错责任和无过错责任。过错责任是以责任人必须有主观过错为要件的民事法律责任。有过错，才有责任；无过错，就没有责任。这也是民事法律责任的一般原则。无过错责任是指行为人即使没有主观过错，也要承担民事法律责任。只有在法律有明确规定的情况下，才适用无过错责任。

根据民事法律责任产生的原因不同，可分为违反合同的民事法律责任和侵权的民事法律责任。违反合同的民事法律责任又称违约责任，是指因不履行或不适当履行合同约定的义务而产生的民事法律责任。侵权民事法律责任也称侵权损害的民事法律责任，是指因侵犯他人财产权或人身权、造成损害而应承担的民事法律责任。前者以当事人之间的合同为前提，侵犯的是债权，后者以法律规定的义务为前提，侵犯的是财产权或人身权。

根据民事法律责任的承担主体是一方还是双方，可分为单方责任和双方责任。单方责任是指由于当事人一方的过错给他人造成损害时，应当承担的民事法律责任。双方责任又称混合责任，是指损害是由双方当事人的过错造成的，当事人应当按照各自过错的大小分担民事法律责任。

根据民事法律责任承担人关系的不同，可分为按份责任和连带责任。按份责任是指在共同责任中，每个责任人按照合同约定或法律规定的份额或者比例承担民事法律责任。连带责任是指在共同责任中，每个责任人都要对权利人承担全部的民事法律责任。

根据我国《民法典》的规定，民事法律责任的归责以过错责任原则为一般原则，以无过错责任原则为特殊原则，以公平责任原则为补充；其承担方式也是多种多样的，既有财产方面的，也有行为方面的。例如，赔偿损失，支付违约金，停止侵害，排除妨碍，消除危险，返还财产，恢复原状，消除影响、恢复名誉，赔礼道歉等。这些承担方式，既可单独适用，也可合并适用。除此之外，法院在审理民事案件时，还可对违法行为人采取一些其他的制裁措施，例如，予以训诫，责令具结悔过，收缴进行非法活动的财物和非法所得，并可依照法律规定处以罚款、拘留。

（三）行政法律责任

行政法律责任是指行政法律关系主体因违反行政法律规范而应承担的法律责任。按照责任承担主体的不同，大致可分为五类。

① 行政机关的行政法律责任。包括两种情形：一是作为行政主体的行政机关的具体行政行为，因行政相对人的起诉，而被法院判决撤销、履行或者变更，行政机关就要承担因败诉而产生的行政法律责任；二是作为行政相对人的行政机关因违反了行政管理方面的法律、法规，而应承担的行政法律责任。例如，审计机关对其他国家行政机关进行审计监督，如果某个行政机关违反了有关审计方面的行政法律规范，就将被审计机关追究其行政法律责任。

② 法律、法规授权的组织的行政法律责任。包括两种情形：一是作为行政主体的法律、法规授权的组织，其具体行政行为因行政相对人起诉，被法院判决撤销、履行或者变更而产生的行政法律责任；二是作为行政相对人的法律、法规授权的组织违反行政管理方面的法律、法规而产生的行政法律责任。

③ 行政机关委托的组织的行政法律责任。非国家机关的组织在接受行政机关委托进行一定行政行为时，超出授权范围或违法失职而不构成犯罪的，将承担相应的行政法律责任。

④ 行政公务人员的行政法律责任。行政公务人员是指以行政主体的名义行使行政职权、履行行政职责的工作人员，包括国家公务员和其他行政公务人员。行政公务人员滥用职权或违反职责，但又不构成犯罪的将被追究行政法律责任。

⑤ 作为行政相对人的一般公民、法人或其他组织的行政法律责任。包括两种情形：一是行为人由于过错而违反了行政管理方面的法律规范，如侵犯他人人身、财产权利，扰乱社会秩序等而又不构成犯罪的，将被追究其行政法律责任；二是行为人虽然没有过错，但是法律规定其要承担一定的行政法律责任，例如，有关环境污染的问题，行为人只要形成污染、造成损害，就要承担赔偿损失、治理污染、罚款等行政法律责任。

行为主体不同，承担行政法律责任的方式也不相同。行政主体承担行政法律责任的方式主要有：撤销违法行政行为，履行职责，返还权益，恢复原状，赔偿损失，纠正不当行为，赔礼道歉，恢复名誉，消除影响等。行政公务人员承担行政法律责任的方式主要有：行政处分，赔偿损失，没收、追缴或者退赔违法所得收入等。行政相对人承担行政法律责任的方式主要是行政处罚。行政处罚是指行政主体对违反行政法律法规、破坏行政法律秩序但尚不构成犯罪的违法行为人，依照法定的权限和程序而给予的制裁。根据行政处罚法的规定，行政处罚主要有以下四类。

① 人身罚，是限制或剥夺违法者人身自由的处罚，是最为严厉的一种行政处罚，只能由法律规定并由公安机关实施。人身罚主要形式是行政拘留（最高期限为 15 天）。

② 财产罚，是强迫违法者交纳一定数额金钱或一定数值物品，或者剥夺其某种财产所有权的处罚。主要形式有罚款、没收违法所得、没收非法财物等。

③ 行为罚，是限制或剥夺违法者特定行为能力或资格的处罚。主要形式有暂扣许可证件，降低资质等级，吊销许可证件，限制开展生产经营活动，责令停产停业，责令关闭，限制从业。

④ 申诫罚，是最轻的一种行政处罚，包括警告、通报批评等。

以上四类行政处罚既可单独适用，也可合并适用。

（四）刑事法律责任

刑事法律责任是指行为人因刑事犯罪行为而应承担的不良法律后果。刑事法律责任的承担是以犯罪为前提，如果行为人的违法行为不构成犯罪，就不需要承担刑事法律责任。犯罪是指具有严重的社会危害性，违反了刑法并应受刑事处罚的行为。

任何一种犯罪构成都必须同时具备四个要件。

① 犯罪客体，即我国《刑法》所保护的而为犯罪行为所侵犯的社会关系。

② 犯罪客观方面，即犯罪行为的客观外在的具体表现。

③ 犯罪主体，即实施《刑法》所禁止的危害社会行为，依法应负刑事责任的人。犯罪主体分个人和单位两种，对于个人承担刑事责任有年龄和能力的限制。

④ 犯罪主观方面，即犯罪主体对其所实施的行为的危害社会结果抱有的心理态度，分为故意和过失。我国《刑法》规定，故意犯罪应当负刑事责任。过失犯罪，法律有规定的才负刑事责任。

与其他法律责任相比，刑事法律责任具有以下特点。

① 刑事法律责任主要是有关人身方面的法律责任，多为自由刑，甚至可以剥夺犯罪者的生命。

② 刑事法律责任的惩罚性最强，这是因为刑事违法行为的社会危害性最大，为维护社会秩序，刑法必须具备威慑性，以防止犯罪的蔓延。

③ 刑事法律责任的强制性最大，一般情况下，刑事责任由特定国家机关——公安局、检察院、法院以及监狱进行追究，既不适用调解机制，当事人之间也不得和解，它的实现直接以国家强制力为保障。

④ 刑事法律责任只能由犯罪者本人自行承担，实行罪责自负原则，既不允许他人替代承担责任，也不能连坐无辜者。

⑤ 刑事法律责任的归责实行罪刑法定原则、罪刑相适应原则。对于何种行为构成犯

罪、犯何种罪、应当科以何种刑罚，刑法都作了明文规定，并且刑罚与罪行相当，罪轻罚轻，罪重罚重。

根据我国《刑法》的规定，刑事法律责任的承担方式是刑罚，分为主刑和附加刑两种，主刑包括管制、拘役、有期徒刑、无期徒刑和死刑；附加刑包括罚金、没收财产和剥夺政治权利。单位构成犯罪的，也要承担刑事法律责任。一般情况下，单位犯罪的，对单位判处罚金，并可对其直接负责人员或者其他责任人员判处刑罚。

以上列举了法律责任的基本类别。一般来说，违法行为属于哪类违法范围，就承担哪类法律责任，如果违法行为属于行政违法范围，就要承担行政法律责任，如果行政违法行为同时涉及民事范围或触犯了刑法，那么除了承担行政法律责任外，还要承担民事法律责任和刑事法律责任。我国《民法典》第 187 条规定："民事主体因同一行为应当承担民事责任、行政责任和刑事责任的，承担行政责任或者刑事责任不影响承担民事责任；民事主体的财产不足以支付的，优先用于承担民事责任。"

三、法律责任的目的与功能

法律的主要内容就是权利与义务，限定义务也是为了保障权利，法律的根本任务是确认公民和社会组织的合法权益，通过执法、司法、守法和法律监督等一系列法律活动，将法定权利转变为实然权利。现实生活中，公民和社会组织的合法权益存在遭受侵害的危险，设定法律责任的目的就在于为遭受侵害的法律权利提供救济手段，通过制裁违法行为、强制法律义务的履行，保证法律权利的实现。

一般来说，法律责任具有三大功能：惩罚功能、救济功能、预防功能。

（一）惩罚功能

法律责任的惩罚功能是指通过追究当事人的法律责任，惩罚违法行为，从而维护安全、稳定的社会秩序。惩罚功能是法律责任的首要功能。法律责任的惩罚功能集中体现在刑事法律责任上，刑事法律责任通过限制、剥夺违法行为人的自由、财产、政治权利，以至生命来实现，是最为严厉的一种法律责任。

（二）救济功能

法律责任的救济功能是指通过追究当事人的法律责任，使受害人受到侵犯或妨害的权利得到恢复或补偿。民事法律责任具有很强的救济功能。

（三）预防功能

法律责任的预防功能是指通过追究当事人的法律责任，使违法行为人、违约人自身以及其他社会成员受到教育，以预防违法行为或违约行为的再度发生。

四、法律责任的归责原则

归责是对法律责任的归结。法律责任的归结是一个复杂的责任判断过程，判断、确认、追究以及免除责任时必须依照一定的标准和规则，这就是归责原则。它是法律责任制度的核心。

法律责任的认定和归结是由国家专门机关依据事实和法律按照法定程序进行的。法律责任的认定权专属于特定的国家机关或被法律授权的专门组织。例如，一般情况下，违宪法律责任的认定和归结专属于全国人民代表大会及其常务委员会。民事法律责任由法院认定和归结，特定情况下，一些仲裁机构也承担这项职责；行政法律责任的认定和归结权属于特定的国家行政机关；刑事法律责任只能由法院认定和归结。国家专门机关认定和归结法律责任的依据是有关法律事实和相关法律条文，既不能任意扩大法律责任，也不能任意缩小法律责任。

对于法律责任的归责原则，不同学者有不同的理解。根据各国立法现状，一般采取的归责原则有过错责任原则、严格责任原则和公平责任原则。

（一）过错责任原则

过错责任原则是指主体由于过错侵害了他人权利而应承担的法律责任。在过错责任原则中，行为人是否有过错是最核心的问题。过错责任原则把行为人是否有过错作为是否承担法律责任的依据，使行为人对其自身的过错行为所造成的后果负责，这样既有利于保护受害人的法律权利，也有利于教育行为人。

过错责任原则的具体含义包括：① 在具体的责任构成中，过错是其中的一个重要构成要件。确定行为人的责任，不仅要考察其行为与损害事实的因果关系，还要考察行为人的主观过错，只有行为人在主观上存有过错，才应当承担法律责任。② 过错在整个责任构成要件中占有重要和核心的地位，不能与其他构成要件如违法行为、损害事实、因果关系等等量齐观，同时还要在过错的范围内来理解和考察其他构成要件。③ 过错是行为人承担法律责任的根据。行为人的主观过错是确定法律责任范围、大小的依据，无过错，无责任。④ 过错构成了承担法律责任的要件，也由此产生了抗辩的理由。其抗辩的理由就是无过错，只要证明自身无过错，就不应承担法律责任。

（二）严格责任原则

严格责任原则是指因行为或与行为相关的事件对他人的权利造成损害而应承担的法律责任。以严格责任作为归责原则时，其具体条件和事由是由法律明确规定的。在我国，立法对一些特殊行业采用了这种归责原则。例如，我国《民法典》第 1240 条规定："从事高空、高压、地下挖掘活动或者使用高速轨道运输工具造成他人损害的，经营者应当承担侵权责任；但是，能够证明损害是因受害人故意或者不可抗力造成的，不承担责任。被侵权人对损害的发生有重大过失的，可以减轻经营者的责任。"这种归责原则不以行为人主观上是否存有过错作为法律责任承担的条件，认为只要行为人的行为造成了危害的结果，行为人就要承担法律责任。因此，这种法律责任的归责原则也称为"无过错责任原则"。严格责任原则是一种绝对责任，即无过错并不构成抗辩事由。

（三）公平责任原则

公平责任原则是指当事人双方在对造成损害均无过错的情况下，由法院根据公平概念，结合当事人财产状况及其他条件，确定一方对另一方的损失给予适当补偿的法律责任。公平责任原则是利益权衡的过程，在损害事实是由于第三方介入、不可抗力事件的发生或者无法区分当事人双方的过错状态等情况下造成时，仅让一方承担损害结果，是明显有失公平的，则适用公平责任原则。因此，我国《民法典》第1186条规定："受害人和行为人对损害的发生都没有过错的，依照法律的规定由双方分担损失。"这一规定就体现了公平责任原则。

除了在民事法律责任中有无过错责任原则之外，在刑事法律责任中也有无罪过责任，具体可分为严格责任和替代责任。严格责任是指不考虑行为人的主观态度和心理状况，仅据其行为危害结果确定犯罪和刑事法律责任。替代责任是指本人无罪过，但仍要对他人如下属或成员的犯罪行为承担刑事法律责任。对民事法律责任和刑事法律责任中确定的这种无过失或无罪过责任的研究，也影响到行政法律责任的研究。有人提出，因为行政法的主要作用在于预防、制止比犯罪更轻微的违法行为，所以，只要有违法的外部形式和社会危害性，就足以构成行政法的法律责任，而不论其行为人主观上是否有过失或故意。

五、法律责任的构成要件

法律责任是由一定条件引起的，其条件就是所谓的要件。法律责任的构成要件是指构成法律责任所必备的客观要件和主观要件的总和。根据违法行为的一般特点可以把法律责任的构成要件概括为主体、行为、心理状态、损害事实和因果关系五个方面。

（一）主体

法律责任需要一定的主体来承担。法律责任构成要件中的主体是指具有法定责任能力的自然人、法人或其他社会组织，并不是实施了违法行为就要承担法律责任。就自然人来说，只有到了法定年龄，具有理解、辨认和控制自己行为能力的人，才能成为法律责任承担的主体。没有达到法定年龄或不能理解、辨认和控制自己行为能力的精神病患者，即使其行为造成了对社会的危害，也不能承担法律责任。对他们行为造成的损害，由其监护人承担相应的法律责任。同样，依法成立的法人和社会组织，其承担法律责任的能力，自成立时开始。

（二）行为

有行为才有责任，纯粹的思想不会导致法律责任。引起法律责任的行为是违法行为，或者侵害了法定权利，或者不履行法定义务。因此，这里所说的违法行为是广义的，包括直接侵害行为和间接侵害行为。直接侵害行为是指直接侵害法定权利或不履行法定义务，直接给社会造成一定危害的行为；间接侵害行为是指虽未侵害受害人的法定权利或未直接对受害人不履行法定义务，但由于行为人未能对直接侵害法定权利者或不履行法定义务者尽到义务，从而导致或促使直接侵害发生的行为。

违法行为与法律责任的关系存在着两种情况，一是违法行为是法律责任产生的前提，没有违法行为就没有法律责任，这是两者关系的一般情形或多数情形；二是法律责任的承担不以违法的构成为条件，而是以法律规定为条件。这是两者关系的特殊情形。

（三）心理状态

构成法律责任要件的心理状态是指行为主体的主观故意和主观过失，通称主观过错。故意是指行为人明确自己行为的不良后果，却希望或放任其发生。过失是指行为人应当预见到自己的行为可能发生不良后果而没有预见，或者已经预见而轻信不会发生或自信可以避免。应当预见或能够预见而没有预见，称为疏忽；已经预见而轻信可以避免，称为懈怠。过错在不同的法律关系中的重要程度是不同的。在民事法律责任要件中一般较少区分故意与过失，过错的意义不像在刑事法律关系中那么重要，有时民事法律责任不以有过错为前提条件，例如，我国《民法典》第 1166 条规定："行为人造成他人民事权益损害，不论行为人有无过错，法律规定应当承担侵权责任的，依照其规定。"

（四）损害事实

所谓损害事实，是指行为人的违法行为对受害方构成客观存在的、确定的损害后果。损害事实包括对人身的、财产的、精神的或者三者兼有的损害以及对政治影响的损害。损害必须具有确定性，损害事实是一个确定的事实，而不是臆想的、虚构的、尚未发生的现象。损害事实是法律责任的必要条件，任何人只有因他人的行为受到损害的情况下才能请求法律上的补救，也只有在行为致他人损害时，才有可能承担法律责任。

（五）因果关系

因果关系是指违法行为与损害事实两者之间存有必然联系，即某一损害事实是由行为人与某一行为直接引起的，两者存在着直接的因果关系。因此，要确定法律责任，必须在认定行为人违法责任之前，首先确认行为与危害或损害结果之间的因果联系，确认意志、思想等主观方面因素与外部行为之间的因果联系，还应当区分这种因果联系是必然的还是偶然的、直接的还是间接的。直接因果关系中的联系称为直接原因，间接因果关系中的联系称为间接原因。作为损害直接原因的行为要承担法律责任，而作为间接原因的行为只有在法律有规定的情况下才承担法律责任。

法律责任构成要件的五个方面，在不同性质的法律责任中，有不同的侧重或不同的表述方式、界定标准，如刑法规定的刑事法律责任的构成要件是犯罪构成四要件；而在行政法层面上，承担行政法律责任必须有行政违法，但有行政违法不一定追究行政法律责任。为此，行政法律责任的构成有其独有的要件，主要包括下列要件。

① 行为主体的行为已构成行政违法。行政违法是行政责任的前提，如果行为主体的行为尚未构成行政违法，行政法律责任就没法产生。这就是说，并非行政法律关系主体的所有行为都产生行政法律责任，只有行政违法存在时，行政法律责任才会产生。

② 承担行政责任有法律依据。现代法治社会不仅要求职权法定，而且要求对责任的承担也必须有法律依据。因此，承担行政法律责任的方式、内容等都应当由法律规定。

③ 行为主体具有法定的责任能力。行为主体不具有法定的责任能力，即使其行为构成了行政违法，也不被追究或者承担行政法律责任。对行政主体来说，其责任能力的确认没有特殊的要求，只要是国家行政机关或者具有被法律法规授权的行政主体资格；而对行政相对人中的公民而言，法定责任能力的认定，必须是达到法定的年龄、具有正常的智力等，否则即使有行政违法行为，也不能追究行政法律责任。如《中华人民共和国行政处罚法》《中华人民共和国治安管理处罚法》等均有对行政相对人中公民责任能力的规定。

④ 行为主体主观上有过错。行为过错是主观和客观的统一，行为主体不承担主观上无过错的行为的法律责任，如正当防卫。

六、教育法律责任及其特点

教育法律责任是指教育法律关系主体因实施了违反教育法的行为或违约而应承担的不良法律后果。教育法律责任的特点有以下五方面。

① 教育法律责任是法定的，具有法定性。首先，是否承担法律责任由法律明确规定，即法律为行为人设定了行为模式，只有当行为人违反了强制性行为模式时，才需要承担法律责任。其次，承担何种以及多大程度的法律责任由法律明确规定，即法律对各种违法行为规定了相应类型、程度的法律责任。最后，法律还明确规定了法律责任的追诉时效。国家对行为人违法行为的追诉不是无期限的，超过了法律规定的追诉时效，法律责任便可被予以免除。

② 教育法律责任与违法行为和法律规定的事实相联系，具有条件性。

③ 法律责任由国家专门机关予以认定，即法律责任的专权追究性。其他任何组织或个人都不具备这项权力。国家专门机关在认定法律责任时，以事实为依据，以法律为准

绳，严格依照法定程序进行。

　　④ 教育法律责任具有强制性，教育法律责任的实现以国家强制力为保障。这是法律责任与其他社会责任之间最大的不同之处。

　　⑤ 教育法律责任由违法的教育法律关系主体承担，即责任主体的特定性。法律关系的主体只有实施了法律禁止的行为，才能导致法律责任的发生。这一特征揭示了违法行为与法律责任之间的因果联系，即法律责任是违法行为引起的后果。没有违法行为的发生，就不会也不应该有法律责任的产生。因此，只有实施了某种违法行为，才会被追究法律责任。

第二节　高校教师与教育相关民事法律责任

　　高校教师作为一种民事主体，在实施民事法律行为时，因侵犯他人的人身权、财产权以及其他受到民法保护的合法权益，同样需要承担法律责任。民事法律责任既是违反民事义务所承担的法律后果，也是救济民事权利损害的必要措施，还是保护民事权利的直接手段。

一、高校教师与教育相关民事法律责任的概念

　　《教师法》第 3 条规定："教师是履行教育教学职责的专业人员，承担教书育人、培养社会主义事业建设者和接班人、提高民族素质的使命。"《高等教育法》第 18 条规定："高等教育由高等学校和其他高等教育机构实施。"第 45 条规定："高等学校的教师及其他教育工作者享有法律规定的权利，履行法律规定的义务，忠诚于人民的教育事业。"根据这些规定，高校教师这一概念有广义和狭义之分。广义的高校教师是指高等学校和其他高等教育机构的教师及其他教育工作者。狭义的高校教师是指在高等学校专门从事教学工作的专业人员。在这里，本书采用广义概念，即高校教师既包括在高等学校和其他高等教育机构专门从事教学工作的专职教师，也包括教育教学管理人员、教学辅助人员和其他专业技术人员。

　　高校教师作为自然人，在社会生活中，作为各种民事法律关系的主体，如果违反了民事义务、侵犯了他人的民事权利，就应当承担相应的民事法律责任。这里所讲的高校教师的民事法律责任，是指高校教师在教育教学活动中或与教育教学有关的活动中，违反法律规定、侵犯他人民事权利，而应承担的民事法律责任。高校教师侵犯他人民事权利的违法行为发生在教育教学活动过程中，或与教育教学活动有密切的联系，通常表现在违反合同、侵犯学生人格权、侵犯他人知识产权等环节。

二、高校教师违反合同的民事法律责任

（一）合同概述

所谓合同，是指平等主体之间设立、变更、终止民事权利义务关系的协议。合同具有以下法律特征：

1. 合同是一种民事法律行为

民事法律行为是以发生一定民事法律后果为目的，当事人订立合同的目的就是为了设立、变更、终止一定的民事权利义务关系，因而合同是一种民事法律行为。不具有民事法律行为特征的行为不是合同。

2. 合同是双方或多方当事人意思表示一致的民事法律行为

任何一个合同都必须有两方或多方当事人参与，并且双方或多方当事人就合同的主要内容要达成协议，即意思表示一致，否则合同不能成立。

3. 合同是当事人在平等、自愿的基础上进行的民事法律行为

合同是平等的民事主体所进行的民事法律行为，其主体是平等的，因而在订立合同时，当事人必须在充分平等、自愿的基础上，进行协商并达成一致，任何一方都不能把自己的意志强加于对方之上。

4. 合同的内容具有确定性

合同是当事人之间设立、变更、终止民事法律权利义务的协议，对于当事人的权利义务应当相当明确。

5. 合同具有法律约束力、强制履行性

合同一旦依法成立后，非经对方当事人同意，任何一方都不得擅自变更或解除；合同一旦生效后，当事人都必须按照合同约定完全、适当的履行自己承担的义务。否则，将要承担因违反合同或不完全、不适当履行义务而产生的法律责任。

（二）涉及高校教师的合同及相关民事法律责任

高校教师在从事教育教学工作时，涉及的合同主要有聘任合同和技术合作合同。

1. 聘任合同

《教师法》规定我国学校与教师的关系是教师聘任制，教师的聘任应当遵循双方地位平等的原则，由学校和教师签订聘任合同，明确规定双方的权利、义务和责任。因此，现在高校在引进教师时，不再采取过去那种分配或者人事调动形式，而采用招聘形式，与教师签订聘用合同，教师的福利待遇、职责、权利和义务等都用合同约定。

高校教师聘任合同是一种以提供教育教学及其科研行为的劳动力商品为客体的特殊的民事合同。高校教师聘任合同主要类型为固定期限的高校教师聘任合同和以完成一定工作

为期限的高校教师聘任合同。也可依据合同当事人一方人数的多寡不同，分为高校教师个人聘任合同和高校教师集体聘任合同。

高校与应聘者通过平等协商就权利义务达成一致后，聘任合同即告成立，双方应当以严格的书面形式订立，须经过要约、承诺步骤且不应当承认事实聘任合同的法律效力。聘任合同生效后，作为聘任方的高等学校和受聘方的教师应当在亲自履行、全面履行和协作履行三大原则的指导下完全履行合同中所约定的权利义务条款。双方经过协商，可以变更或者终止合同，但解聘和辞聘必须符合约定或者法定的事由。在违约责任形式上，应当确立以实际履行为主，包括损害赔偿、违约金等补救方式；在争议解决方式上应当建立健全具体的调解制度、仲裁和民事诉讼制度。

2. 技术合作合同

技术合作合同包括产学研合作、实施合同，成果及转化合同等。此类合同发生纠纷的案例，以侵权和违约竞合类型居多，大多按照侵权的民事法律责任处理。

高校教师不仅可以与高校签订合同，而且可以作为高校的代理人，与他人签订合同。教师代理高校与他人签订的合同，由高校承担法律责任。但是如果教师的代理行为是无权代理行为，除经高校追认而由高校承担民事法律责任的之外，均由高校教师承担相应的民事法律责任。如果高校教师与第三人恶意串通损害高校利益的，由高校教师与第三人对高校因此所受的损害承担连带赔偿责任。高校教师与高校签订合同后，不履行合同义务或者履行合同义务不符合约定的，应当承担继续履行、采取补救措施或者赔偿损失等违约责任。

三、高校教师侵权的民事法律责任

以高校教师（包括学校）作为违法主体的违法行为导致的侵权责任基本上可分为两类：第一类是高校教师（包括学校）权力行使不当，如滥用权力或是越权行为，以致侵犯了学生的合法权益；第二类是学校或是教师未能很好地履行法律上规定的职责和义务，主要是指学校未尽管理职责，教师未尽教育管理的义务。

第一类的违法主体通常是出于故意的心理状态，即明知违法但仍坚持实施；而第二类的违法主体通常是出于过失的心理状态，即未能预见违法后果的产生，或并不希望出现违法后果。对这两类违法行为所应承担的法律责任，往往需要考虑违法主体当时的主观心理状态。

（一）高校教师侵犯人格权的民事法律责任

1. 人格权的法律保护

人格权是指自然人或法人等民事主体依法所固有的，普遍平等地享有人格尊严不受侵犯、维护主体独立人格所必备的权利。人格权具有以下特征。

① 人格权是民事主体依法所固有的权利。不论民事主体的行为能力是否完全，也不论民事主体是否意识到这种权利的存在，人格权总是客观存在的，也不需要主体为某种行为去取得。

② 人格权是普遍平等的。所有的自然人从出生到死亡，所有的法人从成立到终止，都依法普遍平等地享有人格权。

③ 人格权得到法律的确认和保护。人格权在受到侵犯时，可以寻求法律救济。人格权的内容主要包括生命权、身体权、健康权、姓名权、名称权、肖像权、名誉权、隐私权等。

人格权作为一种基本人权，通过法律的确认，从应然状态转化为法定状态，是人类文明发展的结果。在现代法治社会，法律对人格权的保护也在不断扩大和完善。目前，我国法律从多层次、多角度对人格权进行确认和保护。我国《宪法》规定：国家尊重和保障人权。中华人民共和国公民的人身自由不受侵犯。任何公民，非经人民检察院批准或者决定或者人民法院决定，并由公安机关执行，不受逮捕。禁止非法拘禁和以其他方法非法剥夺或者限制公民的人身自由，禁止非法搜查公民的身体。中华人民共和国公民的人格尊严不受侵犯。禁止用任何方法对公民进行侮辱、诽谤和诬告陷害。中华人民共和国公民的住宅不受侵犯。禁止非法搜查或者非法侵入公民的住宅。中华人民共和国公民的通信自由和通信秘密受法律的保护。我国《民法典》用专门的人格权编，对人身权进行确认和保护，涵括了人格权的主要内容，对其进行了集中系统的规定，是我国人格权民事保护制度的重要渊源。其他特别法、单行法和行政规章中也有相关人格权保护的规定。例如《教育法》第82条规定："违反本法规定，侵犯教师、受教育者、学校或者其他教育机构的合法权益，造成损失、损害的，应当依法承担民事责任。"教育部颁布的《学生伤害事故处理办法》第2条规定："在学校实施的教学活动或者学校组织的校外活动中，以及在学校负有管理责任的校舍、场地、其他教育教学设施、生活设施内发生的，造成在校学生人身损害后果的事故的处理，适用本办法。"第5条规定："学校应当对在校学生进行必要的安全教育和自护自救教育；当发生伤害事故时，应当及时采取措施救助伤害学生。"第14条规定："因学校教师或者其他工作人与其职务无关的个人行为，或者因学生、教师及其他个人故意实施的违法犯罪行为，造成学生人身损害的，由致害人依法承担相应的责任。"

2. 高校教师侵犯人格权的几种情形

① 在高校组织的教学或科研实验、实践中，实验设施、实验仪器设备、实验物品发生爆炸、放射、污染而造成人身损害的。这也侵犯了学生的生命健康权。例如，在进行实验教学中，由于实验教师的过错而发生爆炸事故，造成人员损害；进行科学实验的传染性物品因管理人员的管理不善，发生外泄，造成环境污染或人身损害的。

② 在高校的体育教学活动中，体育教师考虑不周、场地器材维护不当、强行要求学生进行大大超过教学大纲范围的运动等，造成学生身体受到损害的。

③ 在教育教学过程中，教师对学生进行体罚，侵犯学生生命健康权的。

④在教育教学活动中，教师对学生进行辱骂、羞辱，窃取、泄露学生隐私，侵犯学生名誉权、隐私权等人格权的。

3. 侵犯人格权的民事法律责任

（1）侵犯人格权的民事法律责任的承担主体

在一般的侵权行为产生的民事责任中，由侵权行为人本人直接承担侵权责任，符合责任自负的归责原则。但在特殊情况下，侵权行为人是在从事职务活动过程中，侵犯他人民事权利、造成损害的，为了更适当的补偿、救济被侵犯人的民事权利，一般将侵权行为人所在的法人单位作为民事责任的承担者。高等学校是一种事业单位法人，教育部颁行的《学生伤害事故处理办法》第9条列举了12种学校应当承担侵权责任的情形，这12种情形或是因学校的过失造成的，或是因学校工作人员在从事职务行为时发生的。学校承担其工作人员违法行为造成的民事责任的前提是：第一，学校工作人员侵犯他人权利，造成损害，依法应当承担民事责任；第二，学校工作人员的侵权行为发生在教育教学活动过程中；第三，损害结果是学校工作人员在教育教学过程中的不当行为造成的。如果学校工作人员在教育教学活动中，有故意或重大过失的主观过错而造成损害结果发生的，学校予以赔偿之后，可以向有关责任人员追偿。如果损害是由学校工作人员的个人行为而非职务行为引起的，将由侵权行为人本人承担相应的民事责任。

（2）侵犯人格权的民事法律责任的承担方式

侵犯他人人格权，造成损害结果发生的，以损害赔偿为主要的责任承担方式，另外也有几种非财产性责任承担方式。具体情形有：第一，人身伤害的财产赔偿。我国《民法典》第1179条规定："侵害他人造成人身损害的，应当赔偿医疗费、护理费、交通费、营养费、住院伙食补助费等为治疗和康复支出的合理费用，以及因误工减少的收入。造成残疾的，还应当赔偿辅助器具费和残疾赔偿金；造成死亡的，还应当赔偿丧葬费和死亡赔偿金。"第二，侵害其他人格权的，不论这些人格权是否具有财产因素，都可以要求赔偿损失，还可以同时要求侵害人承担其他非财产性责任。例如，我国《民法典》第995条规定："人格权受到侵害的，受害人有权依照本法和其他法律的规定请求行为人承担民事责任。受害人的停止侵害、排除妨碍、消除危险、消除影响、恢复名誉、赔礼道歉请求权，不适用诉讼时效的规定。"第三，侵害人格权的抚慰金赔偿。

（3）精神损害赔偿责任问题

确定民事侵权行为的精神损害赔偿责任主要以《最高人民法院关于确定民事侵权精神损害赔偿责任若干问题的解释》为法律依据。精神损害赔偿适用于自然人的人格权利受到非法侵害的案件，法人或者其他组织以人格权利遭受侵害为由，向法院请求精神损害赔偿的，法院不予受理。自然人的生命权、健康权、身体权、姓名权、肖像权、名誉权、荣誉权、人格尊严权、人身自由权以及隐私权等人格权益受到非法侵害的，可以向法院起诉请求精神损害赔偿。对于受害人的赔偿精神损害请求，法院可以分情况进行处理：侵权致人精神损害后果不严重的，法院一般不予支持，而是根据情形判令侵权人停止侵害、恢复名誉、消除影响、赔礼道歉；侵权致人精神损害后果严重的，法院除判令侵权人承担以上民事法律责任之外，还可以判令其赔偿相应的精神损害抚慰金。精神损害抚慰金有以下三种形式：残疾赔偿金、死亡赔偿金、其他精神抚慰金。法院在确定精神损害抚慰金的数额时，要综合考虑侵权人的过错程度、侵害行为的具体情节、侵权行为的后果、侵权人的获利情况、侵权人的经济能力以及受诉法院所在地的平均生活水平等因素。《民法典》第996条规定：因当事人一方的违约行为，损害对方人格权并造成严重精神损害，受损害方选择请求其承担违约责任的，不影响受损害方请求精神损害赔偿。

（二）高校教师侵犯知识产权的民事法律责任

1. 知识产权概述

知识产权是指自然人或法人对其在科学技术或文学艺术等领域内的创造性智力成果所依法享有的专有权利。知识产权具有以下法律特征：

（1）知识产权是一种无体财产权

按照传统的民法理论，财产可分为有体财产和无体财产两种。有体财产是指具有实体存在，能够为人所感知的物质财富。无体财产是指人类脑力劳动所创造的没有形体、不占据空间的非物质财富。知识产权就是基于知识产品这种无体财产而产生的权利，属于无体财产权。

（2）知识产权须经法律直接确认

有体财产只要是现实存在的，就能够为民事主体所控制和支配，成为民事主体财产的一部分，民法普遍确认和保护有体财产权，不需要对每一种有体财产权加以规定。与有体财产权不同，知识产权必须经法律确认，才能得到保护。不是任何知识都可以成为知识产权的客体，而且有些知识产权的取得还必须履行特定的法律程序。

（3）知识产权具有排他性

知识产权是一种绝对权，具有排他性。知识产权为权利主体所专有，未经权利人同意或者法律规定，其他任何人都不得享有或使用这种权利。

（4）知识产权保护具有时效性

各国法律对知识产权的保护都有时间限制。有效期届满后，除依法续展外，将不再受到法律的保护，任何人都可以不经允许无偿地使用该知识产品。法律如此规定是为了促进整个社会的科技进步和文化发展。

（5）知识产权保护具有地域性

一个国家法律所确认和保护的知识产权，除与其他国家签订双边条约或参加国际公约之外，只能在该国领域内发生法律效力。若想在其他国家也受到法律的确认和保护，就必须依照他国的法律程序，取得知识产权。根据1967年斯德哥尔摩《建立世界知识产权组织公约》的规定，知识产权包括：① 文字、艺术和科学作品的权利；② 表演艺术家演出、录音和广播的权利；③ 人们努力在一切领域里的发明权利；④ 商标、服务标记、商业名称和标志的权利；⑤ 制止不正当竞争的权利；⑥ 工业品外观设计的权利；⑦ 科学发现的权利，以及在工业、科学、文学或艺术领域内其他一切来自知识活动的权利。上述知识产权可归纳为三大类：工业产权（包括专利权、商标权）、著作权或版权、其他知识产权。

2. 高校教师侵犯知识产权的几种情形

依据教育部《高等学校知识产权保护管理规定》，高校知识产权的享有者是国家举办的高等学校、高等学校所属教学科研机构和企业事业单位，知识产权范围包括专利权、商标权，技术秘密和商业秘密，著作权及其邻接权，高等学校的校标和各种服务标记，依照国家法律、法规规定或者依法由合同约定由高等学校享有或持有的其他知识产权。

高校教师在从事教育教学与科研创新活动中，可能侵犯的知识产权主要是著作权，一般来讲，主要有以下 10 种情形：① 未经著作权人许可，发表其作品的。② 未经合作作者许可，将与他人合作创作的作品当作自己单独创作的作品发表的。③ 没有参加创作，为谋取个人名利，在他人作品上署名的。④ 歪曲、篡改他人作品的。⑤ 剽窃他人作品的。⑥ 未经著作权人许可，以展览、摄制电影和以类似摄制电影的方法使用作品，或者以改编、翻译、注释等方式使用作品的。⑦ 使用他人作品，应当支付报酬而未支付的。⑧ 未经出版者许可，使用其出版的图书、期刊的版式设计的。⑨ 未经表演者许可，从现场直播或者公开传送其现场表演，或者录制其表演的。⑩ 其他侵犯著作权以及与著作权有关的权益的行为。

高校与教师知识产权法律纠纷的具体表现为以下三种情形。

（1）著作权的所有权法律纠纷

根据《著作权法》的相关规定，作品（包括技术成果）区分职务作品与非职务作品，对高校而言，前者的所有权属学校，而后者属创作作品的公民个人。虽然有明文规定，但在实际操作上，创作作品的个人与其所在单位在职务与非职务、本职与兼职创作成果的归属问题上，难免有时产生法律纠纷。

（2）人才流动造成的知识产权纠纷

人才流动是高校常见现象，高校教师调动、离职及退休，从事科研的硕士、博士或博士后毕业或离校，不可避免地会将高校知识资产直接或间接带走或带来，这种流动有时造成高校和个人、高校与其他用人单位间的知识产权纠纷。

（3）违反学校保密制度，故意或过失泄密形成纠纷

高校中掌握技术秘密或商业秘密的工作人员缺乏知识产权法律保护意识或由于各种个人目的过失或故意泄密导致纠纷。

3. 高校教师侵犯知识产权的民事责任

高校教师知识产权法律纠纷的处理从法律、法规适用上涉及《著作权法》《专利法》《商标法》《促进科技成果转化法》《科学技术进步法》《著作权法实施条例》《高等学校知识产权保护管理规定》《计算机软件保护条例》《专利法实施细则》《集成电路布图设计保护条例》《商标法实施条例》等法律法规；高校应根据纠纷的具体情况选择合适的处理途

径与方法，确定或追究高校教师侵犯知识产权的民事责任。

（1）内部行政处理

高校所属人员之间或与高校之间产生知识产权纠纷并且高校有处理权的，可采取内部行政处理方式。如高校教师在高等学校教学、科研、创作以及成果的申报、评审、鉴定、产业化活动中，采取欺骗手段获得优惠待遇或者奖励的，高等学校应当责令改正，退还非法所得，取消其获得的优惠待遇和奖励；剽窃、窃取、篡改、非法占有、假冒或者以其他方式侵害由高等学校及其教职员工和学生依法享有或持有的知识产权的，应责令其改正，并对直接责任人给予相应的处分；违反学校管理规定，泄漏本校的技术秘密，或者擅自转让、变相转让以及许可使用高等学校的职务发明创造、职务技术成果、高等学校法人作品或者职务作品的，或造成高等学校资产流失和损失的，由高等学校或其主管教育行政部门对直接责任人员给予行政处分。

（2）司法途径处理

知识产权合同当事人不履行合同义务或者履行合同义务不符合约定条件的，应当依照《民法典》等有关法律法规承担民事责任。双方当事人可先行协商或调解，也可以根据当事人达成的书面仲裁协议或者著作权合同中的仲裁条款，向仲裁机构申请仲裁。当事人没有书面仲裁协议，也没有在著作权合同中订立仲裁条款的，可以直接向人民法院起诉。

《高等学校知识产权保护管理规定》第32条规定，侵犯高等学校及其教职员工和学生依法享有或持有的知识产权，造成损失、损害的，应当依法承担民事责任。以《著作权法》为例，违反该法第52条、第53条规定情形的侵权行为，应当根据情况，承担停止侵害、消除影响、赔礼道歉、赔偿损失等民事法律责任。高校知识产权受到侵害的，尤其是受到外来侵害，应积极通过诉讼途径保护合法权益。

第三节　高校教师与教育相关刑事法律责任

刑事责任是指行为人实施刑事法律禁止的行为所必须承担的法律后果，负刑事责任意味着应受刑事处罚，这是刑事法律责任与民事法律责任、行政法律责任和道德责任的根本区别。

一、高校教师与教育相关刑事法律责任的概念

这里所说的高校教师与教育相关刑事法律责任是指高校教师在从事教育教学相关工作时，实施了违反刑法、危害社会、应受刑事处罚的犯罪行为，依法应向国家承担的刑事法律后果。它具有以下法律特征：① 责任主体是高校教师；② 高校教师承担刑事法律责任的前提是其实施了犯罪行为；③ 高校教师的犯罪行为与其本职工作即教育教学相关。

二、与高校教师有关的几种刑事犯罪

（一）危险物品肇事罪

危险物品肇事罪是指违反爆炸性、易燃性、放射性、毒害性、腐蚀性物品的管理规定，在生产、储存、运输、使用中发生重大事故，造成严重后果的行为，其构成要件如下。

① 本罪侵犯的同类客体是公共安全，侵犯的直接客体是国家有关爆炸性、易燃性、放射性、毒害性、腐蚀性物品的管理规定。

② 客观方面表现为违反爆炸性、易燃性、放射性、毒害性、腐蚀性物品的管理规定，在生产、储存、运输、使用中发生重大事故，造成严重后果的行为。第一，违反了国家有关这五种危险物品的管理规定；第二，违规行为发生在生产、储存、运输、使用这五种危险物品的过程中；第三，发生重大事故，造成了严重后果。三者缺一，都不构成此罪。

③ 犯罪主体是个人，一般是特殊主体，即专门从事生产、储存、运输、使用危险物品的人员，但也不排除其他个人构成本罪。

④ 主观方面表现为过失，既可能是疏忽大意的过失，也可能是过于自信的过失。这里所谓的过失是相对于行为人对所发生的后果而言的，其对于违反危险物品管理规定则是明知故犯的。

在高校中，有时出于实践教学或科学实验的需要，会储存、运输和使用危险物品。相关教学人员、科研人员、运输人员、保管人员要严格依照危险物品管理规定妥善地储存、运输与使用。否则，发生重大事故，造成严重后果的，要依法追究相关责任人员的刑事责任。

根据刑法规定，犯本罪，造成严重后果的，处 3 年以下有期徒刑或者拘役；后果特别严重的，处 3 年以上 7 年以下有期徒刑。

（二）教育设施重大安全事故罪

教育设施重大安全事故罪是指明知校舍或者教育教学设施有危险，而不采取措施或者不及时报告，致使发生重大伤亡事故的行为，其构成要件如下。

① 本罪侵犯的同类客体是公共安全，侵犯的直接客体是有关教育设施的规章制度。

② 客观方面表现为明知校舍或者教育教学设施有危险，而不采取措施或者不及时报告，致使发生重大伤亡事故的行为。第一，明知校舍或者教育教学设施有危险，这是构成本罪的前提。第二，没有采取措施或者不及时报告，是造成事故发生的直接原因。第三，必须发生了重大伤亡事故；所谓重大伤亡事故，根据司法解释是指死亡 1 人以上，或者重伤 3 人以上。这三点是构成本罪的必要条件，缺少一点，都不构成此罪。例如，某种建筑

材料由于科学技术的原因，导致校舍或者教育教学设施出现危险，由于相关责任人员不可能知道这点，所以也就不构成犯罪。有些情况下，相关人员对于有危险的校舍或者教育教学设施采取了必要措施或及时报告，仍然发生了重大伤亡事故，也不构成此罪。有时，虽然发生了伤亡事故，但还未至重大，同样不构成此罪。

③ 犯罪主体是特殊主体，即学校或者其他教育机构中对校舍或者教育教学设施安全负有直接责任的人员。包括分管安全工作的学校领导，主管部门的负责人，直接负有管理、维修责任的人员等。

④ 主观方面是过失。所谓过失是指行为人对所发生的重大伤亡事故的后果而言的，其对于校舍或者教育教学设施有危险的情况，不采取措施或者不及时报告则是明知故犯的。

《教育法》第 73 条规定："明知校舍或者教育教学设施有危险，而不采取措施，造成人员伤亡或者重大财产损失的，对直接负责的主管人员和其他直接责任人员，依法追究刑事责任。"根据《刑法》规定，犯教育设施重大安全事故罪的，处 3 年以下有期徒刑或者拘役；后果特别严重的，处 3 年以上 7 年以下有期徒刑。

（三）侵犯著作权罪

侵犯著作权罪是指以营利为目的，违反著作权管理法规，侵犯他人著作权，违法所得数额较大或者有其他严重情节的行为，其构成要件如下。

① 本罪侵犯的客体是国家的著作权管理制度以及他人的著作权和与著作权有关的权益。

② 客观方面表现为以营利为目的，违反著作权管理法规，侵犯他人著作权，违法所得数额较大或者有其他严重情节的行为。具体包括以下四种情形：第一，未经著作权人许可，复制发行其文字作品、音乐、电影、电视、录像作品、计算机软件及其他作品的；第二，出版他人享有专有出版权的图书的；第三，未经录音录像制作者许可，复制发行其制作的录音录像的；第四，制作、出售假冒他人署名的美术作品的。

③ 犯罪主体是一般主体，既包括达到刑事责任年龄，并具有刑事责任能力的自然人，也包括经国家批准和未经国家批准从事出版、发行活动的单位。

④ 主观方面表现为故意，并且具有营利目的。如果行为人出于过失，如误认为他人作品已过保护期而复制发行，或虽系故意，但出于追求名誉等非营利目的，则不能构成本罪。

在认定这类案件性质时要注意，违法所得数额较大或者有其他严重情节是本罪的客观必要要件。根据有关司法解释，个人违法所得额在 2 万元以上，单位违法所得额在 10 万元以上的，属于数额较大。其他严重情节有：在此前曾因侵犯著作权被追究行政责任或民事责任两次以上的；非法营业额个人在 10 万元以上，单位在 50 万元以上的；其他造成严重后果的行为。如果行为人虽然实施了侵犯他人著作权的行为，但是其违法所得没有达到数额较大的标准，而且也不具有其他严重情节的，就不构成犯罪，应当追究其其他类型的法律责任，而不是刑事责任。我国《著作权法》列举了 19 项侵犯他人著作权的行为，以追究民事责任为主；当侵权行为损害到公共利益或者情节严重的，可以追究其行政责任；只有构成犯罪的，才追究其刑事责任。

根据《刑法》的规定，犯本罪，违法所得数额较大或者有其他严重情节的，处 3 年以下有期徒刑，并处或者单处罚金；违法所得数额巨大或者有其他特别严重情节的，处 3 年以上 10 年以下有期徒刑，并处罚金。单位犯本罪的，实行双罚制，对单位判处罚金，并对其直接负责的主管人员和其他直接责任人员，依照上述规定处罚。

（四）伪造事业单位印章罪

伪造事业单位印章罪是指伪造事业单位印章的行为，其构成要件如下。

① 本罪侵犯的客体是事业单位的正常活动。

② 客观方面表现为伪造事业单位印章的行为。

③ 犯罪主体是一般主体。

④ 主观方面是故意。

由于高校对于教师任职资格有较高的学历要求，并且在高校教师申报职称或科研项目以及申报荣誉称号时也常常以特定的学历和学位为优先条件，因此，时有高校教师伪造学历、学位证书的事件发生。根据《最高人民法院、最高人民检察院关于办理伪造、贩卖伪造的高等学校学历、学位证明刑事案件如何适用法律问题的解释》的规定，对于伪造高等学校印章制作假学历、假学位证书的行为，应当依照《刑法》第 280 条第 2 款的规定，以伪造事业单位印章罪定罪处罚；对明知是伪造高等学校印章制作的学历、学位证书而贩卖的，以伪造事业单位印章罪的共犯论处。伪造公司、企业、事业单位、人民团体的印章的，处 3 年以下有期徒刑、拘役、管制或者剥夺政治权利，并处罚金。对于变造高等学校学历、学位证书的行为和使用伪造、变造的高等学校学历、学位证书的行为，由于法律没有规定为犯罪，根据罪刑法定原则，法无明文规定不为罪，不能对其定罪处罚。但是有一点是明确的，这些行为尽管没有触犯刑法，却是一种丧失诚信、极不道德的行为，而且破坏了国家对学历、学位管理的秩序，触犯了相关行政法律规范，应当承担相应的行政法律责任。

（五）非法侵入计算机信息系统罪

非法侵入计算机信息系统罪是指违反国家规定，侵入国家事务、国防建设、尖端科学技术领域的计算机信息系统的行为，其构成要件如下。

① 本罪侵犯的客体是国家事务、国防建设、尖端科学技术领域的计算机信息系统安全。犯罪对象是特定的，限于国家重点保护的计算机信息系统，包括国家事务、国防建设、尖端科学技术领域的计算机信息系统。

② 客观方面表现为非法侵入国家重要的计算机信息系统的行为。具体表现为行为人

利用自己所掌握的计算机知识和技术，通过非法手段获取指令或者许可证明后，冒充合法使用者进入国家重要的计算机信息系统；更有甚者，将自己的计算机与国家重要的计算机信息系统联网。

③ 犯罪主体是一般主体。虽然本罪的犯罪主体是一般主体，但是由于本罪属于智能型犯罪，所以真正能实施该犯罪行为的多是计算机领域内的专业人员，或者具备计算机专业知识的人员，其中包括在高校内从事计算机教学、管理与研发的专业技术人员。

④ 主观方面是故意，即明知是国家重要的计算机信息系统仍故意非法侵入。过失不构成此罪，但是如果是无意中进入这些计算机信息系统，经警示仍不退出的，应视为故意非法侵入，构成此罪。

在认定这类案件性质时要注意非法侵入计算机信息系统罪与利用计算机实施的其他犯罪的区别与联系。首先，本罪的犯罪对象是特定的，如果侵入的是除国家事务、国防建设、尖端科学技术领域之外的其他计算机信息系统，就不构成此罪。其次，本罪是行为犯，只要行为人实施了侵入上述国家重点保护的三大领域的计算机信息系统的行为，就构成此罪，并不以危害结果的实际发生为必要要件。最后，本罪与侵入国家重点保护的计算机信息系统窃取国家秘密或者实施其他犯罪行为的，属于牵连犯，应按其一重罪处罚。

根据《刑法》的规定，犯本罪的，处 3 年以下有期徒刑或者拘役。

（六）破坏计算机信息系统罪

破坏计算机信息系统罪是指违反国家规定，对计算机信息系统功能或信息系统中存储、处理、传输的数据或应用程序进行破坏，造成计算机信息系统不能正常运行，后果严重的行为，其构成要件如下。

① 本罪侵犯的客体是复杂客体，包括国家对计算机信息系统的安全运行管理制度和计算机信息系统的所有人及合法用户的合法权益。

② 客观方面表现为违反国家规定，对计算机信息系统功能或信息系统中存储、处理、传输的数据或应用程序进行破坏，造成计算机信息系统不能正常运行，后果严重的行为。具体包括三种情形：第一，违反国家规定，对计算机信息系统功能进行删除、修改、增加、干扰，造成计算机信息系统不能正常运行，后果严重的；第二，违反国家规定，对计算机信息系统中存储、处理或者运输的数据或应用程序进行删除、修改、增加的操作，后果严重的；第三，制作、传播计算机病毒等破坏性程序，影响计算机系统正常运行，后果严重的。

③ 犯罪主体是一般主体，同上述非法侵入计算机信息系统罪的犯罪主体一样，多是具有计算机专业知识的人员，包括在高校中从事计算机教学、管理与研发的专业技术人员。

④ 主观方面是故意，过失不构成此罪。

在认定这类案件性质时要注意本罪与其他有关计算机犯罪的区别。用非技术性手段对计算机进行破坏，如直接拆卸、毁坏计算机硬件设备的，依照《刑法》有关规定进行定罪处罚，不以本罪论处。以计算机为工具，实施盗窃、贪污、挪用公款、窃取国家秘密等其他犯罪行为的，依照《刑法》有关规定定罪处罚，不以本罪论处。利用计算机犯罪而又导致计算机信息系统不能正常运行，后果严重的，按牵连犯依一重罪定罪处罚。

根据《刑法》的规定，犯此罪，后果严重的，处 5 年以下有期徒刑或者拘役；后果特别严重的，处 5 年以上有期徒刑。

（七）受贿罪

受贿罪是指国家工作人员利用职务上的便利，索取他人财物的，或者非法收受他人财物，为他人谋取利益的行为，其构成要件如下。

① 本罪侵犯的直接客体是国家工作人员职务行为的廉洁性。犯罪对象是贿赂，对于贿赂的内容，各国法律规定不一，理论界也存在分歧。有人认为，贿赂只限于财物；有人认为，贿赂包括财物和财产性利益；还有人认为，贿赂包括财物、财产性利益、非财产性利益，甚至性贿赂。

② 客观方面表现为利用职务上的便利，索取他人财物或者非法收受他人财物，为他人谋取利益的行为。利用职务上的便利是构成受贿罪的前提，是指利用本人职务范围内的权力，即自己职务上主管、分管、负责或者承办某项公共事务的职权及其所形成的便利条件。利用职务上的便利可分为两种情况：直接利用职务上的便利，是指利用本人现有职务而主管、分管、负责、承办某种公共事务所形成的便利条件；间接利用职务上的便利，是指利用本人职权或者地位形成的便利条件，通过其他国家工作人员的职务为他人谋取利益。间接利用职务上的便利，以为请托人谋取不正当利益为必要要件，否则不构成受贿罪。受贿的方式有两种：索取他人财物和非法收受他人财物。索取他人财物，简称索贿，是指以公开或者暗示的方法，主动向他人索要财物。索贿不以为请托人谋取利益为必要要件，是否为他人谋取利益，不影响受贿罪的成立。非法收受他人财物，是指受贿人被动地收受行贿人的财物。收受以为请托人谋取利益为必要条件，否则不构成受贿罪。为他人谋取利益，以许诺为他人谋取利益为充分条件，至于该利益是否正当、是否实现、是事前还是事后谋取，都不影响受贿罪的成立。

③ 犯罪主体是特殊主体，即国家工作人员。根据《刑法》第 93 条的规定，国家工作人员，是指国家机关中从事公务的人员。国有公司、企业、事业单位、人民团体中从事公务的人员和国家机关、国有公司、企业、事业单位委派到非国有公司、企业、事业单位、社会团体从事公务的人员，以及其他依照法律从事公务的人员，以国家工作人员论。在我国，多数高校属于国有事业单位，因而在高校中从事教育教学相关工作的人员以国家工作人员论。

④ 主观方面具有受贿的故意。

在认定这类案件性质时，应当注意以下问题。

受贿与接受馈赠的界限。受贿有利用职务上的便利为他人谋取利益的情况，而且是以不正当的方式进行的；馈赠则是正当的礼尚往来行为，既不利用职务上的便利，也不为他人谋取利益，更是以正当方式进行的。但如果有人以接受馈赠为名，行受贿之实，则要依法追究其刑事责任。受贿与收取合法报酬的界限。国家规定在法律允许范围内，利用业余时间以自己的劳动为他人临时进行某项工作或提供某种服务，而收取合理报酬的，不属于受贿行为。在回扣、手续费问题上罪与非罪的界限。如果是本单位规定给予其工作人员提成或奖金的，属于滥发奖金、补贴问题，不构成受贿罪。如果将收受的外单位或他人的回扣、手续费入账上交本单位的，不构成受贿罪；如果归个人所有的，以受贿罪论处。受贿罪与一般受贿行为的界限。两者区别的关键在于数额和情节轻重上。最高人民法院、最高人民检察院《关于办理贪污贿赂刑事案件适用法律若干问题的解释》第1条规定：贪污或者受贿数额在三万元以上不满二十万元的，应当认定为刑法第383条第1款规定的"数额较大"，依法判处三年以下有期徒刑或者拘役，并处罚金。贪污数额在一万元以上不满三万元，具有下列情形之一的，应当认定为刑法第383条第1款规定的"其他较重情节"，依法判处三年以下有期徒刑或者拘役，并处罚金：贪污救灾、抢险、防汛、优抚、扶贫、移民、救济、防疫、社会捐助等特定款物的；曾因贪污、受贿、挪用公款受过党纪、行政处分的；曾因故意犯罪受过刑事追究的；赃款赃物用于非法活动的；拒不交代赃款赃物去向或者拒不配合追缴工作，致使无法追缴的；造成恶劣影响或者其他严重后果的。

受贿数额在一万元以上不满三万元，具有前款第二项至第六项规定的情形之一，或者具有下列情形之一的，应当认定为刑法第383条第1款规定的"其他较重情节"，依法判处三年以下有期徒刑或者拘役，并处罚金：多次索贿的；为他人谋取不正当利益，致使公共财产、国家和人民利益遭受损失的；为他人谋取职务提拔、调整的。

根据《刑法》的规定，对犯受贿罪的，根据受贿所得数额及情节，依照本法第383条的规定处罚；索贿的从重处罚。在当前高等教育规模快速扩张、市场行为逐渐增多的背景下，高校经费来源及使用的多渠道、多方位、多领域为权力寻租和职务犯罪提供了可乘之机，经济腐败案件的涉案人员数量和涉案金额均呈上升势头。

（八）故意或过失泄露国家秘密罪

故意或过失泄露国家秘密罪是指国家机关工作人员违反《保守国家秘密法》的规定，故意或过失泄露国家秘密，情节严重的行为，其构成要件如下。

① 本罪侵犯的客体是国家的保密制度。

② 客观方面表现为违反《保守国家秘密法》的规定，故意或过失泄露国家秘密，情节严重的行为。

③ 犯罪主体是特殊主体，即国家机关工作人员。但《刑法》同时规定，非国家机关工作人员犯此种罪行的，依本罪定罪酌情处罚。

④ 故意泄露国家秘密罪主观方面是故意；过失泄露国家秘密罪主观方面是过失。

在认定这类案件性质时要注意本罪与他罪的区别，本罪以违反《保护国家秘密法》的规定为客观要件，如果以盗窃、抢劫、抢夺、欺骗等手段获取国家秘密或者虽然有泄密行为，但尚未达到情节严重的程度，就不构成本罪。根据《最高人民检察院关于人民检察院直接受理立案侦查案件立案标准的规定（试行）》，故意泄露国家秘密罪的具体表现有：泄露绝密级或机密级国家秘密的；泄露秘密级国家秘密 3 项以上的；向公众散布、传播国家秘密的；泄露国家秘密已造成严重危害后果的；利用职权指使或者强迫他人违反国家保密法规定泄露国家秘密的；以牟取私利为目的泄露国家秘密的；其他情节严重的情形。过失泄露国家秘密罪的具体表现有：泄露绝密级国家秘密的；泄露机密级国家秘密 3 项以上的；泄露秘密级国家秘密 3 项以上，造成严重后果的；泄露国家秘密或者遗失秘密文件不如实提供有关情况的；其他情节严重的情形。

根据《刑法》规定，犯故意泄露国家秘密罪或者过失泄露国家秘密罪的，处 3 年以下有期徒刑或者拘役；情节特别严重的，处 3 年以上 7 年以下有期徒刑。非国家机关工作人员犯上述罪的，依照上述规定酌情处罚。高校教师就属于非国家机关工作人员之列，高校教师由于其职务工作的需要，可能接触到一些国家机密，例如国家教育考试的试题和答案等。《国家教育考试违规处理办法》第 16 条规定："违反保密规定，造成国家教育考试的试题、答案及评分参考（包括副题及其答案及评分参考，下同）丢失、损毁、泄密，或者使考生答卷在保密期限内发生重大事故的，由有关部门视情节轻重，分别给予责任人和有关负责人行政处分；构成犯罪的，由司法机关依法追究刑事责任。盗窃、损毁、传播在保密期限内的国家教育考试试题、答案及评分参考、考生答卷、考试成绩的，由有关部门依法追究有关人员的责任；构成犯罪的，由司法机关依法追究刑事责任。"

（九）招收学生徇私舞弊罪

招收学生徇私舞弊罪是指行政公务人员在招收学生工作中徇私舞弊，情节严重的行为，其构成要件如下。

① 本罪侵犯的客体是国家对学生的招收制度。

② 客观方面表现为行政公务人员在招收学生工作中徇私舞弊、情节严重的行为。

③ 犯罪主体是特殊主体，即负责招收学生工作的行政公务人员。具体包括各级政府教育行政主管部门负责招收学生工作的人员，高校中负责招收学生工作的人员。

④ 主观方面是故意，而且只能是直接故意。

在定罪时，要注意情节严重是本罪的客观必要要件。如果虽有徇私舞弊的行为，但尚未达到情节严重的程度，则不构成本罪。根据《最高人民检察院关于人民检察院直接受理立案侦查案件立案标准的规定（试行）》，下列情形属于情节严重：徇私情、私利，利用职务便利，伪造、变造人事、户口档案、考试成绩等，弄虚作假招收学生的；徇私情、私利，三次以上招收或者一次招收 3 名以上不合格的学生的；因招收不合格的学生，导致被排挤的合格人员或者其亲属精神失常或者自杀的；因徇私舞弊招收学生，导致该项招收工作重新进行的；招收不合格的学生，造成恶劣社会影响的。

我国《教育法》第 77 条规定："在招收学生工作中滥用职权、玩忽职守、徇私舞弊的，由教育行政部门或者其他有关行政部门责令退回招收的不符合入学条件的人员；对直接负责的主管人员和其他直接负责人员，依法给予处分；构成犯罪的，依法追究刑事责任。"根据《刑法》的规定，犯招收学生徇私舞弊罪，情节严重的，处 3 年以下有期徒刑或者拘役。

除了以上 9 种典型的犯罪以外，高校教师还可能犯签订、履行合同失职被骗罪，国有事业单位工作人员失职罪，国有事业单位工作人员滥用职权罪，徇私舞弊低价出售国有资产罪，侵犯通信自由罪，传染病菌种、毒种扩散罪，贪污罪，挪用公款罪等。

第四节　高校教师与教育法行政法律责任

行政法律责任是指行为人实施了违反行政法规的行为而应承担的法律责任，主要包括行政处罚和行政处分。行政法律责任必须由有关国家机关依照行政法律规范，包括实行规范和程序规范所规定的条件和程序予以追究。

一、高校教师教育法行政法律责任的概念

行政法律责任是指行政法律关系主体因违反行政法律规范而应承担的法律责任。在本章第一节中已经提到按照责任承担主体的不同，可将行政责任分为四类：① 行政主体的行政责任；② 行政公务人员的行政责任；③ 行政相对人的行政责任；④ 监督主体的行政责任。高校教师在不同的法律关系中，具有不同的法律地位。

第一，高校教师在行政职务关系中是行政公务人员。作为行政公务人员，当高校教师代表行政主体对外执行公务违法时，由行政主体承担法律责任。但如果行政主体的行政违法行为是由于高校教师的故意违法或重大过失引起，并造成了行政相对人合法权益损害的，高校教师应依法向行政主体承担一定的行政法律责任。在行政主体的内部管理中，作为行政公务人员的高校教师违反内部管理制度，破坏行政主体内部秩序的，应对行政主体承担相应的行政法律责任。

第二，高校教师在行政法律关系中与行政主体相对应，是行政相对人。作为行政相对人的高校教师的违法行为侵害了国家和社会的公共利益、破坏了国家的行政管理秩序，应向国家承担相应的行政法律责任。

概括来说，高校教师教育法行政法律责任是指高校教师在与教育教学相关的活动中，因违反行政法律规范而应当承担的法律后果。高校教师教育法行政法律责任具有以下法律特征：① 责任主体是高校教师；② 责任前提是违反了行政法律规范；③ 行政违法行为与

教育教学活动相关。

二、高校教师承担行政法律责任的情形

（一）已经承担民事责任的公民、法人，另外依法追究行政法律责任的

例如，如果高校教师实施了《著作权法》第 53 条列举的侵犯他人著作权的违法行为，同时损害了公共利益的，在承担民事责任之余，还要承担相应的行政法律责任。

（二）《教育法》规定的行政法律责任

《教育法》第 75 条规定："违反国家有关规定，举办学校或者其他教育机构的，由教育行政部门或者其他有关行政部门予以撤销；有违法所得的，没收违法所得；对直接负责的主管人员和其他直接责任人员，依法给予处分。"第 76 条规定："学校或者其他教育机构违反国家有关规定招收学生的，由教育行政部门或者其他有关行政部门责令退回招收的学生，退还所收费用；对直接负责的主管人员和其他直接责任人员，依法给予处分。"第 77 条规定："在招收学生工作中滥用职权、玩忽职守、徇私舞弊的，由教育行政部门或者其他有关行政部门责令退回招收的不符合入学条件的人员；对直接负责的主管人员和其他直接责任人员，依法给予处分。"第 78 条规定："学校及其他教育机构违反国家有关规定向受教育者收取费用的，由教育行政部门或者其他有关行政部门责令退还所收费用；对直接负责的主管人员和其他直接责任人员，依法给予处分。"第 82 条规定："学校或者其他教育机构违反本法规定，颁发学位证书、学历证书或者其他学业证书的，由教育行政部门或者其他有关行政部门宣布证书无效，责令收回或者予以没收；有违法所得的，没收违法所得；情节严重的，责令停止相关招生资格一年以上三年以下，直至撤销招生资格、颁发证书资格；对直接负责的主管人员和其他直接责任人员，依法给予处分。"

（三）《教师法》规定的行政法律责任

《教师法》第 35 条规定："侮辱、殴打教师的，根据不同情况，分别给予行政处分或者行政处罚。"第 36 条规定："对依法提出申诉、控告、检举的教师进行打击报复的，由其所在单位或者上级机关责令改正；情节严重的，可以根据具体情况给予行政处分。"第 37 条规定："教师有下列情形之一的，由所在学校、其他教育机构或者教育行政部门给予行政处分或者解聘：（一）故意不完成教育教学任务给教育教学工作造成损失的；（二）体罚学生，经教育不改的；（三）品行不良、侮辱学生，影响恶劣的。"

（四）《教师资格条例》规定的行政法律责任

《教师资格条例》第 18 条规定："依照教师法第十四条的规定丧失教师资格的，不能

重新取得教师资格，其教师资格证书由县级以上人民政府教育行政部门收缴。"第19条规定："有下列情形之一的，由县级以上人民政府教育行政部门撤销其教师资格：（一）弄虚作假、骗取教师资格的；（二）品行不良、侮辱学生，影响恶劣的。被撤销教师资格的，自撤销之日起5年内不得重新申请认定教师资格，其教师资格证书由县级以上人民政府教育行政部门收缴。"第20条规定："参加教师资格考试有作弊行为的，其考试成绩作废，3年内不得再次参加教师资格考试。"第22条规定："在教师资格认定工作中玩忽职守、徇私舞弊，对教师资格认定工作造成损失的，由教育行政部门依法给予行政处分。"

（五）《学生伤害事故处理办法》规定的行政法律责任

《学生伤害事故处理办法》第32条规定："发生学生伤害事故，学校负有责任且情节严重的，教育行政部门应当根据有关规定，对学校的直接负责的主管人员和其他直接责任人员，分别给予相应的行政处分。"

（六）《国家教育考试违规处理办法》规定的行政法律责任

该《办法》第13条规定："考试工作人员应当认真履行工作职责，在考试管理、组织及评卷等工作过程中，有下列行为之一的，应当停止其参加当年及下一年度的国家教育考试工作，并由教育考试机构或者建议其所在单位视情节轻重分别给予相应的行政处分：（一）应回避考试工作却隐瞒不报的；（二）擅自变更考试时间、地点或者考试安排的；（三）提示或暗示考生答题的；（四）擅自将试题、答卷或者有关内容带出考场或者传递给他人的；（五）未认真履行职责，造成所负责考场出现秩序混乱、作弊严重或者视频录像资料损毁、视频系统不能正常工作的；（六）在评卷、统分中严重失职，造成明显的错评、漏评或者积分差错的；（七）在评卷中擅自更改评分细则或者不按评分细则进行评卷的；（八）因未认真履行职责，造成所负责考场出现雷同卷的；（九）擅自泄露评卷、统分等应予保密的情况的；（十）其他违反监考、评卷等管理规定的行为。"第14条规定："考试工作人员有下列作弊行为之一的，应当停止其参加国家教育考试工作，由教育考试机构或者其所在单位视情节轻重分别给予相应的行政处分，并调离考试工作岗位。其列举的作弊行为包括：（一）为不具备参加国家教育考试条件的人员提供假证明、证件、档案，使其取得考试资格或者考试工作人员资格的；（二）因玩忽职守，致使考生未能如期参加考试的或者使考试工作遭受重大损失的；（三）利用监考或者从事考试工作之便，为考生作弊提供条件的；（四）伪造、变造考生档案（含电子档案）的；（五）在场外组织答卷、为考生提供答案的；（六）指使、纵容或者伙同他人作弊的；（七）偷换、涂改考生答卷、考试成绩或者考场原始记录材料的；（八）擅自更改或者编造、虚报考试数据、信息的；（九）利用考试工作便利，索贿、受贿、以权徇私的；（十）诬陷、打击报复考生的。此外，对出现大规模作弊情况的考场、考点的相关责任人、负责人及所属考区的负责人，有关部门应当分别给予相应的行政处分。"

三、高校教师承担行政法律责任的方式

高校教师因在不同的法律关系中的法律地位不同，其承担行政法律责任的方式也有所不同。同时作为行政公务人员和行政相对人，违反行政法律规范而应当承担的行政法律责任也有所不同。

（一）内部行政处理以及对作为行政公务人员的高校教师适用的行政法律责任方式

行政公务人员行政法律责任的追究，主要由对其有法定人事任免、奖惩权力的国家机关进行。主要包括：① 由权力机关以罢免行政领导职务的方式追究；② 由具有人事管理隶属关系的行政主体以行政处理、追偿的方式追究；③ 由行政主体中专门的监察部门以监察方式追究。行政公务人员既不同于行政相对人，又不同于行政主体，其行政法律责任具有内部人事管理的性质，其承担行政法律责任的方式也具有独特性。

内部行政处理以及对作为行政公务人员的高校教师适用的行政法律责任方式主要有以下三种。

1. 行政处分

行政处分是行政公务人员最主要的行政法律责任，它只适用于行政公务人员或执行职务的高校教师，是一种内部行政行为和行政法律责任承担方式。行政处分的种类有：警告、记过、记大过、降级、撤职、开除。

2. 赔偿损失

行政公务人员代表行政主体行使职权时，侵害了行政相对人的合法权益，并造成损害的，行政机关在对行政相对人赔偿损失后，依法责令有故意或重大过失的行政公务人员负担部分或全部赔偿费用。

3. 其他责任形式

如被责令作出检查、通报批评、限期调离工作岗位、责令辞职、辞退、解聘、向受害人赔礼道歉等。

（二）外部行政处理时高校教师适用的行政法律责任方式

外部行政处理主要由行政主体依法行使行政管理权得以实现。一般而言，行政主体主要通过行使处罚权、行政强制权和行政裁决权来追究行政相对人的行政法律责任。

外部行政处理时高校教师承担行政法律责任的方式主要有以下五种。

1. 行政处罚

行政处罚是一种惩戒性的行政法律责任，具体包括申诫罚、财产罚、行为罚和人身自由罚四种。

2. 履行法定义务

行政相对人因怠于履行法定义务而构成行政违法行为的，行政机关可以责令其依法履行该项义务。

3. 向受害人承认错误、赔礼道歉

行政相对人的行政违法行为被确认后，有关行政机关可以责令其向因行政违法行为而受到损害的受害人当面承认错误、赔礼道歉。

4. 返还财产、恢复原状

行政相对人实施行政违法行为，占有他人财物或公共财物、改变特定对象原有状态的，有关行政机关可责令其返还财物、恢复特定对象的原有状态。

5. 赔偿损失

行政相对人的行政违法行为造成国家、集体或他人合法利益受到损害的，应当依法承担赔偿损失的行政法律责任。

【案例评析】

请扫描二维码并阅读案例，思考以下问题：

（1）对李宁定罪量刑是否考虑了刑事法律的变化和科研经费管理制度的规定？

（2）科研经费使用中的法律风险红线有哪些？

【案例简介】中国工程院院士李宁等贪污案

评析：

关于第一个问题，被告人李宁、张磊贪污一案，经过两次开庭审理，历时五年。主要涉及刑事法律的变化、2016 年两高司法解释关于犯罪数额调整以及科研经费管理制度改革等几个因素。首先，《中华人民共和国刑事诉讼法》第 214 条第 1 款、《最高人民法院关于适用〈中华人民共和国刑事诉讼法〉的解释》第 210 条的规定，对延长审理期限是有明确规定的。在案件审理期限届满前可依法报请审理法院的上级法院和最高人民法院批准延长审理期限，完全符合法律规定。其次，本案涉及科研经费的管理和使用，政策性较强。为更好地服务国家科技创新战略，最大限度地保护科技人员的合法权益，法院在审理过程中一直重点关注相关科研经费管理和使用政策的变化，并对国家和中国农业大学关于科研经费管理方面的相关文件进行了认真研究，在判决时已充分考虑了上述因素。最后，根据《刑法》和最高人民法院、最高人民检察院《关于办理贪污贿赂刑事案件适用法律若干问题的解释》的相关规定，贪污或者受贿数额在三百万元以上的，应认定为刑法第 383 条第 1 款规定的"数额特别巨大"，依法判处十年以上有期徒刑、无期徒刑或者死刑，并处罚金或者没收财产。鉴于近年来国家对科研经费管理制度的不断调整，按照最新的科研经费管理办法的相关规定，结合刑法的谦抑性原则，对检察机关指控的贪污事实，依据李宁、张磊名下间接费用可支配的最高比例进行核减，对核减后的 345 万余元可不再作犯罪评价，充分体现了"从旧兼从轻"的司法原则。根据本案审理查明的事实，依据李宁、张磊名下间接费用可支配的最高比例进行核减后，被告人李宁、张磊贪污人民币3 410万余元，属于"数额特别巨大"量刑幅度。在共同犯罪中，李宁系共同贪污的主犯，具有法定从重处罚情节，本案部分赃款已追缴，对李宁可酌情予以从轻处罚。法院遂依法作出了上述判决。

关于第二个问题。根据《国务院关于改进加强中央财政科研项目和资金管理的若干意见》《国家社会科学基金项目资金管理办法》《国家自然科学基金资助项目资金管理办法》《国家重点研发计划资金管理办法》等相关规定，科研人员、项目负责人和项目承担单位应依法依规使用项目资金。《教育部、财政部关于加强中央部门所属高校科研经费管理的意见》中规定，学校科研人员应严格按照预算批复或合同（任务书）的支出范围和标准使用经费，严禁以任何方式挪用、侵占、骗取科研经费，具体应注意"八严禁"：① 严禁编造虚假合同、编制虚假预算；② 严禁违规将科研经费转拨、转移到利益相关的单位或个人；③ 严禁购买与科研项目无关的设备、材料；④ 严禁虚构经济业务、使用虚假票据套取科研经费；⑤ 严禁在科研经费中报销个人家庭消费支出；⑥ 严禁虚列、伪造名单，虚报冒领科研劳务性费用；⑦ 严禁借科研协作之名，将科研经费挪作它用；⑧ 严禁设立"小金库"。对发生违纪违法问题的单位和个人，按照《财政违法行为处罚处分条例》《事业单位工作人员处分暂行规定》等规定进行严肃处理，依情节轻重给予行政处罚或处分。涉嫌犯罪的，依法移送司法机关追究刑事责任。

【实践·反思·探究】

1. 如何理解民事法律责任的构成要件？
2. 高校教师承担行政法律责任的情形有哪些？
3. 与高校教师有关的犯罪有哪几种？怎样预防？

【推荐阅读】

1.《民法学》编写组.民法学［M］.北京：高等教育出版社，2020.

2.《刑法学》编写组.刑法学：下册·各论［M］.北京：高等教育出版社，2019.

3. 江必新.行政处罚法条文精释与实例精解［M］.北京：人民法院出版社，2021.

第十章　高校教师、学生与法律救济

【知识导图】

全面推进依法治教、依法办学、依法治校，应当健全师生权益保护救济机制。对教师、学生的处理、处分，应坚持教育与惩戒相结合，遵循比例原则，严格履行程序，处理、处分决定作出前应当进行合法性审查。建立健全校内权益救济制度，完善教师、学生申诉的规则与程序。建立校内救济与行政救济、司法救济有效衔接机制，保障教师、学生救济渠道的畅通。

第一节　法律救济概述

"无救济则无权利"，在法治社会，法律救济是公民权利保障的重要环节。当自身权利受到侵犯时，我们应当积极运用法律武器维护自身利益。法律救济方式主要包括司法救济、仲裁救济和行政救济等。

一、法律救济的含义

救济，是纠正或者矫正造成损害的不当行为，使受到侵犯的权利得以恢复或者得到补偿的行为。救济使权利纠纷得到解决，义务得到履行，权益得到保护；使行使权利遇到的障碍得以消除，受到损害的利益得到补偿。有权利就有救济，得不到有效救济的权利是虚假的、没有意义的。救济的方式有两种：一种是私力救济，指由受害者本人或者其利益关系人直接向侵害人进行反击和报复。另一种是公力救济，是指通过公共权力解决纠纷，保护正当权益，惩处不当行为。公力救济又分为两种：公共救济和法律救济。公共救济是指通过社会公共力量进行的救济，主要采取仲裁和调解这两种形式。法律救济是通过国家权力进行的救济，国家权力包括司法权力和行政权力两种。简单来说，法律救济就是指通过法律规定条件、程序和方式等，行使行政权力或者司法权力，使受到损害的权益得以恢复或者得到补偿。法律救济有两个目的：一是使受到损害的权益得到恢复或者补偿；二是使遭到破坏的社会关系得到恢复或者补救。

二、法律救济的特征和方式

（一）法律救济的特征

救济的目的是保障权利，权利必须能得到救济，否则就不成为权利。当权利受到侵犯时，受害人自然就有了寻求救济的权利，这时救济就成了由原权利派生出来的权利，从而具有权利性。救济还具有弥补性，因为救济的目的是恢复权利、补偿权益。法律救济作为一种救济方式，同样具有权利性和弥补性。

1. 是宪法精神的体现

法律救济制度的产生，是民主政治和法治发展的结果。宪法确立的民主制度和法治原则，为法律救济提供了存在的基础与依据。我国《宪法》为各个领域的公民活动和行政权力活动规定了根本的行为准则。《宪法》规定：公民对于任何国家机关和国家工作人员的违法失职行为，有向国家机关提出申诉、控告或者检举的权利；由于国家机关或者国家工作人员侵犯公民权利而受到损失的人，有依照法律规定取得赔偿的权利。这里，《宪法》

从国家根本大法的高度为国家机关的侵权损害行为，提供了矫正和补救的途径与依据。我国《宪法》确立了对人身权、财产权的保障和人格权的尊重，为权利救济提供了基本保障。从宪法对法治建设的作用上看，它使一切可以影响到他人权益的"权力"或者"权利"都处在法律的控制和制约之下；社会生活中的任何违法侵权损害行为，都应受到法律的矫正和追究；合法权益受到损害的人，都应获得法律上的救济。救济的目的和基本原则，都由宪法这一根本大法所决定。

2. 以各种纠纷的存在为基础

在社会生活中，行政纠纷是基于行政机关在行政管理活动中，运用行政权力发生过错、过失或者疏忽以至滥用职权，造成相对人权益的损害而引起的；民事纠纷是平等主体双方当事人因人身权或者财产权产生争议而引起的。这些都在客观上要求建立解决纠纷、补救相对人受损权益的法律制度。从逻辑上看，有纠纷就要求建立解决纠纷的机制和程序，并通过程序裁决纠纷以补救受损一方的合理权益。法律救济制度正是由此产生的。

3. 以损害为前提

任何法律上的救济，都是因为发生了损害，无损害即无所谓救济，损害是救济的前提。从救济的手段角度看，就行政侵权的救济手段而言，有撤销违法行政行为、恢复权利，撤销违法行政行为、物质赔偿等；而民事侵权或者违约的救济手段可分为给付判决、确认判决和变更判决。从救济程序上看，行政救济是以相对人提出救济请求开始的，行政机关无权提出；而民事救济则是双方当事人均有权提出的。

4. 目的在于补救受损害者

法律救济最根本的目的在于补救受损害者的合法权益，为其合法权益提供法律保护，这是法律救济的基本功能。就行政救济而言，不存在救济行政机关的问题。即使在行政诉讼中，法院判决维持具体行政行为，也不属于对行政机关的救济。因为依据《行政诉讼法》，诉讼期间不停止具体行政行为的执行，不论这种具体行政行为是合法的还是违法的、是适当的还是不当的，相对人在诉讼过程中都必须服从。

5. 受理机关法定

法律救济只能由法律授权的国家行政机关和人民法院受理并作出裁决。

6. 有严格的受理范围和审理程序

《行政复议法》《行政诉讼法》《民事诉讼法》和《国家赔偿法》分别作了明确规定，超出受理范围的有关机关将不予受理，违反法定程序的则将承担法律责任。

7. 有明确的申请、起诉期限

申请行政复议期限，为自知道具体行政行为之日起60日；提出行政诉讼的期限，为自知道具体行政行为之日起6个月，或者自收到行政复议决定书之日起15日；提起国家赔偿要求，为国家机关及其工作人员行使职权的行为被依法确认为违法之日起2年；提起民事诉讼的一般时效为3年，诉讼时效期间自权利人知道或者应当知道权利受到损害以及义务人之日起计算。法律另有规定的，依照其规定。但是自权利受到损害之日起超过20

年的，人民法院不予保护。

8. 审理方式明确

行政复议原则上采取书面审理，特定情况下也采取调查取证、听取意见等方式审理；行政诉讼、民事诉讼一审采取开庭审理，二审视情况采取开庭审理或者书面审理。

与私力救济、公共救济这两种救济方式相比，法律救济具有如下特征。

① 法律救济具有法定性。首先，法律救济的方式通过法律、法规明确加以规定；其次，法律救济的内容由法律明文规定，包括法律救济的申请人、受理机关、受案范围、救济的具体办法等；最后，法律救济的程序是法定的，当事人寻求法律救济、国家机关实施法律救济都必须依照法定程序进行。

② 法律救济具有强制性。法律救济通过行使国家权力来进行，其效力以国家强制力为后盾，从而保障其实现。

③ 法律救济具有最终性。寻求私力救济、公共救济后，仍无法恢复或者补偿受侵犯的权利或者达不到满意效果的，受害人可以继续寻求法律救济，法律救济是受害人合法得到救济的最终手段。

④ 法律救济具有公正性。法律救济是受害人所能寻求的最终救济方式，是受害人寻求保护的最后希望，也是维护社会正义的最后一道闸门，必须具有公正性。

（二）法律救济的方式与途径

法律救济的方式是指法律所规定的当事人在其合法权益受到损害时，可以寻求救济的具体形式。根据实施法律救济的国家权力性质的不同，可以将法律救济的方式分为两种，即行政救济和司法救济。行政救济是指由行政机关通过行政程序对受到损害的权益进行补救的法律救济，行政救济的基本方式是申诉和行政复议。司法救济是指由司法机关通过诉讼程序对受到损害的权益进行补救的法律救济，司法救济包括民事诉讼、行政诉讼和刑事诉讼。可能有人认为刑事诉讼不是一种法律救济方式，因为在大多数情况下，刑事诉讼只对侵害人进行惩罚，而没有给予受害人以物质帮助或者精神帮助。

法律救济的途径是指相对人认为其合法权益受到损害时，请求救济的渠道和方式。从一般意义上讲，法律救济的途径有三种：① 诉讼渠道，即司法救济渠道；② 行政渠道，即行政救济渠道；③ 其他渠道，主要是本组织、机构内部或者民间渠道。后两种渠道相对于诉讼渠道来说，又称非诉讼渠道。

1. 诉讼渠道

从我国现行法律制度看，凡符合《民事诉讼法》《刑事诉讼法》《行政诉讼法》受案范围的，都可以通过诉讼渠道得到司法解决。针对学校的特点，《教育法》和《教师法》都明确规定学校、教师和学生三个重要主体的诉讼救济渠道。《教育法》第 29 条规定："国家保护学校及其他教育机构的合法权益不受侵犯。"第 72 条规定："结伙斗殴、寻衅滋事，扰乱学校及其他教育机构教育教学秩序或者破坏校舍、场地及其他财产的，由公安机关给予治安管理处罚；构成犯罪的，依法追究刑事责任。侵占学校及其他教育机构的校舍、场地及其他财产的，依法承担民事责任。"第43条规定学生"对学校给予的处分不服向有关部门提出申诉，对学校、教师侵犯其人身权、财产权等合法权益，提出申诉或者依法提起诉讼"。

2. 行政渠道

我国现行的行政救济机制主要由行政复议、行政诉讼、行政赔偿、信访制度组成。其中以行政复议、行政诉讼和信访制度应用率最高，此三者为行政救济的基本制度。《教育法》和《教师法》在此基础上，进一步规定了受教育者申诉和教师申诉两种行政救济方式。

3. 其他渠道

其他渠道包括诉讼前置程序的劳动争议仲裁及人事争议仲裁，以及《人民调解法》规定的人民调解委员会的调解、《教育法》规定的行政调解等。

三、法律救济的意义和作用

（一）法律救济的意义

① 法律救济的现实意义是使受到损害的权益和社会关系得以恢复或者得到补偿，从而有效保护权利，维护社会秩序。

② 法律救济使正义得以伸张，使广大公民认识到权利不可侵犯、违法必遭追究，从而有效提高公民的权利意识和法律意识。

③ 法律救济使法律发挥出实效，有利于维护法律的权威，保障法律的贯彻落实，从而推进我国法治化进程。

（二）法律救济在教育中的作用

法律救济在教育中的作用是多方面的，其中最主要的是在教育活动中起着权利救济、制约预防以及推进法制的作用。

1. 保护教育关系主体在教育活动中合法权益的权利救济作用

在教育活动中，大量存在的是行政法律关系。在这种行政法律关系中，行政机关以管理者的身份处于较优越的地位，全部执法和公务活动都涉及相对人的人身权或者财产权；行政机关在执法过程中违法或者不当的行为必将给相对人的合法权益带来一定损失。特别是教师和学生，他们虽同样享有特定的权利，但不像行政机关或者其他国家机关那样存在对相对人的强制性的支配力；教师和学生权利的运用也不能直接制止某种侵害行为的发生，更无权采取任何强制他人的措施。法律救济平衡了《教育法》实施中行政机关与相对人一方因明显法律地位不对等带来的反差。当教师、学生及学校的权利受到某种侵害时，通过一定的途径和手段，请求国家有关机关（如法院）以强制性的救济方式来实现其权利，这时他们的权利才是真实的，才能被尊重。因此，法律救济的根本作用在于保护教师、学生和学校的合法权益。

2. 促进国家机关及其工作人员依法行政的制约预防作用

制约预防功能是法律救济的一个重要功能。它是指法律救济所具有的预防和控制国家机关及其工作人员职务违法侵权行为，促进国家机关加强内部监督和国家工作人员加强自律的作用。由于法律救济制度的确立加重了国家机关及其工作人员的责任，因此实行法律救济制度将有力地促进国家机关内部管理的完善与行政监督的加强，也将大大提高国家工作人员的责任感，促使其加强自律，审慎行事，依法行政，确保公务活动的准确度与合法性。当然，法律救济仅仅是制约预防的一种手段。

3. 标示教育法治，推进教育法制建设的作用

在现代法治国家，任何人都要为自己的行为负责；国家机关也不例外，即使是执法行为，也要承担法律责任。法律救济具有体现民主和标示法治的功能。随着教育法律体系的完善，我国已进入全面依法治教的阶段。在教育法制建设中，通过建立法律救济制度，加强各级权力机关对教育法律实施的监督，明确教育行政执法主体的法律责任，纠正教育行政机关的违法或者不当的行为，保障教育秩序的正常进行。同时，通过建立健全有关教育的调解、申诉等制度，以及运用行政复议、行政诉讼等多种法律救济手段，及时妥善地处理日益增多的教育纠纷，是促进教育法制建设的重要内容和有效手段之一。

第二节 高校教师与法律救济

教师权利的法律救济是指当教育行政主体或其他国家机关和社会组织在管理过程中侵犯教师的权利时，教师可以通过申诉、行政复议、民事诉讼、行政诉讼、调解等方式使受损的权利得到法律上的补救或补偿。

一、高校教师与行政救济

（一）教师申诉制度

申诉制度是指公民对行政机关以及所属的社会组织作出的处理决定不服，或者认为行政机关或者其工作人员以及所属的社会组织侵犯其合法权益，依法向有关主管的行政部门申诉理由，请求处理或者重新处理的制度。我国《教师法》确立了教师申诉制度，为教师专门提供一种行政救济方式，对于全面保障教师的合法权益具有重大意义。《教师法》第39条规定："教师对学校或者其他教育机构侵犯其合法权益的，或者对学校或者其他教育

机构作出的处理不服的，可以向教育行政部门提出申诉，教育行政部门应当在接到申诉的三十日内，作出处理。教师认为当地人民政府有关行政部门侵犯其根据本法规定享有的权利的，可以向同级人民政府或者上一级人民政府有关部门提出申诉，同级人民政府或者上一级人民政府有关部门应当作出处理。"

1. 教师申诉制度的特征

① 教师申诉制度是一项法定申诉制度。《教师法》明确规定了教师申诉的程序，各级人民政府及其有关部门必须依法在规定的期限内对教师的申诉作出处理决定，使教师的合法权益及时得到保障。学校及其他教育机构、有关部门对上级行政机关作出的处理决定，负有执行的义务，否则应承担相应的法律责任。而其他非诉讼中的申诉，如向信访部门、行政监察部门等部门的申诉，虽然对维护教师的权益有一定的保障作用，但由于没有明确的法律规定和时限要求，其实施过程不可避免地带有一定的弹性和随意性，在某种程序上降低了申诉人受损的合法权益的恢复和补救。这也是《教师法》将教师申诉制度上升为法律制度的原因所在。

② 教师申诉制度是一项专门性的权利救济制度。它在宪法赋予公民享有申诉权利的基础上，将教师这一特定专业人员的申诉权利具体化。从申诉受理的主体上看，教师申诉受理的主体是特定的，即教育行政机关。因此主管教育行政机关依据行政法规以及规范性文件所作出的影响申诉当事人权利的变化的行政处理决定，是行政机关的具体行政行为。从申诉时限上看，对教师的申诉主管机关必须在法定期限内作出处理决定，从效力上看，对教师申诉的处理决定具有行政法律效力。

③ 教师申诉制度是非诉讼意义上的行政申诉制度。它是由行政机关根据法定行政职权和程序依法对教师的申诉作出行政处理的制度。其行政处理决定具有行政法律效力。因此，承载教师申诉行政处理结果的文书也必须符合法律规定。

④ 教师申诉制度不仅是行政机关依据其行政职权和行政处理程序进行行政处理，而且可能依法导致行政诉讼程序的启动。

2. 教师申诉制度与其他申诉制度的区别

① 与信访制度的区别。信访制度实际上也是一项行政申诉制度，但信访没有明确的受理主体；信访受理后对行政机关处理没有法定的期限限制。信访机关往往将需要立案查处的案件转交给有关主管机关处理，仅对主管机关的处理加以检查督促，不会导致行政诉讼的发生。

② 与诉讼法上的申诉制度的区别。诉讼法上的申诉制度是公民对司法机关已经发生法律效力的判决、裁定不服，而向法院或者检察院提出申诉，请求再审的制度。

3. 教师申诉的范围

根据《教师法》第 39 条的规定，教师申诉的范围包括以下三个方面。

① 教师对学校或者其他教育机构的处理决定不服的，可以提出申诉。这里的处理决定包括两种情形：第一，学校或者其他教育机构在日常教育教学管理过程中，对一些具体

问题的处理，如人事调动、工作安排、工作条件、职务评聘、考核结论、工资福利待遇、退职退休等。第二，学校或者其他教育机构对教师的行政处分，如警告、记过、记大过、降级、撤职、开除。

② 教师认为学校或者其他教育机构侵犯其合法权益的，可以提出申诉。这里教师的合法权益不仅包括《教师法》第7条所列举的六项权利，即进行教育教学活动、开展教育教学改革和实验的权利；从事科学研究、学术交流，参加专业的学术团体，在学术活动中充分发表意见的权利；指导学生的学习和发展，评定学生的品行和学业成绩的权利；按时获取工资报酬，享受国家规定的福利待遇以及寒暑假期的带薪休假的权利；对学校教育教学、管理工作和教育行政部门的工作提出意见和建议，通过教职工代表大会或者其他形式，参与学校的民主管理的权利；参加进修或者其他方式的培训的权利。还包括为保障教育教学工作的顺利进行所必备的其他有关财产权、人身权和著作权方面的权益。

③ 教师认为当地人民政府有关部门侵犯其依《教师法》规定所享有的权利的，可以提出申诉。这里的当地人民政府有关部门除了包括教育行政部门之外，还包括其他行政部门，如公安、工商、税务、文化部门等。《教师法》规定教师所享有的权利，除了第7条列举的基本权利之外，还包括第六章、第七章所涉及的有关待遇和奖励方面的权益。

4. 被申诉人和受理教师申诉的机关

根据《教师法》的规定，教师申诉制度的被申诉人是教师所属的学校或者其他教育机构，以及当地人民政府有关行政部门。这里需要特别指出的是，被申诉人是单位，而不是个人。学校或者其他教育机构以及当地政府有关行政部门的负责人仅是其所在单位的法人代表，而不是被申诉人，被申诉人是高校、其他教育机构以及当地政府有关行政部门。

受理教师申诉的机关因被申诉人不同而有所区别。被申诉人是学校或者其他教育机构的，受理教师申诉的机关是主管的教育行政部门。教育行政机关内具体承办教师申诉的部门，一般是由督导部门具体承办。由于教师申诉往往会涉及财产权、人身权等法律与政策问题，因此教育行政机关的人事部门、法制工作部门应会同督导部门工作。被申诉人是当地人民政府有关行政部门的，受理教师申诉的机关是同级人民政府，具体承办教师申诉的部门为政府法制部门，或者是上一级人民政府对口的行政主管部门。

5. 教师申诉的程序

教师申诉的程序由提出申诉、受理申诉、处理申诉三个环节组成，并依照顺序进行。

（1）提出申诉

教师申诉的起因是教师对有关处理决定不服或者认为其合法权益受到了侵害，教师掌握提出申诉的主动权，行政机关并不主动介入，这样如果教师不提出申诉，就不引发受理申诉、处理申诉这些后续程序的进行。教师申诉应当以书面的形式提出，申诉书应满足相关格式规定并写明以下内容。

① 申诉人的基本情况。包括申诉人的姓名、性别、年龄、民族、工作单位、家庭住址等。

②被申诉人的名称、地址，法定代表人的姓名、性别、职务等。

③申诉要求。主要写明因被申诉人侵犯其合法权益或者不服被申诉人的处理决定，而要求受理机关进行处理或者重新处理的具体要求。

④申诉理由。主要写明不服被申诉人处理决定或者被申诉人侵害其合法权益的事实依据，针对被申诉人的错误处理决定或者侵权行为，提出相关法律、政策依据，并陈述理由。

⑤附项。写明交验的物证、书证等证据及其件数。

（2）受理申诉

申诉受理机关接到教师申诉书后，应在法定期限内对申诉人的资格和申诉条件进行审查，根据不同情况作出相应的处理。

①对于符合申诉条件的应当予以受理，并通知被申诉人。

②对于不符合申诉条件的，应当以书面形式决定不予受理，通知申诉人。

③对于符合申诉条件，但申诉书中申诉要求和申诉理由陈述不清的，可要求申诉人重新提交申诉书。

④对于不属于本部门管辖的申诉案件，应当移送有管辖权的部门办理，并告知申诉人。

（3）处理申诉

申诉受理机关在受理申诉案件后，应当对申诉案件进行全面的核查，根据不同情况，作出相应的处理。

①被申诉人的管理行为事实清楚，程序合法，适用法律、法规正确的，应当维持原处理决定。

②管理行为事实清楚，程序合法，适用法律、法规正确，但处理不当的，可予以变更。

③管理行为适用法律、法规和规章部分错误，或者处理决定事实不清的，可变更或者责令被申诉人重新处理。

④管理行为程序违法，超越职权或者适用法律、法规错误的，可撤销其处理决定。被申诉人制订的规章制度与高位阶的法律、法规相抵触的，可责令其修改或者废止。

⑤被申诉人的违法行为侵犯申诉人的合法权益的，应当责令其限期改正。

申诉受理机关应当在自收到申诉书的次日起30日内作出处理决定。申诉处理决定书自送达之日起发生效力。申诉当事人对申诉处理决定不服的，可向原处理机关隶属的人民政府申请复核。其申诉内容直接涉及其人身权、财产权及其他属于行政复议、行政诉讼受案范围事项的，可以依法提起行政复议或者行政诉讼。

对学校或者其他教育机构提出的申诉，主管教育行政部门、当地人民政府有关行政部门提出的申诉，受理申诉的行政机关逾期未作处理的，或者久拖不决，其申诉内容涉及人身权、财产权以及其他属于行政复议、行政诉讼受案范围的，申诉人可以依法提起行政复议或者行政诉讼。

（4）申诉教师启动其他救济途径的期限

①行政复议。依据《行政复议法》第9条的规定：公民、法人或者其他组织认为具体行政行为侵犯其合法权益的，可以自知道该具体行政行为之日起60日内提出行政复议申请；但是法律规定的申请期限超过60日的除外。因不可抗力或者其他正当理由耽误法定申请期限的，申请期限自障碍消除之日起继续计算。

②行政诉讼。依据《行政诉讼法》规定，提起行政诉讼的期限分两种情形：不服行政复议后的起诉和直接起诉。

不服行政复议后的起诉：公民、法人或者其他组织向行政机关申请复议的，复议机关应当在收到申请书之日起2个月内作出决定。法律另有规定的除外。申请人不服复议决定的，可以在收到复议决定书之日起15日内向人民法院提起诉讼。复议机关逾期不作决定的，申请人可以在复议期满之日起15日内向人民法院提起诉讼。法律另有规定的除外。

直接起诉：公民、法人或者其他组织直接向人民法院提起诉讼的，应当在知道作出具体行政行为之日起6个月内提出。法律另有规定的除外。

公民、法人或者其他组织因不可抗力或者其他特殊情况耽误法定期限的，在障碍消除后的10日内，可以申请延长期限，是否准许由人民法院决定。

③《申诉处理决定书》未载明诉权与起诉期限的。根据《最高人民法院关于适用〈中华人民共和国行政诉讼法〉的解释》第64条规定：行政机关作出行政行为时，未告知公民、法人或者其他组织起诉期限的，起诉期限从公民、法人或者其他组织知道或者应当知道起诉期限之日起计算，但从知道或者应当知道具体行政行为内容之日起最长不得超过1年。复议决定未告知公民、法人或者其他组织起诉期限的，适用前款规定。

公民、法人或者其他组织不知道行政机关作出的行政行为内容的，其起诉期限从知道或者应当知道该行政行为内容之日起计算，但最长不得超过《行政诉讼法》第46条规定的起诉期限。因不动产提起诉讼的案件自行政行为作出之日起超过20年，其他案件自行政行为作出之日起超过五年提起诉讼的，人民法院不予受理。

公民、法人或者其他组织依照《行政诉讼法》第47条第1款"公民、法人或者其他组织申请行政机关履行保护其人身权、财产权等合法权益的法定职责，行政机关在接到申请之日起两个月内不履行的，公民、法人或者其他组织可以向人民法院提起诉讼。法律、法规对行政机关履行职责的期限另有规定的，从其规定"，对行政机关不履行法定职责提起诉讼的，应当在行政机关履行法定职责期限届满之日起6个月内提出。

（二）行政复议制度

《行政复议法》的第1条明确指出确立行政复议制度的目的是防止和纠正违法的或者不当的具体行政行为，保护公民、法人和其他组织的合法权益，保障和监督行政机关依法行使职权。行政复议成为公民、法人和其他组织获得法律救济的重要途径，也是高校教师获得法律救济的重要方式之一。

1. 行政复议的概念及其特征

行政复议是指行政相对人认为行政主体的具体行政行为侵犯其合法权益，依法向特定的机关提出申请，由行政复议机关依据法定程序对行政行为的合法性和适当性进行审查并作出相应裁决以解决行政争议的活动。第一，行政复议由行政相对人提出；第二，行政相对人提出行政复议的理由是他认为行政主体的行政行为侵犯了其合法权益；第三，行政复议由法定机关受理；第四，行政复议的审查对象是引起争议的行政行为的合法性和适当性；第五，行政复议的目的是解决行政争议。

行政复议的特征主要有以下两点。

① 行政复议既具有行政性，又具有一定的司法性。行政复议案件的审理机关是行政机关，行政复议权是一种行政领导权，行政复议行为是行政复议机关行使其行政职能而进行的一种行政行为。因此，行政复议具有行政性。同时，行政复议也具有一定的司法性。行政复议机关以中立者的身份介入行政争议，以个案裁决的方式解决争议，而且复议程序也吸取了诉讼程序的不少优点，因此，从某种程度来说，行政复议是一种准司法行为。

② 行政复议既是监督行政，又是救济权利。行政机关的上下级关系是领导型关系，上级机关对于下级机关依法行政具有监督职责，可以维持、撤销或者变更下级行政机关的决定。行政复议一方面监督行政，保障行政权的正常行使；另一方面救济权利，保护公民、法人和其他组织依法享有的权益。

2. 行政复议的原则

根据《行政复议法》的规定，行政复议机关履行行政复议职责，应当遵循合法、公正、公开、及时、便民的原则。

① 合法原则。合法原则是指行政机关的复议活动必须依法进行，不仅依据实体法判断具体行政行为是否违法、不当，而且复议程序也符合有关程序法的规定。合法原则是行政复议实现监督行政、救济权利目的的根本保证，也是公正、公开、及时和便民原则的基础。

② 公正原则。公正原则不仅要求行政复议的结果公正，而且要求行政复议的程序公正。公正原则是评判行政复议正当性的重要准则。

③ 公开原则。公开原则是使行政复议活动能为公众所了解，保障当事人和其他公民的知情权和监督权。

④ 及时原则。及时原则要求行政复议机关在处理案件时，尽量简化程序、缩短时间，争取较快解决行政争议，恢复行政秩序。及时原则的目的在于保证效率，由于效率与公正的平衡要求，及时原则要注意与公正原则相结合。

⑤ 便民原则。便民原则是指行政复议应当尽量减少当事人的复议成本支出，使当事人以最少的支出获得最大的权利救济。

3. 行政复议的范围

根据《行政复议法》的规定，行政复议范围包括两方面：一是可以申请行政复议的事项；二是排除行政复议的事项。

（1）可以申请行政复议的事项

① 对行政机关作出的警告、罚款、没收违法所得、没收非法财物、责令停产停业、暂扣或者吊销许可证、暂扣或者吊销执照、行政拘留等行政处罚不服的。

② 对行政机关作出的限制人身自由或者查封、扣押、冻结财产等行政强制措施决定不服的。

③ 对行政机关作出的有关许可证、执照、资质证、资格证等证书变更、中止、撤销的决定不服的。

④ 对行政机关作出的关于确认土地、矿藏、水流、森林、山岭、草原、荒地、滩涂、海域等自然资源的所有权或者使用权的决定不服的。

⑤ 认为行政机关侵犯合法的经营自主权的。

⑥ 认为行政机关变更或者废止农业承包合同，侵犯其合法权益的。

⑦ 认为行政机关违法集资、征收财物、摊派费用或者违法要求履行其他义务的。

⑧ 认为符合法定条件，申请行政机关颁发许可证、执照、资质证、资格证等证书，或者申请行政机关审批、登记有关事项，行政机关没有依法办理的。

⑨ 申请行政机关履行保护人身权利、财产权利、受教育权利的法定职责，行政机关没有依法履行的。

⑩ 申请行政机关依法发放抚恤金、社会保险金或者最低生活保障费，行政机关没有依法发放的。

另外，认为行政机关的其他具体行政行为侵犯其合法权益的，当事人也可以申请复议。

行政复议的审查对象是具体的行政行为，但《行政复议法》规定，公民、法人或者其他组织认为行政机关的具体行政行为所依据的规定不合法的，在对具体行政行为申请行政复议时，可以一并向行政复议机关提出对该规定的审查申请，这些可以审查的规定包括：国务院部门的规定；县级以上地方各级人民政府及其工作部门的规定；乡、镇人民政府的规定。这些规定不含国务院各部、委员会等制定的部门规章和地方人民政府规章，对于规章的审查，依照法律、行政法规办理。

（2）排除行政复议的事项

对于排除行政复议的事项，现行的《行政复议法》比过去的《行政复议条例》缩小了范围。《行政复议条例》规定的排除行政复议的事项包括：国防、外交等国家行为；行政法规、规章和具有普遍约束力的决定、命令；对行政机关工作人员的奖惩、任免等决定；对民事纠纷的仲裁调解或者处理。但是，有关土地、矿产、森林等资源所有权或者使用权的归属问题的处理决定除外。《行政复议法》中排除行政复议的事项包括两个方面：

① 行政机关作出的行政处分或者其他人事处理决定。当事人不服这些处理决定的，可以依照有关法律、行政法规的规定提出申诉。这里所说的法律、行政法规，主要是指《公务员法》等。

②行政机关对民事纠纷作出的调解或者其他处理。当事人不服这些调解或者其他处理决定的，可以依法申请仲裁或者向人民法院提起诉讼。行政机关对民事纠纷作出的调解包括：乡政府和城镇街道办事处的司法助理员、民政助理员主持的调解，劳动部门对劳动争议的调解，公安部门对治安争议的调解等。

4. 行政复议的程序

（1）申请

①申请的条件。根据行政复议法的有关规定，申请行政复议应当具备以下条件。

a. 申请人是认为具体行政行为侵犯其合法权益的公民、法人或者其他组织。有权申请行政复议的公民死亡的，其近亲属可以申请行政复议。有权申请行政复议的公民为无民事行为能力人或者限制民事行为能力人的，其法定代理人可以代为申请行政复议。有权申请行政复议的法人或者其他组织终止的，承受其权利的法人或者其他组织可以申请行政复议。同申请行政复议的具体行政行为有利害关系的其他公民、法人或者其他组织，可以作为第三人参加行政复议。

b. 有明确的被申请人。被申请人是作出申请人认为侵犯其合法权益的具体行政行为的行政机关。

c. 有明确的行政复议请求。申请人在申请复议时，应当向行政复议机关提出明确的复议请求。

d. 有申请行政复议的主要事实、理由。

e. 属于行政复议范围。

f. 属于复议受理机关管辖。

②申请的期限。公民、法人或者其他组织认为具体行政行为侵犯其合法权益的，可以自知道该具体行政行为之日起六十日内提出行政复议申请；但是法律规定的申请期限超过六十日的除外。因不可抗力或者其他正当理由耽误法定申请期限的，申请期限自障碍消除之日起继续计算。

③申请的方式。申请人申请行政复议，既可以书面申请，也可以口头申请。口头申请的，行政复议机关应当当场记录申请人的基本情况、行政复议请求、申请行政复议的主要事实、理由和时间。

（2）受理

行政复议机关收到行政复议申请后，应当在 5 日内对申请进行审查，作出是否受理的决定。对不符合行政复议申请条件的不予受理，并书面告知申请人；对符合复议申请条件，但是不属于本机关受理的行政复议申请，告知申请人向有管辖权的行政复议机关提出申请。符合复议申请条件的，自行政复议机关负责法制工作的机构收到之日起即为受理。

（3）审理

①审理前的工作。行政复议机关应当自行政复议申请受理之日起 7 日内，将行政复议申请书副本或者行政复议申请笔录复印件发送被申请人。被申请人应当自收到申请书副

本或者申请笔录复印件之日起 10 日内，提出书面答复，并提交当初作出具体行政行为的证据、依据和其他有关材料。在复议过程中，被申请人不得自行向申请人和其他有关组织或者个人收集证据。一般情况下，行政复议期间具体行政行为不停止执行，但法律另有规定的除外。

② 审理的方式。行政复议原则上采取书面审查方式进行审理，但是申请人提出要求或者行政复议机关负责法制工作的机构认为有必要的，可以向有关组织和人员调查情况，听取申请人、被申请人和第三人的意见。

③ 审理的期限。一般而言，行政复议机关应当自受理申请之日起 60 日内作出行政复议决定，但是法律另有规定的除外。

在复议决定作出前，申请人可以撤回复议申请，撤回复议申请的，复议程序终止。

（4）决定

行政复议机关在审理后，可分不同情况，作出下列决定：

① 维持决定。具体行政行为认定事实清楚、证据确凿，适用法律正确，程序合法，内容适当的，行政复议机关可以作出维持原具体行政行为、使其继续发生效力的决定。

② 限期履行决定。被申请人不履行法定职责的，行政复议机关可以作出责令被申请人在一定期限内履行法定职责的决定。

③ 撤销、变更或者确认具体行政行为违法决定。具体行政行为有下列情形之一的，行政复议机关可以作出撤销、变更或者确认该具体行政行为违法的决定：a. 主要事实不清、证据不足的；b. 适用依据错误的；c. 违反法定程序的；d. 超越或者滥用职权的；e. 具体行政行为明显不当的。由于以上原因撤销或者确认具体行政行为违法的，行政复议机关可以责令被申请人在一定期限内重新作出具体行政行为。

被申请人不依法提出书面答复、提交当初作出具体行政行为的证据、依据和其他有关材料的，行政复议机关可以认为该具体行政行为没有证据、依据，从而作出撤销该具体行政行为的决定。

④ 责令赔偿决定。具体行政行为侵犯行政相对人合法权益，造成损害的，行政复议机关在作出撤销、变更或者确认该具体行政行为违法决定的同时，还可责令被申请人依法赔偿申请人的损失。

二、高校教师与司法救济

（一）民事诉讼

为解决民事纠纷，各国都规定了相应的处理制度，主要有协商、调解、仲裁和民事诉讼四种。与协商、调解、仲裁这些非诉讼方式相比，民事诉讼由于其公权性、程序性和强制性等特点，成为民事纠纷的最终解决方式。民事诉讼的裁决具有终局性。下面简要介绍一下民事诉讼的主要程序和一些特殊问题。

1. 民事诉讼的主要程序

（1）第一审普通程序

第一审普通程序是我国民事诉讼法规定的法院审理第一审民事案件时通常适用的审判程序。包括起诉、受理、审理前的准备和开庭审理四个基本阶段，基本流程是：提交起诉书；法院根据情况决定是否受理；向被告送达起诉状副本；被告提交答辩状；告知当事人诉讼权利义务及合议庭组成情况；审阅诉讼材料，调查收集必要证据；通知开庭；准备开庭；法庭调查；法庭辩论；评议和宣判。第一审民事案件由基层法院管辖，但法律另有规定的除外。第一审普通程序主要的审理方式是：开庭审理；公开审判，法律有特别规定的除外；实行合议制。适用普通程序的一审民事案件应当在六个月内审结，法律另有规定的可以延长。

（2）简易程序

简易程序是基层法院及其派出法庭在审理简单民事案件和简单经济纠纷案件时适用的审判程序。简易程序的显著标志是实行独任制，即由审判员一人独任审判。与普通程序相比，简易程序在起诉方式、受理案件的程序、传唤或者通知当事人、其他诉讼参与人的方式、开庭审理程序等方面都简便得多，而且审理期限只能是三个月。

（3）第二审程序

第二审程序是当事人不服地方法院民事诉讼第一审裁决，而在法定期限内向上一级法院提起上诉，由二审法院对案件进行重新审理所适用的程序。第二审程序因上诉而被启动，所以也被称为上诉审程序。由于我国实行两审终审制，二审法院为终审法院，二审裁决为终审裁决，二审程序也被称为终审程序。第二审程序不是民事诉讼的必经程序，上诉是第二审程序启动的前提。如果当事人在一审过程中达成调解协议或者在上诉期限内未提起上诉的，一审裁决就发生法律效力，不再启动第二审程序。二审法院对上诉案件的审理范围原则上限于当事人的上诉请求，既包括事实问题，也包括法律问题。第二审程序审理方式是：实行合议制，而且合议庭只能由审判员组成；一般开庭进行审理，合议庭认为不需要开庭审理的，可以进行不开庭裁判。

（4）审判监督程序

审判监督程序也是再审程序，是指对已经发生法律效力的判决、裁定以及调解书，法院发现确有错误，从而对案件进行再次审理的程序。再审程序不是民事诉讼的必经程序，是由于法院基于审判监督权提起再审、检察院基于检察监督权提起抗诉、当事人基于诉权申请再审而启动。审判监督的目的在于纠正已经发生法律效力的错误裁判。法院审理再审案件时，适用何种程序视生效裁判的情况而定，即一审法院作出生效裁判的，再审适用第一审程序；二审法院作出生效裁判的，再审适用第二审程序。法院对于依照审判监督程序进行再审的案件，应当裁定中止原裁决的执行。

（5）执行程序

执行程序是指法院内部负有执行职责的机构，依当事人申请或者审判人员移送，对具有执行内容的法律文书，依法采取执行措施，迫使义务人履行义务的程序。执行程序既不是民事诉讼的必经程序，也不绝对依赖于审判程序而存在，它具有一定的独立性。

2. 有关民事诉讼的一些特殊问题

（1）特殊地域管辖

我国民事诉讼的一般地域管辖是以当事人的所在地为标准来确定诉讼管辖的，以被告所在地法院管辖为原则，原告所在地法院管辖为例外。除此之外，民事诉讼法规定了九种特殊地域管辖：因合同纠纷提起的诉讼，由被告住所地或者合同履行地人民法院管辖；因保险合同纠纷提起的诉讼，由被告住所地或者保险标的物所在地人民法院管辖；因票据纠纷提起的诉讼，由票据支付地或者被告住所地人民法院管辖；因铁路、公路、水上、航空运输和联合运输合同纠纷提起的诉讼，由运输始发地、目的地或者被告住所地人民法院管辖；因侵权行为提起的诉讼，由侵权行为地或者被告住所地人民法院管辖；因铁路、公路、水上和航空事故请求损害赔偿提起的诉讼，由事故发生地或者车辆、船舶最先到达地、航空器最先降落地或者被告住所地人民法院管辖；因船舶碰撞或者其他海损事故请求损害赔偿提起的诉讼，由碰撞发生地、受碰撞船舶最先到达地、加害船舶被扣留地或者被告住所地人民法院管辖；因海难救助费用提起的诉讼，由救助地或者被救助船舶最先到达地人民法院管辖；因共同海损提起的诉讼，由船舶最先到达地、共同海损理算地或者航程终止地人民法院管辖。另有三种纠纷，法律专门规定由特定的法院管辖，即专属管辖：因不动产纠纷提起的诉讼，由不动产所在地人民法院管辖；因港口作业中发生纠纷提起的诉讼，由港口所在地人民法院管辖；因继承遗产纠纷提起的诉讼，由被继承人死亡时住所地或者主要遗产所在地人民法院管辖。

（2）反诉

民事诉讼的一大特点是在诉讼进行过程中，允许本诉的被告对原告向法院提出独立的反请求，即反诉。在反诉中，本诉的被告成为原告，本诉的原告成为被告。反诉不同于反驳，区分两者的关键在于被告是否针对原告向法院提出了独立的诉讼请求。反诉是被告的一项诉讼权利，是民事诉讼当事人诉讼权利平等原则的突出体现。《民事诉讼法》第54条规定："原告可以放弃或者变更诉讼请求。被告可以承认或者反驳诉讼请求，有权提起反诉。"

（3）共同诉讼

在民事诉讼中，当事人一方或者双方是两人以上的，就构成共同诉讼。共同诉讼属于诉讼的合并，其目的在于缩减诉讼成本，同时避免法院对于同一事件作出矛盾的处理。依据不同的标准，可以对共同诉讼作出不同的划分。以当事人何方是多数为标准，可将共同诉讼划分为：积极的共同诉讼，原告是两人以上；消极的共同诉讼，被告是两人以上；混合的共同诉讼，原告和被告均为两人以上。以诉讼标的是同一的还是同类的为标准，可将共同诉讼划分为：必要共同诉讼，是指当事人争议的诉讼标的是同一的，法院必须合并审理，对诉讼标的作出合一裁决的共同诉讼；普通共同诉讼，是指当事人争议的诉讼标的是同类的，法院认为可以合并审理并且当事人也同意合并审理的共同诉讼。必要共同诉讼是不可分的，普通共同诉讼是可分的。

（4）证明责任的倒置

证明责任是指应当证明的法律要件事实在诉讼中处于真伪不明的状态时，一方当事人承担由此带来的诉讼上的不利后果。民事诉讼的案件中，一般适用于"谁主张，谁举证"的举证分配原则，即当事人对自己提出的主张提供证据并加以证明。但在特定案件中，某种构成要件事实对权利主张者证明难度比较大，此时便适用"举证倒置"。所谓举证责任倒置原则，是指基于法律规定将通常情形下本应由提出主张的一方当事人（一般是原告）就某种事由不负担举证责任，而由他方当事人（一般是被告）就某种事实存在或不存在承担举证责任，如果该方当事人不能就此举证证明，则推定原告的事实主张成立的一种举证责任分配制度。

（5）法院调解

法院调解是指在民事诉讼中，双方当事人在法院审判人员的主持下，就争议问题进行协商，从而解决纠纷的活动。法院调解与诉讼外调解、诉讼和解不同，法院调解发生在诉讼过程中，在审判人员的主持下进行。法院调解的原则和程序都是法定的，调解协议或者调解书具有同判决书一样的法律效力。

（二）行政诉讼

1. 行政诉讼的概念及其特征

行政诉讼是指公民、法人或者其他组织认为行政机关的行政行为侵犯其合法权益，向人民法院提起诉讼，人民法院依法予以受理、审理并作出裁判的活动。简言之，行政诉讼是人民法院适用司法程序解决行政争议的活动。

行政诉讼具有以下特征。

① 行政诉讼的主体具有特定性。行政诉讼的原告只能是作为行政相对人的公民、法人或者其他组织。当行政机关处在行政相对人地位时，也可能成为行政诉讼的原告。行政诉讼的被告只能是作出被诉具体行政行为的行政主体。被告对原告不能进行反诉。

② 行政诉讼争议的对象是行政主体针对行政相对人就特定事项作出的具体行政行为，诉讼标的是该具体行政行为的合法性。

③ 行政诉讼的启动原因是原告认为被告的具体行政行为侵犯了其合法权益。

④ 行政诉讼是一种司法活动，既具有司法监督性，又具有司法救济性。通过诉讼的方式解决行政争议，既保护公民、法人和其他组织的合法权益，又维护和监督行政主体依法行政。

2. 行政诉讼与行政复议的区别与联系

（1）行政诉讼与行政复议的区别

① 性质不同，适用的程序也不同。行政诉讼是一种司法活动，适用司法程序；行政

复议主要是一种行政活动，适用行政程序。

②审理机关、审理方式以及审级不同。行政诉讼的审理机关是人民法院，一般采用开庭审理方式，实行两审终审制。行政复议的审理机关是作出具体行政行为的行政主体的上级行政机关或者法律法规规定的其他行政机关，一般采取书面复议形式，实行一级复议制。

③受理范围不同。行政诉讼的受理范围主要限于人身权、财产权的内容，对于这些内容法律如果规定了行政终局裁决权的，不属于行政诉讼的受理范围。行政复议的受理范围不限于法律、法规规定的人身权和财产权。

④审查权限不同。行政诉讼一般只审查具体行政行为的合法性，对具体行政行为适当性的审查仅限于行政处罚是否显失公正；对于抽象行政行为，人民法院在诉讼过程中，仅有选择适用权。行政复议的审查权限比行政诉讼要宽泛得多，既审查具体行政行为的合法性与适当性，还可以附带审查一些具有普遍约束力的规定。

⑤审理依据不同。人民法院审理行政案件，以法律法规为依据，参照规章。行政复议机关审理行政争议时，除法律、法规、规章之外，上级行政机关作出的具有普遍约束力的决定和命令，也可以成为审理依据。

⑥裁决的法律效力不同。人民法院对行政争议作出的裁决具有终局性。行政复议机关作出的决定不具有终局性，法律有特殊规定的除外。

（2）行政复议与行政诉讼的联系

行政复议与行政诉讼在适用方面有三种类型的关系。

①自由选择型关系。通常情况下，对于属于法院受案范围的行政争议，当事人可以先向行政复议机关提请复议，对复议决定不服的，再向人民法院提起诉讼；也可以直接向人民法院提起行政诉讼。

②复议前置型关系。对于某些行政争议，复议是诉讼解决的必经程序。例如依据《治安管理处罚法》的规定，不服治安管理处罚决定的，向上一级公安机关提请复议，是向法院提起诉讼的必经程序。

③复议"终裁"型关系。对于一些行政争议，行政复议机关的复议决定是终局裁决。例如《行政复议法》第30条规定："根据国务院或者省、自治区、直辖市人民政府对行政区划的勘定、调整或者征用土地的决定，省、自治区、直辖市人民政府确认土地、矿藏、水流、森林、山岭、草原、荒地、滩涂、海域等自然资源的所有权或者使用权的行政复议决定为最终裁决。"

3. 行政诉讼的受案范围

我国对于行政诉讼的受案范围采取概括式规定与列举式规定相结合，肯定式规定与排除式规定相结合，《行政诉讼法》的一般规定与单行法律法规的特别规定相结合的方式进行确立，其法律根据主要是《行政诉讼法》和《最高人民法院关于适用〈中华人民共和国行政诉讼法〉的解释》。这里不再一一列举行政诉讼的受案范围，只就引起行政诉讼的行政行为的性质进行以下分析。

① 具体行政行为。人民法院只受理因行政主体的具体行政行为引起的行政争议。对于行政主体作出的具有普遍约束力的抽象行政行为有争议的，法院不予受理。

② 外部行政行为。法院只受理因行政主体的外部行政行为引起的行政争议。有关公务人员的任免、奖惩等内部行政行为引起的行政争议，法院不予受理。

③ 行政处罚、行政许可、行政强制、行政征收类的具体行政行为引起的行政争议，法院予以受理；国家行为、行政指导、法定最终裁决行为、刑事诉讼行为等引起的争议，法院不予受理。

实践中，除了行政诉讼法规定的可以提起诉讼的情形外，还有以下几种情形教师也可提起行政诉讼。

① 教师向行政机关提出信访或者教师申诉申请后，行政机关超过法定期限，不予答复，教师有权向人民法院寻求救济，提起行政诉讼，诉请该行政机关履责、作为。在司法实践中，人民法院一般都会受理并判决该行政机关及时履责。

② 教师不服信访答复，如果信访答复属于行政诉讼受案范围的，信访人可以向有管辖权的人民法院提起行政诉讼，从而使该案件进入行政诉讼程序。在司法实践中，信访答复一般不属于行政诉讼的受案范围。

③ 教师不服申诉处理决定，当事人有权向人民法院提起行政诉讼，起诉该行政机关行政处理决定违法。属于人民法院受案范围的，人民法院会依照《行政诉讼法》等法律法规的规定进行审理。在司法实践中，教师申诉处理决定大都属于行政诉讼的受案范围。

三、高校教师与其他法律救济

1. 人民调解

人民调解又称诉讼外调解，是指在人民调解委员会主持下，以国家法律、法规、规章和社会公德规范为依据，对民间纠纷双方当事人进行调解、劝说，促使双方互相谅解、平等协商，自愿达成协议，消除纷争的活动。

人民调解工作应遵循的原则：① 必须严格遵守国家的法律、政策进行调解。② 必须在双方当事人自愿平等的前提下进行调解。③ 必须在查明事实、分清是非的基础上进行调解。④ 不得因未经调解或者调解不成而阻止当事人向人民法院起诉。经调解达成的协议具有法律效力。

人民调解委员会调解的民间纠纷，包括发生在公民与公民之间，公民与法人之间、其他社会组织之间涉及民事权利义务争议的各种纠纷。

根据《人民调解法》的规定：调解协议具有法律约束力，当事人应当按照约定履行；双方当事人认为有必要的，可以向人民法院申请司法确认；经人民法院确认合法有效的调解协议，一方当事人拒绝履行或者未全部履行的，对方当事人可以向人民法院申请强制执行。

2. 行政调解

行政调解是指行政机关在履行行政职权过程中，对行政机关与公民、法人或者其他组织之间，因行政管理产生的行政纠纷，对其自身职能有直接或者间接关系的行政纠纷，积极依法进行协调和疏导，促使各方当事人在平等协商的基础上达成一致协议，从而解决矛盾纠纷的方法和活动。

教育行政机关调解的行政纠纷包括：在法律规定的范围内，因教育行政机关在行使行政职权过程中，与行政管理相对人发生的行政纠纷；法律法规规定的其他可以行政调解的行政纠纷。

3. 高校教师人事争议仲裁与劳动争议仲裁

在我国，有一段时间人事争议仲裁与劳动争议仲裁是分列的，后来，随着国家管理体制的改革，人事争议仲裁与劳动争议仲裁并轨。现在，相关争议的仲裁解决均适用《中华人民共和国劳动争议调解仲裁法》（以下简称《劳动争议调解仲裁法》）。

按照《劳动争议调解仲裁法》的规定，下列纠纷可以提交仲裁：（一）因确认劳动关系发生的争议；（二）因订立、履行、变更、解除和终止劳动合同发生的争议；（三）因除名、辞退和辞职、离职发生的争议；（四）因工作时间、休息休假、社会保险、福利、培训以及劳动保护发生的争议；（五）因劳动报酬、工伤医疗费、经济补偿或者赔偿金等发生的争议；（六）法律、法规规定的其他劳动争议。

根据我国《公务员法》和《人事争议处理规定》，人事争议包括：（一）实施公务员法的机关与聘任制公务员之间、参照《中华人民共和国公务员法》管理的机关（单位）与聘任工作人员之间因履行聘任合同发生的争议。（二）事业单位与工作人员之间因解除人事关系、履行聘用合同发生的争议。（三）社团组织与工作人员之间因解除人事关系、履行聘用合同发生的争议。（四）军队聘用单位与文职人员之间因履行聘用合同发生的争议。（五）依照法律、法规规定可以仲裁的其他人事争议。

在适用的法律方面，劳动争议和人事争议不尽相同。处理人事争议案件，除事业单位与其工作人员因辞职、辞退及履行聘用合同发生争议适用劳动法外，其他争议均按人事法律法规处理。处理劳动争议案件，则适用劳动法律法规。劳动争议发生后，当事人可以向本单位劳动争议调解委员会申请调解；调解不成，当事人一方要求仲裁的，可以向劳动争议仲裁委员会申请仲裁。当事人一方也可以直接向劳动争议仲裁委员会申请仲裁。劳动者对仲裁裁决不服的，可以向人民法院提起诉讼；用人单位对仲裁不服的，按照《劳动争议调解仲裁法》的规定向人民法院申请行使撤销权或者起诉权。

4. 教师与学校之间的资格认定和职称评定的救济

我国《教育法》规定，教师实行资格、职务和聘任制度。因此，学校与教师之间可能发生教师聘任、资格认定和职称评定这三个方面的人事管理纠纷。根据最高人民法院《关于人民法院审理事业单位人事争议案件若干问题的规定》和《人事争议处理规定》，教师聘任纠纷已经纳入民事诉讼的救济范畴。但教师与学校之间的资格认定和职称评定纠纷并不属于人事争议民事诉讼的受案范围。例如，在教师资格和职称评定中，高校是作为法律法规授权的组织，行使国家授予的行政权力。高校对教师的资格认定和职称评审行为是一种依申请的外部具体行政行为，而不是自主管理权。我国《行政诉讼法》第 2 条规定，公民、法人或者其他组织认为行政机关和行政机关工作人员的具体行政行为侵犯其合法权益，有权依法向人民法院提起诉讼。所以，教师与学校之间的教师资格认定和职称评定纠纷应纳入行政诉讼的受案范围。在司法实践中，教师与教育行政主管部门之间的教师资格认定争议已经纳入行政诉讼的救济范畴。法院也确实受理和审理过相关的案件。但对于教师与学校之间的教师资格认定纠纷，却不能对学校提起行政诉讼。对于教师职称评定纠纷，法院也以其属于学校内部争议，不是具体行政行为，不属于法院的受理范围，司法不宜介入为由，裁定不予受理或者驳回起诉。最高人民法院（2018）最高法行申 1983 号行政裁定书确认"当事人因教师职称评审活动与教育主管部门之间形成的关系，属于行政机关履行内部管理职责形成的法律关系，其可依据教师法的规定向有关部门提起申诉，一般不属于行政诉讼的受案范围"。

第三节　高校学生与法律救济

对于高校学生权益的法律救济，与高校教师的大体相同，都可以采取行政救济方式与司法救济方式。除了教师申诉制度是专为教师而设的，高校学生与高校教师一样，在权益受到侵犯时，可以分情况进行申诉、申请行政复议或者提起民事诉讼或者提起行政诉讼。教育部发布的《普通高等学校学生管理规定》为高校学生的申诉权提供了切实可行的法律依据。《普通高等学校学生管理规定》第 60 条规定：学生对学校的处理或者处分决定有异议的，可以在接到学校处理或者处分决定书之日起 10 日内，向学校学生申诉处理委员会提出书面申诉。

有关行政复议、民事诉讼与行政诉讼的基本内容与适用程序，在上一节中已经介绍，本节重点对学生纪律处分及学生伤害事故的法律救济问题进行分析。

一、学生纪律处分的种类

在法治社会，包括学生在内的所有社会成员都必须遵守国家法律、法规，遵守所在单位依法制定的规章制度。对于在校的大学生而言，遵守法律、法规和学校规章制度、完成学校规定的学业等，是《教育法》《高等教育法》规定的学生应当履行的义务。如果学生未按要求履行义务，偏离了基本行为规范和教育目的，就要受到相应的警示或者惩戒，即批评教育直至纪律处分。学校对学生实施纪律处分是维护学校教育教学秩序和生活秩序的需要，是基于学校与学生之间的特殊权利义务关系依法实施的一项行政制裁，是学校教育教学中的管理行为，也是学校教育管理学生的一种形式。学生违法、违规、违纪行为包括以下情形：① 触犯国家刑律，被依法追究刑事责任；② 触犯国家刑律，但尚未构成犯罪，或者构成犯罪但依法不予追究刑事责任；③ 违反国家其他法律、法规和规章；④ 违反学校管理制度。对学生的以上行为，可由学校区别情况，给予批评教育或者纪律处分。

纪律处分的种类分为：警告、严重警告、记过、留校察看、开除学籍。

（一）警告

警告是学校对犯有轻微违法、违规、违纪行为的学生提出告诫，使其认识行为错误的一种纪律处分。警告是学生处分中最轻的一种，包含处分与教育的因素，一般适用于违法、违纪、违规较为轻微，对社会和学校教育教学秩序危害程度不大的行为。

（二）严重警告

严重警告也属于警戒处分的一种，同样是通过警告，使违法、违规、违纪的学生认识本身的违法、违规、违纪行为。作为"严重"警告，其适用的对象尽管也是违法、违规、违纪较为轻微的行为，但是这些行为比单纯的警告所适用的行为要严重一些。

（三）记过

记过，即登记过失，亦为纪律处分的一种，其适用对象是学生较为严重的违法、违规、违纪行为。从纪律处分的力度来看，记过居于中间层次，比警告和严重警告处分的力度要重，但比留校察看和开除学籍处分的力度要轻。

（四）留校察看

留校察看针对的是学生违法、违规、违纪情节严重，但尚未达到开除学籍处分条件的行为，在予以处分的同时，保留学籍，以观后效。留校察看的期限一般应当设置为 6 到 12 个月。学校可根据学生的实际表现，提前或者延后解除留校察看。延后解除的，应由学校作出延长留校察看的决定，到期未作出延后解除规定的，应视为自动解除。

（五）开除学籍

开除学籍是所有纪律处分中最为严厉的一种，其适用对象是作出了十分严重的违法、违规、违纪行为的学生。由于学生一旦被处以开除学籍处分，就失去了在本校继续学习的资格，涉及学生接受高等教育的权利。因此，开除学籍必须从严掌握。为使各学校适当地行使这一权力，《普通高等学校学生管理规定》第 52 条专门规定了适用开除学籍处分的八种情形。

（1）违反宪法，反对四项基本原则、破坏安定团结、扰乱社会秩序的

宪法是国家的根本大法和总章程，宪法所规定的包括四项基本原则在内的治理国家、管理社会的原则，所有公民都必须坚持和遵守。作为社会主义现代化建设者和接班人的大学生更应该自觉和模范地坚持和遵守。因此，对违反宪法，反对四项基本原则、破坏安定团结、扰乱社会秩序的学生，学校可以对其给予开除学籍的处分。

（2）触犯国家法律，构成刑事犯罪的

高等教育的目的是为国家培养德智体等方面全面发展的社会主义事业建设者和接班人。学生触犯国家法律，被依法追究刑事责任，表明该生已丧失了继续在校接受高等教育的资格条件，因此，应当给予开除学籍处分。

（3）受到治安管理处罚，情节严重、性质恶劣的

治安管理方面的法律主要是《治安管理处罚法》，该法是建立与维护社会生产和生活秩序的重要法律。《治安管理处罚法》的适用对象是违反治安管理，尚不够刑事处罚，而应给予治安管理处罚的行为。主要包括：① 扰乱公共秩序的行为；② 妨害公共安全的行为；③ 侵犯人身权利、财产权利的行为；④ 妨害社会管理的行为。对凡有以上行为，且性质恶劣，受到严重处罚的学生，学校可给予开除学籍处分。

（4）代替他人或者让他人代替自己参加考试、组织作弊、使用通信设备或其他器材作弊、向他人出售考试试题或答案牟取利益，以及其他严重作弊或扰乱考试秩序行为的

在此所讲的考试，主要是指国家、地方政府及其授权机构组织的全国性或者区域性考试，以及其他各级各类的教育考试和学校组织的考试。学生在上述各级各类学校和其他教育机构组织的考试中有作弊行为，会严重影响学生诚信和良好道德品质的形成，影响正常的教育教学秩序和教育目的的实现。因此，对考试作弊情节严重的学生，可给予开除学籍处分。

（5）学位论文、公开发表的研究成果存在抄袭、篡改、伪造等学术不端行为，情节严重的，或者代写论文、买卖论文的

剽窃、抄袭他人研究成果，与考试作弊一样，同样严重影响学生的诚信和良好道德品质的形成，影响正常的教育教学秩序和教育目的的实现。因此，学校对剽窃、抄袭他人研究成果，情节严重、影响恶劣的学生，应开除学籍。在此，应当把握剽窃、抄袭行为的程度，即开除学籍这一纪律处分必须适用于剽窃、抄袭他人研究成果，情节严重、影响恶劣者。

（6）违反本规定和学校规定，严重影响学校教育教学秩序、生活秩序以及公共场所管理秩序的

违反学校管理规定，严重影响学校的教育教学秩序、生活秩序以及公共场合的管理秩序。学校的教育教学秩序、生活秩序和公共场所管理秩序受学校保护，学生违反学校规定影响上述秩序并情节严重的，学校可以开除学籍。

（7）侵害其他个人、组织的合法权益，造成严重后果的

学生不仅要维护学校的秩序状态，也要维护校外的社会生活的秩序状态，社会成员和

社会组织的合法权益受法律保护，在校学生不得侵犯或者损害。违反国家法律规定造成严重侵害结果的学生，应当承担法律责任。高等学校学生也是社会人，如果他的行为侵害其他个人、组织合法权益，造成严重后果，说明他背离了国家和社会对当代大学生的基本要求，失去了作为一个大学生的资格，理所当然受到开除学籍的处分。

（8）屡次违反学校规定受到纪律处分，经教育不改的

"屡次"即多次，屡次违反学校规定即意味多次受到学校处分。虽然学生的单次行为可能并非严重到被开除学籍的程度，但经多次处分和教育仍不悔改，说明该生已不适合继续在校学习，学校可给予开除学籍处理。

二、高校对学生纪律处分的程序

（一）高校对学生实施处分的总体要求和原则

《普通高等学校学生管理规定》第54条规定："学校给予学生处分，应当坚持教育与惩戒相结合，与学生违法、违纪行为的性质和过错的严重程度相适应。学校对学生的处分，应当做到证据充分、依据明确、定性准确、程序正当、处分适当。"

对学生实施纪律处分是对学生的一种特殊的教育形式，对学生心理和行为等方面都会产生较大影响。为保证处理的公正性与合法性，达到预期的管理和教育目的，学校在对学生实施纪律处分时，应当严格按照规范的程序实施。

证据充分指在对学生实施处分时，须有上述多种证据，且证据之间相互关联，相互印证和支持。证据充分是保证处分决定正当性与合法性的重要条件，也是保证学校在与学生的诉讼中胜诉、维护学校管理声誉的重要条件。学校应当高度重视学生违纪证据的收集和使用。

对学生进行处分或者处理的依据，是对学生行为进行评价的标准和适用处分种类的根据，包括违纪行为处分的"定性"依据和"定量"依据。所谓依据明确，就是学生的违法、违规、违纪行为及处分与国家和学校相关规定中的相应条款要有明确或者直接的对应关系。如果没有明确或者直接的对应关系，就是依据不明。学校可以通过管理制度的建立，畅通管理过程，形成管理链条，使其形成与国家相关规定中相应条款之间的明确或者直接的对应关系，从而达到预期的教育管理目的。

定性准确即对学生违法、违规、违纪行为性质的准确判定。不同性质的违法、违规、违纪行为，受到的处分或者处理结果是不同的。因此，对学生违法、违规、违纪行为进行准确定性十分重要。对违法、违规、违纪行为的定性应当以行为事实和学生处分规定中相应的明确规定为依据。定性准确主要解决的是是否存在违法、违规、违纪行为，如果有违法、违规、违纪行为，是违反了国家或者学校明确规定的应为或者不应为的哪一条款。如果没有明确规定及对应关系，就不能对其作为处分依据的定性。定性准确在学生处分中十

分重要，它涉及学生是否应当处分，以及受到什么处分和处分程度的问题。

在定性准确并已确定给予学生处分时，还要做到处分适当，使学生所犯错误的情节和性质与处分的程度相当，这就是"过罚相当"原则。情节是指学生违法、违规、违纪行为的手段、方式和产生的后果或者影响，以及外界条件和行为者的身心状况及意愿等主客观因素。对情节进行分析，就是对这些因素予以综合评估与判断，得出情节轻微、严重、特别严重等结论，并使情节不同的行为对应不同程度的处分。处分适当除了使所受处分与违法、违规、违纪行为的情节和性质相比是适当的之外，还包括：① 所受处分与本校其他学生在情节相同情况下所受处分相比是恰当的；② 所受处分与其他高校或者相应法律、法规、规章的惩处相比是恰当的。处分适当是对学生实施处分的基本原则和要求。教育的目的是育人。对学生实施处分是对学生的一种辅助教育形式，是对学生偏离基本行为规范和教育目的的警示和纠正，其目的也是育人。因此，对学生实施处分，要坚持正确的指导思想，坚持"惩前毖后，治病救人"的方针和慎重、适度的原则，要把纪律处分与思想教育结合起来，使学生在接受处分的过程中感受到关爱、真情和尊重。

（二）高校对学生实施处分的具体程序

关于学校对学生实施纪律处分的具体程序，教育法律、法规、规章未作明确规定，学校应依据相应的法律、法规、规章的有关规定，结合学校实际，予以明确。结合目前我国相关法律的规定和各高校的管理实际，对学生进行处分，一般应经由以下程序。

1. 告知

在对学生作出处分或者其他决定之前，学校应当告知学生作出决定的事实、理由及依据，并告知学生享有陈述和申辩的权利。

2. 听取陈述和申辩

学校在对学生作出处分决定之前，一定要查明学生的违纪事实，要做到真实、全面、准确。学生本人是违纪行为的实施者，最清楚事情的经过。听取学生的陈述和申辩，有利于全面查明事实，正确作出处理。听取学生的陈述和申辩，要认真做好笔记。结束时，学生应在笔录上签字。如果学生拒绝签字，则要由主笔人写出文字说明。学生陈述和申辩之后，根据笔录整理成书面报告，并附笔录原件，送指派部门。审批部门应根据学生的陈述和申辩，作如下处理：① 属认识偏差或者无正当理由的，责成学生所在院（系）做好工作；② 与事实和定性确有偏差的，应予复查和补证或者重新取证；③ 学生的申辩材料及相关报告应归入学生处分材料，作为学生处分报告的附件。对学生正式作出处分决定时，应审阅学生的申辩材料。

3. 合法性审查和专门会议研究决定

对学生作出取消入学资格、取消学籍、退学、开除学籍或者其他涉及学生重大利益的处理或者处分决定的，应当提交校长办公会或者校长授权的专门会议研究决定，并应当事先进行合法性审查。

对学生实施开除学籍处分，将强制取消学生的学习资格，解除学生和学校的权利义务关系，关系到学生的受教育权利，因此，对学生实施开除学籍处分，不能采用自下而上各级负责人逐级签字的方式决定，而是须由校长会议研究决定。校长会议分为两种：一是校长办公会。校长办公会是《高等教育法》所规定的由校长主持的商议事项、作出决策的组织形式；二是经由校长授权或者委托（或者经校长授权或者委托已形成决议或者管理制度），由主管校长或者其他校长及相关部门就解决特定事项而召开的会议。对学生开除学籍的处分可由以上两种形式的校长会议研究决定。

4. 出具处分决定书

学校对学生作出处分，应当出具处分决定书。处分决定书应当包括下列内容：（一）学生的基本信息；（二）作出处分的事实和证据；（三）处分的种类、依据、期限；（四）申诉的途径和期限；（五）其他必要内容。规范和完善处分决定书的形式和内容十分重要，它不仅体现学校的行政水平，而且还会影响到处分决定书的法律效力和学校的管理声誉。因此，学校应当严格规范处分决定书的形式和内容，确保处分决定书的法律效力，维护学校的声誉。

5. 送达处分决定书

受处分的学生知晓处分决定是其享有的一项权利，因此，处理、处分决定以及处分告知书等，应当直接送达学生本人，学生拒绝签收的，可以以留置方式送达；已离校的，可以采取邮寄方式送达；难于联系的，可以利用学校网站、新闻媒体等以公告方式送达。处分决定书一经送达即产生效力，被处分人申诉或者寻求法律救济的期限，自送达之日起计算。对学生开除学籍的处分决定书要及时上报学校所在地省级教育行政部门备案。

6. 学生向学校申诉

学生对学校的处理或者处分决定有异议的，可以在接到学校处理或者处分决定书之日起 10 日内，向学校学生申诉处理委员会提出书面申诉。

7. 学生申诉处理委员会复查

学生申诉处理委员会对学生提出的申诉进行复查，并在接到书面申诉之日起 15 日内作出复查结论并告知申诉人。情况复杂不能在规定限期内作出结论的，经学校负责人批准，可延长 15 日。学生申诉处理委员会认为必要的，可以建议学校暂缓执行有关决定。

学生申诉处理委员会经复查，认为作出处理或者处分的事实、依据、程序等存在不当，可以作出建议撤销或者变更的复查意见，要求相关职能部门予以研究，重新提交校长办公会或者专门会议作出决定。

8. 学生向省级教育行政部门申诉

学生对复查决定有异议的，在接到学校复查决定书之日起 15 日内，可以向学校所在地省级教育行政部门提出书面申诉。

9. 省级教育行政部门作出处理决定

省级教育行政部门应当在接到学生书面申诉之日起 30 个工作日内，对申诉人的问题给予处理并作出决定。省级教育行政部门在处理因对学校处理或者处分决定不服提起的学生申诉时，应当听取学生和学校的意见，并可根据需要进行必要的调查。根据审查结论，区别不同情况，分别作出下列处理。

①事实清楚、依据明确、定性准确、程序正当、处分适当的，予以维持；

②认定事实不存在，或者学校超越职权、违反上位法规定作出决定的，责令学校予以撤销；

③认定事实清楚，但认定情节有误、定性不准确，或者适用依据有错误的，责令学校变更或者重新作出决定；

④认定事实不清、证据不足，或者违反本规定以及学校规定的程序和权限的，责令学校重新作出决定。

自处理、处分或者复查决定书送达之日起，学生在申诉期内未提出申诉的视为放弃申诉，学校或者省级教育行政部门不再受理其提出的申诉。

处理、处分或者复查决定书未告知学生申诉期限的，申诉期限自学生知道或者应当知道处理或者处分决定之日起计算，但最长不得超过 6 个月。

三、学生伤害事故

（一）学生伤害事故的含义

根据《学生伤害事故处理办法》第 2 条的规定，学生伤害事故是指在学校实施的教育教学活动或者学校组织的校外活动中，以及在学校负有管理责任的校舍、场地、其他教育教学设施、生活设施内发生的，造成在校学生人身损害后果的事故。可以看出，《学生伤害事故处理办法》对学校的职责范围是从时间和空间两个维度加以界定的。

从时间上看，学生伤害事故是指在学校实施的教育教学活动或者学校组织的校外活动中发生的伤害事故。"学校实施的教育教学活动或者学校组织的校外活动"时间包括：①学生合理的到校时间与合理的离校时间之间的时间段；②教师要求学生提前到达学校或者延迟离开学校的时间；③教师要求学生补课的时间；④课间休息时间；⑤体育课、实验课、劳动课等课堂时间；⑥学校组织学生参加集会、比赛、演出、参观、军训等活动的路上或者活动期间的时间等。但学生在校期间擅自离开学校发生的伤害，学校已经尽到通知义务的可以免责。

从空间上看，学生伤害事故是指在学校负有管理责任的校舍、场地、其他教育教学设施、生活设施内发生的伤害事故。学校负有管理责任的校舍、场地、其他教育教学设施、生活设施具体包括：学校的教室、走廊、操场、图书馆、游泳池、食堂、宿舍等所有由学校管理的场所，以及学校的教育教学及生活用具、用品、设备、设施等。

学生伤害事故发生的范围、种类极其复杂。根据主体的不同，可以大致分为以下几种类型：与学校设施、设备有关的学生伤害事故，这是由于学校设施、设备不全、建筑物倒塌、火灾等原因造成的学生人身伤害事故；与教职员工有关的学生伤害事故，这是教职员工在教育教学过程中由于主观故意或者过失所造成的学生人身伤害事故；与学生个人有关的伤害事故，这是由于学生进行体育运动、游戏、斗殴等原因所造成的学生人身伤害事故。

（二）学生伤害事故的归责

学生伤害事故的发生，往往侵犯了学生的生命健康权、自由权等人身权利，因而也存在相应的侵权行为。对学生伤害事故的归责，目前的法律依据主要有：《民法典》及最高人民法院相应的司法解释和《学校伤害事故处理办法》等。

《学生伤害事故处理办法》第8条规定："学生伤害事故的责任，应当根据相关当事人的行为与损害后果之间的因果关系依法确定。因学校、学生或者其他相关当事人的过错造成的学生伤害事故，相关当事人应当根据其行为过错程度的比例及其与损害后果之间的因果关系承担相应的责任。当事人的行为是损害后果发生的主要原因，应当承担主要责任；当事人的行为是损害后果发生的非主要原因，承担相应的责任。"可见，对学生伤害事故的归责，主要采取"过错责任原则"。

1. 学校的法律责任

《学生伤害事故处理办法》第9条规定：因下列情形之一造成的学生伤害事故，学校应当依法承担相应的责任：① 学校的校舍、场地、其他公共设施，以及学校提供给学生使用的学具、教育教学和生活设施、设备不符合国家规定的标准，或者有明显不安全因素的；② 学校的安全保卫、消防、设施设备管理等安全管理制度有明显疏漏，或者管理混乱，存在重大安全隐患，而未及时采取措施的；③ 学校向学生提供的药品、食品、饮用水等不符合国家或者行业的有关标准、要求的；④ 学校组织学生参加教育教学活动或者校外活动，未对学生进行相应的安全教育，并未在可预见的范围内采取必要的安全措施的；⑤ 学校知道教师或者其他工作人员患有不适宜担任教育教学工作的疾病，但未采取必要措施的；⑥ 学校违反有关规定，组织或者安排未成年学生从事不宜未成年人参加的劳动、体育运动或者其他活动的；⑦ 学生有特异体质或者特定疾病，不宜参加某种教育教学活动，学校知道或者应当知道，但未予以必要的注意的；⑧ 学生在校期间突发疾病或者受到伤害，学校发现，但未根据实际情况及时采取相应措施，导致不良后果加重的；⑨ 学校教师或者其他工作人员体罚或者变相体罚学生，或者在履行职责过程中违反工作要求、操作规程、职业道德或者其他有关规定的；⑩ 学校教师或者其他工作人员在负有组织、管理未成年学生的职责期间，发现学生行为具有危险性，但未进行必要的管理、告诫或者制止的；⑪ 对未成年学生擅自离校等与学生人身安全直接相关的信息，学校发现或者知道，但未及时告知未成年学生的监护人，导致未成年学生因脱离监护人的保护而发生伤害的；⑫ 学校有未依法履行职责的其他情形的。

2. 学生或者未成年学生监护人的法律责任

《学生伤害事故处理办法》第 10 条规定：学生或者未成年学生监护人由于过错，有下列情形之一，造成学生伤害事故，应当依法承担相应的责任：① 学生违反法律法规的规定，违反社会公共行为准则、学校的规章制度或者纪律，实施按其年龄和认知能力应当知道具有危险或者可能危及他人的行为的；② 学生行为具有危险性，学校、教师已经告诫、纠正，但学生不听劝阻、拒不改正的；③ 学生或者其监护人知道学生有特异体质，或者患有特定疾病，但未告知学校的；④ 未成年学生的身体状况、行为、情绪等有异常情况，监护人知道或者已被学校告知，但未履行相应监护职责的；⑤ 学生或者未成年学生监护人有其他过错的。

《学生伤害事故处理办法》在规定学校应当依法承担法律责任的同时，还规定了学校无法律责任的情形。《学生伤害事故处理办法》第 12 条规定：因下列情形之一造成的学生伤害事故，学校已履行了相应职责，行为并无不当的，无法律责任：① 地震、雷击、台风、洪水等不可抗的自然因素造成的；② 来自学校外部的突发性、偶发性侵害造成的；③ 学生有特异体质、特定疾病或者异常心理状态，学校不知道或者难于知道的；④ 学生自杀、自伤的；⑤ 在对抗性或者具有风险性的体育竞赛活动中发生意外伤害的；⑥ 其他意外因素造成的。

《学生伤害事故处理办法》第 13 条规定：下列情形下发生的造成学生人身损害后果的事故，学校行为并无不当的，不承担事故责任；事故责任应当按有关法律法规或者其他有关规定认定：① 在学生自行上学、放学、返校、离校途中发生的；② 在学生自行外出或者擅自离校期间发生的；③ 在放学后、节假日或者假期等学校工作时间以外，学生自行滞留学校或者自行到校发生的；④ 其他在学校管理职责范围外发生的。

3. 其他主体的法律责任

《学生伤害事故处理办法》第 11 条规定：学校安排学生参加活动，因提供场地、设备、交通工具、食品及其他消费与服务的经营者，或者学校以外的活动组织者的过错造成的学生伤害事故，有过错的当事人应当依法承担相应的责任。第 14 条同时规定：因学校教师或者其他工作人员与其职务无关的个人行为，或者因学生、教师及其他个人故意实施的违法犯罪行为，造成学生人身损害的，由致害人依法承担相应的责任。

四、学生权利救济的途径

学生权利救济的途径主要有两条：一是申诉，二是诉讼。申诉又分为两个层次：第一，校内申诉。学生如果对学校的处分或者处理决定有异议，可以在接到决定书之日起于一定时间内根据事实向学校学生申诉处理委员会申诉。作这一规定的目的，一方面是为了保护学生的合法权益，另一方面是为了监督学校在处分或者处理学生过程中依法办事。第二，行政申诉。学生如果对学校的复查决定有异议，可向学校所在地省级教育行部门提出申诉。省级教育行政部门是高等学校学籍主管部门，对学校的学籍管理具有指导、监督的职能。对学校不合法和不合理的处分决定，有权予以复核。除此之外，学生对学校、教职员工侵犯其人身权、财产权等合法权益的，可以依法直接提起行政诉讼或者民事诉讼。

1. 校内申诉

在《普通高等学校学生管理规定》中，规定了学生对学校作出的纪律处分决定有异议的，可以向学校学生申诉处理委员会提出申诉。

申诉的受理组织是学校学生申诉处理委员会。学生申诉处理委员会由学校相关负责人、职能部门负责人、教师代表、学生代表、负责法律事务的相关机构负责人等组成。具体人数和日常事务机构及运行体制由学校规定。

申诉的受理范围包括：对取消入学资格的决定有异议的；对退学处理决定有异议的；对违规处分决定有异议的；对违纪处分决定有异议的。

申诉的程序：① 提出申诉。学生对处分决定有异议的，可以以书面方式向学校学生申诉处理委员会提出申诉。提出申诉有期限限制，应在接到学校处分决定书之日起10日内提出。学生如因不可抗力因素，确实不能在申诉时限内提出，应在不可抗力因素消除后说明理由并提供相关证明材料，经学生申诉处理委员会核查属实的，可视为申诉时限内提出，但作出复查结论的时间，仍应以收到书面申诉之日算起。对学生申诉报告的内容和形式，学校可参照相关法律法规作出具体规范。根据行政法的相关规定，学生在提出申诉时不应当承担举证责任，因此，学校也不能对此向学生提出非法要求。② 复查申诉。学生申诉处理委员会应对学生提出的申诉进行复查，作出复查结论并告知申诉人。复查期限为15日，自接到书面申诉之日算起。③ 复查决定。学生申诉处理委员会根据不同情况作出不同的复查决定：维持原处分决定；撤销原处分决定；变更原处分决定。需要变更原处分决定的，由学生申诉处理委员会提交校长会议重新研究决定。

2. 行政申诉

学生对复查决定有异议的，还可以在接到学校复查决定书起15日内，向学校所在地省级教育行政部门提出书面申诉。省级教育行政部门在接到学生书面申诉之日起30个工作日内，应当对申诉人的问题给予处理并答复。学生自收到处分决定书或者复查决定书之日起，在申诉期内未提出申诉的视为放弃申诉，学校或者省级教育行政部门不再受理其提出的申诉。学生的申诉权有一定的时效限制。之所以设置申诉时效，一方面有利于尽快恢复教育教学秩序，另一方面有利于申诉受理机构调查取证。

3. 学生伤害事故的法律救济

发生学生伤害事故，学校与受伤害学生或者学生家长可以通过协商的方式解决；在双方自愿的前提下，可以书面请求主管教育行政部门进行调解。成年学生或者其近亲属、未成年学生的监护人也可以依法直接提起民事诉讼。

【案例评析】

请扫描二维码并阅读案例，思考以下问题：

（1）本案审理是适用劳动法律的有关规定还是人事法律法规、政策？

（2）湖南某高校能否同时要求张某返还全部学习费用并收取违约金？

（3）培养合同书中的"在职攻读博士学位"能否视为专业技术培训？

评析：

对于第一个问题，张某与湖南某高校因离职引发的争议究竟适用《劳动法》及《劳动合同法》的有关规定，还是适用人事部 2002 年发布的《关于在事业单位试行人员聘用制度的意见》《人事争议处理条例》等人事法规、政策是本案的争议焦点。

国务院于 2014 年 7 月 1 日施行的《事业单位人事管理条例》亦并未对事业单位与其聘用人员专项培训或专业技术培训、服务期、违约金等方面作出规定。人事部 2002 年发布的《关于在事业单位试行人员聘用制度的意见》并非国家法律、法规，仅仅是国务院部门颁发的一个政策性文件。《最高人民法院关于人民法院审理事业单位人事争议案件若干问题的规定》第一条："事业单位与其工作人员之间因辞职、辞退及履行聘用合同所发生的争议，适用《中华人民共和国劳动法》的规定处理。"这里"适用《中华人民共和国劳动法》的规定处理"是指人民法院审理事业单位人事争议案件的实体处理应当适用人事方面的法律规定，但涉及事业单位工作人员劳动权利的内容在人事法规中没有规定的，适用《劳动法》的有关规定。因此，根据《劳动合同法》第 96 条"事业单位与实行聘用制的工作人员订立、履行、变更、解除或者终止劳动合同，法律、行政法规或者国务院另有规定的，依照其规定；未作规定的，依照本法有关规定执行。"之规定，本案中，张某与湖南某高校产生争议时，国家并未出台事业单位与其聘用人员产生争议所适用的实体方面的人事法律、法规，故本案中张某与湖南某高校之间的人事争议发生在《劳动合同法》颁布之后，可适用《劳动法》《劳动合同法》等有关规定审理。

关于第二个问题，张某未满服务期离职，在张某已退还全部培训费的情况下，湖南某高校依据《大学教师在职攻读博士学位培养合同书》（以下简称《培养合同书》）的约定，以违约金名义收取的 20 000 元是否合法也是本案的焦点问题。湖南某高校属于事业单位，在双方签订《聘用合同书》后即建立了人事关系，张某在湖南某高校工作期间与其签订的《在职攻读博士学位培养合同书》系对双方人事关系存续期间相关权利与义务的约定，其实质是《聘用合同书》的补充协议，双方因履行前述合同产生的争议，如法律、行政法规或国务院未另有规定的，应依照《劳动合同法》的有关规定处理。根据合同法法理，赔偿金是指因合同一方的行为给另一方造成的损失，但只包含实际损失。事业单位有权要求工作人员赔偿损失的法律依据为《劳动合同法》第90条"劳动者违反本法规定解除劳动合同，或者违反合同中约定的保密义务或者竞业限制，给用人单位造成损失的，应当承担赔偿责任"之规定。本案中，张某在约定的服务期未满的情况下，单方解除聘用合同关系，湖南某高校依据《培养合同书》的约定向张某收取的20 000元学习费用是要求张某赔偿因其在职攻读成博士学位期间所支出的学习费用，其实质具有赔偿金的性质。另《培养合同书》中约定的违约金可以视为对损害赔偿额的预先确定，支付违约金与赔偿金均是违反合同情况下应承担违约责任的方式，但两者不能同时适用。当工作人员的违约行为造成事业单位实际损失时，事业单位不能让工作人员同时支付违约金与赔偿金，只能选择适用违约金与赔偿金中的一项。因此，张某在博士研究生毕业后未满服务期离职时向湖南某高校退还了全部的学习费用即赔偿了该校实际损失，该校不得再要求张某支付违约金。故湖南某高校在张某全额返还学费的情况下不能再收取任何违约金。

关于第三个问题，《劳动合同法》第22条中的专业技术培训是指为提高劳动者特定技能而提供的培训，包括专业知识和职业技能培训，一般不包括用人单位按照国家规定提取和使用职业培训经费，并根据本单位实际，有计划地对劳动者进行职业培训以及用人单位对劳动者所进行的岗前培训和日常业务培训、安全生产教育等培训。虽然，根据《事业单位岗位设置管理试行办法》的规定，事业单位的岗位设置中存在专业技术岗位，但在职攻读博士学位即在职博士研究生属于国家的学历教育，与《劳动合同法》中的专业技术培训有着本质的区别，二者不可能完全等同。当然，一般而言，高校教师作为事业单位的工作人员都已区分职务、职称及对应的岗位等级，若大学教师通过在职攻读博士学位取得博士研究生学历后，其势必提升专业岗位等级及职务，同时也能更好地完成高校安排的教学及科研工作。因此，在现行劳动法律及人事法律法规仍不完备的情况下，法院在审理类似争议时可参照视为专业技术培训，亦有利于站在公正的角度保护教师及高校的权益。

【实践·反思·探究】

1. 高校应当如何健全师生权益保护救济机制？
2. 高校如何建立健全校内权益救济制度？
3. 如何建立高校校内救济与行政救济、司法救济的有效衔接机制？

【推荐阅读】

1. 教育部《关于进一步加强高等学校法治工作的意见》.
2. 陈韶峰.受教育权纠纷及其法律救济［M］.北京：教育科学出版社，2010.
3.《行政法与行政诉讼法学》编写组.行政法与行政诉讼法学［M］.2版.北京：高等教育出版社，2018.

后　记

随着高等教育改革与发展，高等教育法律法规也随之不断发展与完善。为了使"高等教育法规概论"培训课程更具有针对性、实效性，符合高校青年教师的需要，我们在总结多年来高校教师岗前培训工作经验的基础上，依据《高等学校教师岗前培训教学指导纲要》和最新的高等教育法律法规，参考《高等教育法》相关的研究成果，精心编写了这本教材。

本教材在编写中参阅了教育部人事司组编的《高等教育法规概论》、辽宁省高等学校师资培训中心组编的《高校教师教育法规专题》、湖南省教育厅组织编写的《高等教育法规概论》等教材，吸收借鉴了学界专家的研究成果，在此深表敬意和谢忱。我们还得到了高等教育出版社编辑的悉心指导和大力支持，在此表示衷心的感谢。

本教材由戴中祥、郑全新担任主编并统稿。各章节具体分工如下：第一、二、三章，戴中祥；第四、六章，郑全新；第五章，肖登辉；第七、十章，徐前权；第八、九章，李长征。

由于编者水平有限，教材中难免存在一些疏漏，敬请批评指正！

戴中祥　郑全新

2022 年 6 月于武汉

读者意见反馈

为收集对教材的意见建议，进一步完善教材编写并做好服务工作，读者可将对本教材的意见建议通过如下渠道反馈至我社。

咨询电话　　　400-810-0598

反馈邮箱　　　gjdzfwb@pub.hep.cn

通信地址　　　北京市朝阳区惠新东街 4 号富盛大厦 1 座
　　　　　　　高等教育出版社总编辑办公室

邮政编码　　　100029